“十二五”职业教育系列教材

城市轨道交通行车组织

主　编　申　红
编　写　陈翠利　徐　虎
　　　　柴小春　韩　乾
主　审　刘　炜

中国电力出版社
CHINA ELECTRIC POWER PRESS

内 容 提 要

本书为“十二五”职业教育系列教材。全书分为五个学习模块，主要内容包括城市轨道交通行车组织基础认知、运输计划的编制、列车运行组织、车站和车辆基地行车作业组织、运输能力的计算与加强。书中基本内容都是依据GB 50517—2013《地铁设计规范》、GB/T 30012—2013《城市轨道交通运营管理规范》和GB/T 30013—2013《城市轨道交通试运营基本条件》等国家标准编写的。考虑到我国各地铁企业采用的设备、制订的作业办法及规章制度等存在一定的差异，书中通过小链接等形式对此进行了补充介绍。

本书可作为高职高专院校城市轨道交通类专业的教材，也可作为相关专业培训的教材，还可供相关技术人员参考。

图书在版编目（CIP）数据

城市轨道交通行车组织/申红主编．—北京：中国电力出版社，2014.2（2023.8重印）

“十二五”职业教育规划教材

ISBN 978-7-5123-5444-9

Ⅰ.①城… Ⅱ.①申… Ⅲ.①城市铁路—行车组织—高等职业教育—教材 Ⅳ.①U239.5

中国版本图书馆CIP数据核字（2014）第014118号

出版发行：中国电力出版社

地　　址：北京市东城区北京站西街19号（邮政编码100005）

网　　址：http://www.cepp.sgcc.com.cn

责任编辑：霍文婵（010—63412545）

责任校对：黄　蓓

装帧设计：王英磊

责任印制：吴　迪

印　　刷：廊坊市文峰档案印务有限公司

版　　次：2014年2月第一版

印　　次：2023年8月北京第五次印刷

开　　本：787毫米×1092毫米　16开本

印　　张：12

字　　数：291千字

定　　价：23.00元

前 言

进入 21 世纪以来，我国城市轨道交通事业迎来了高速发展的时期。截至 2012 年 6 月底，我国开通城市轨道交通运营线路的城市有 15 座，运营线路总计 56 条，运营长度总规模约 1687 公里，运营车站总数 1096 座。在城市轨道交通高速发展的同时，为更好地联通城际间交流，我国铁路客运专线建设也快速迈进，铁路已将“发展高速铁路，基本建成快速铁路网”作为其发展的主要任务之一。为了更好地满足我国城市轨道交通及高速铁路快速发展对人才的需求，在我国各类高等院校中都相继创办了城市轨道交通运营管理专业。

作为城市轨道交通运营管理体系的核心工作，城市轨道交通行车组织通过列车运行组织将客运服务和轨道交通设备联系在一起，完成城市轨道交通系统运营组织和管理的全过程。城市轨道交通行车组织是城市轨道交通运营管理专业的专业必修课，也是城市轨道交通运营管理专业的专业核心课，是学生就业后与其工作联系最紧密的课程之一。通过本课程的学习，使学生具备车站和车辆基地行车工作组织、正常和非正常情况下列车运行组织、调车作业组织、行车调度指挥、运输计划编制、运输能力计算等城市轨道交通行车主要岗位的专业知识和专业技能，而且还能够全面培养学生的信息处理能力、数字应用能力、与人交流和合作能力、解决问题能力和创新能力等，在培养城市轨道交通高等职业技术人才中起着重要的作用。

本书是陕西省为更好地落实“教育部关于加快推进职业教育集团化办学的若干意见”而大力支持的“校企合作一体化开发教材新机制”试点项目成果之一。本书由陕西省轨道交通职业教育集团成员单位西安铁路职业技术学院、西安地铁等共同合作编写而成。在对广州、上海、南京、西安等地铁公司进行了广泛、深入的职业岗位调研的基础上，校企合作共同修订完善了本专业人才培养方案，制定专业课程标准，使本专业课程体系的构建和课程内容的划分都更加科学合理。

本书按照课程标准的要求将内容划分为城市轨道交通行车组织基础认知、运输计划的编制、列车运行组织、车站和车辆基地行车作业组织、运输能力的计算与加强五个学习模块。每一个学习模块充分考虑到学生的职业成长和认知规律，设计为相互联系但又各自独立的不同学习任务。

本书基本内容都是依据 GB 50517—2013《地铁设计规范》、GB/T 30012—2013《城市轨道交通运营管理规范》和 GB/T 30013—2013《城市轨道交通试运营基本条件》等国家标准编写的。考虑到我国各地铁企业采用的设备、制定的作业办法及规章制度等存在一定的差异，书中通过小链接等形式对此进行了补充介绍。

本书由西安铁路职业技术学院申红主编，西安地铁运营分公司副总经理刘炜主审。具体编写分工如下：各学习模块中案例引入和实训演练均由西安地铁运营分公司韩乾编写；学习模块一、二由西安铁路职业技术学院申红编写，学习模块三由西安铁路职业技术学院陈翠利编写；学习模块四由西安铁路职业技术学院徐虎编写；学习模块五由西安铁路职业技术学院柴小春编写。西安地铁运营分公司人力资源部培训部主管陈梅也对本书提出了很多宝贵的意见和建议。

本书在编写过程中得到了西安地铁、上海地铁、广州地铁、南京地铁等公司的大力支持，参考了国内专家、学者发表的有关城市轨道交通行车组织方面的文献，在此表示衷心的感谢！

限于编者水平，书中难免有疏漏之处，敬请各位读者给予批评指正。

编　者

2013 年 12 月

目 录

学习模块一

城市轨道交通行车组织基础认知

案例引入

按照国务院批准的《西安市城市快速轨道交通建设规划》，西安市将建设6条地铁线路，总长251.8公里，共设16座换乘站，150座车站（不含一号线东、西延伸段），10座车辆基地，4座停车场，2处控制中心。轨道交通线网形成“棋盘＋放射式”网状结构布局，线网中一、二、三号线为骨干线，既满足了城市东西向、南北向主轴线上的客运交通需求，又向外拓展了城市发展空间；四、五、六号线是轨道交通网的辅助线，主要满足城市功能组团之间的交通需求，对线网进行加密完善。

目前西安地铁建设工作已取得重要阶段性成果，地铁二号线已于2011年9月16日通车运营，地铁一号线也于2013年9月通车试运营，三号线正在加快建设，地铁四、五、六号线新一轮建设规划已上报国家审批。

西安地铁二号线一期工程从铁路北客站至会展中心站，全长20.5公里，车站17座，车辆基地和控制中心各1处，主变电站2座，总投资105.2亿元。在投入运营后，尽管只开通了这样一条单独的线路，但其运输优势日益凸显，承担的客运量不断攀升。以2013年5月为例，实际开行8957列次，总客运量为649.73万人次，日均客运量为20.96万人次，同比增长42.01%，很好地缓解了西安城区南北中轴线客流运输压力。

这些运输任务能够顺利完成，都必须建立在所有相关机构的工作人员严格按照工作制度，综合运用各种技术设备，合理组织每天几百列次列车运行的基础上。所以，对与行车组织相关的技术设备、专业等知识的认知是学习城市轨道交通行车组织的前提。

模块导学

模块概述

城市轨道交通行车组织是城市轨道交通运输组织的重要组成部分，是城市轨道交通系统综合运用线路、车站、车辆、通信信号等各种技术设备，根据客流特点合理组织列车运行、实现乘客运输过程的计划和组织工作。

本模块是学习城市轨道交通行车组织的基础知识，包括对与行车工作密切相关的线路、车站、车辆基地、车辆、通信信号等城市轨道交通系统设备认知，以及对行车工作中涉及的主要机构、岗位和行车组织基本规定认知两项学习任务。

技能点

能区分线路类型，绘制单开道岔组成示意图，计算道岔号数，识别线路标志；
会分析曲线对列车运行的影响，分析轨距加宽原因，分析外轨超高原因；
能判别车站类型；
能识别车辆基地线路；
能区分不同类型车辆，对车门进行编号；
能识别列车标志。

知识点

线路的分类，线路的平纵断面，轨道结构，线路标志与限界；
车站及分类；
车辆基地的作用、主要功能和主要组成；
车辆的分类，车辆标识，车辆检修；
信号系统，通信系统，供电系统，环控系统，火灾自动报警系统；
列车的概念、分类及列车标志，列车编组的有关规定，列车车次，列车运行驾驶模式；
运营控制中心，车辆基地控制中心，车辆基地信号楼，车站控制室；
行车组织原则，车站行车作业制度，车站行车作业基本要求。

学习任务

学习任务1　城市轨道交通系统设备认知

教学目标

了解城市轨道交通线路的平纵断面、轨道结构；了解车站和车辆基地。
理解限界的含义。
掌握城市轨道交通线路的分类。
能正确识别常见的线路标志。

建议学时

建议学时为3学时。

一、线路

（一）线路的分类

城市轨道交通线路作为城市轨道交通运营的基础设施，在城市轨道交通运营中起着支柱性作用。城市轨道交通线路按其敷设方式的不同，可分为地下线、地面线、高架线。根据城市轨道交通线路在运营中的功能定位，分为正线（干线与支线）、配线和车场线。

1. 正线

正线是指连接车站并贯穿或直股伸入车站的线路。城市轨道交通系统的正线均采用上下行分行，一般实施右侧行车惯例，以便与城市地面交通行车规则相吻合（世界上除了英联邦国家、日本等部分国家和我国香港地区外，绝大部分国家城市地面交通实行右侧行车规则）。

2. 配线

配线是为保证正线运营而设置的一般不载客列车运行的线路，包括折返线、渡线、联络线、停车线、车辆基地出入线、安全线等。

（1）折返线。折返线是在线路两端终点站，或者准备开行折返列车的中间车站，设置的专供列车折返调头的线路，常见的折返线如图 1-1 所示。

（2）联络线。联络线是连接两条独立运行正线之间的线路，如图 1-2 所示。联络线因连接的轨道交通线往往不在一个平面上，因此，有较大的坡道与较小的曲线半径，列车运行速度不可能很高。如果在地下建设，施工难度较大，投资也随之加大。

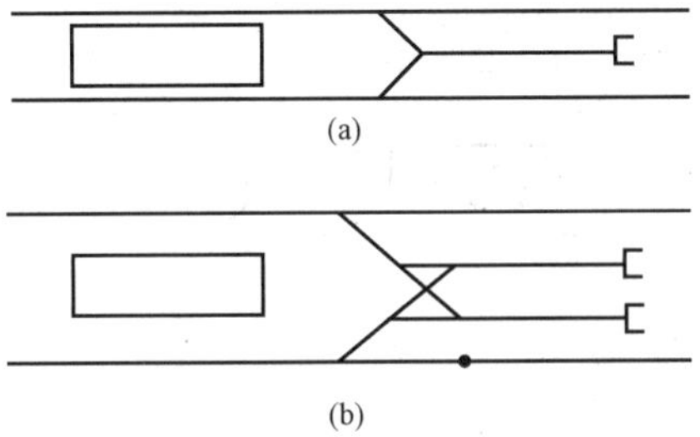

图 1-1　折返线示意图

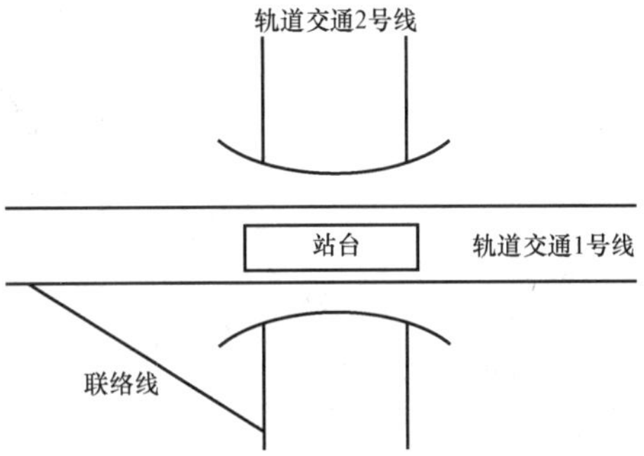

图 1-2　联络线示意图

（3）渡线。渡线是用道岔将上行线、下行线及折返线连接起来的线路，如图 1-3 所示。

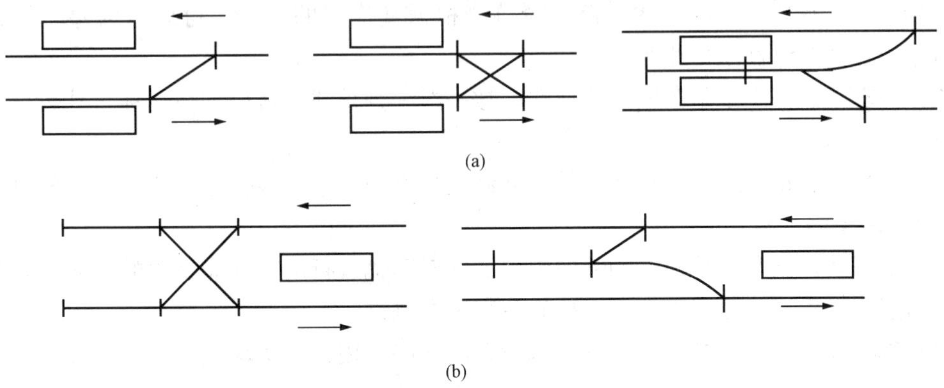

图 1-3　渡线
（a）站前渡线示意图；（b）站后渡线示意图

（4）停车线。停车线一般设置在终点站或中间车站，专门用于列车停放使用，并可进行少量的检修作业，如图 1-4 所示。在正线运营过程中，列车运行间隔通常较小，为了使故障列车能尽快退出正线运营而不影响后续列车运行，通常每隔若干个车站应设置停车线，供故障列车临时存放或检修用。

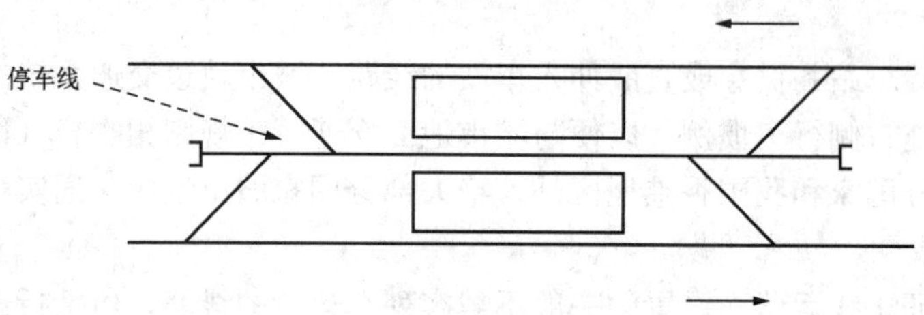

图 1-4　停车线示意图

（5）安全线。安全线是在两种线路转换处设置的、起行车进路隔开作用的线路，如图 1-5所示。一般根据需要设在车辆基地出入线、折返线、存车线和与正线接轨的岔线上，用于列车进出正线时保证运行安全。

（6）车辆基地出入线。车辆基地出入线是连接正线与车辆基地的线路，专供列车进出车辆基地，如图 1-5 所示。一般分为入段线和出段线。

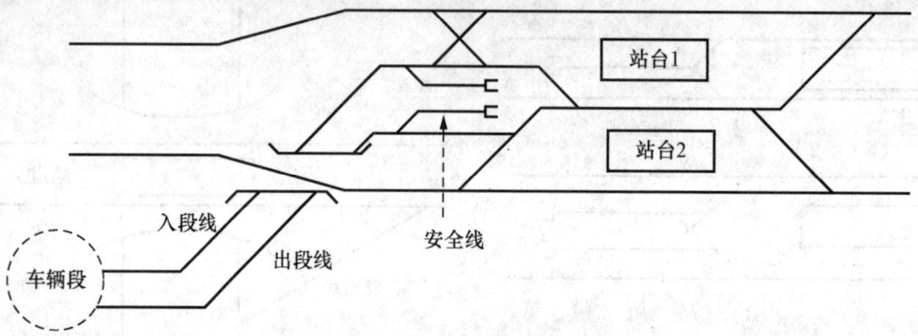

图 1-5　车辆基地出入线及安全线示意图

3. 车场线

车场线是车辆段、停车场内线路的统称，根据其作用的不同，可以分为停车线、检修线、试车线、洗车线和牵出线等。

（1）停车线。停车线是车辆的停放线，按一线一列位或一线两列位设计，其数量应满足该运营线路配属列车的存放需要。

（2）检修线。检修线是车辆在各种不同修程时专门用于检修作业的线路，一般设有检修坑道和维修平台。

（3）试车线。试车线是在车辆基地内设置的对车辆进行动态性能试验的线路，其线路标准通常与正线一致。一般用于新车或检修后列车的调试。

（4）洗车线。洗车线是指安装有洗车设备的线路，用于对车辆进行自动清洗。

（5）牵出线。牵出线是用于场内列车转线作业的线路。

（二）线路的平面和纵断面

经过选定的城市轨道交通线路在空间的位置是用线路中心线来表示的。线路中心线在水平面上的投影称为线路的平面，线路的平面可以表示出线路的曲直变化；线路中心线在垂直面上的投影称为线路的纵断面，线路纵断面可以表示线路的坡度变化。

1. 线路的平面

城市轨道交通线路的平面由于受地形地物的影响，不可能全线设计为直线，必要时必须转弯，因此直线与曲线是线路平面的组成要素，曲线可分为圆曲线和缓和曲线两种。缓和曲线是为保证列车运行安全，使线路平顺地由直线过渡到圆曲线或由圆曲线过渡到直线，以避免离心力的突然产生和消除，在直线与圆曲线之间设置一个曲率半径变化的曲线。

当列车通过曲线时，由于离心力的作用，使外侧车轮轮缘紧压外轨，摩擦增大；同时由于内侧车轮与外侧车轮的滚动长度不同，车轮存在较大滑行，给运营中的列车造成曲线附加阻力。曲线半径越小则曲线附加阻力越大，还会增加车轮与钢轨的侧面磨耗，加大维修养护工作量，所以小半径曲线地段列车需要适当限速运行，还需要根据行车速度、车辆轮对有关尺寸等因素规定线路曲线的最小半径，曲线半径最小值是线路的主要技术标准之一。

小链接

GB 50157《地铁设计规范》（以下称《地铁设计规范》）规定，线路平面最小曲线半径见表 1-1。

表 1-1　线路平面最小曲线半径

线路		一般地段（m）		困难地段（m）	
		A 型车	B 型车	A 型车	B 型车
正线	≤80km/h	350	300	300	250
联络线、出入线		250	200	150	
车场线		150	150	—	

注　除同心圆曲线外，曲线半径应以 10m 的倍数取值；一般不小于 300m，并不是普遍可用 300m，而应尽量用较大的半径。

《地铁设计规范》规定，在正线、联络线及车辆基地出入线与辅助线的圆曲线最小长度，A 型车不宜小于 25m，B 型车不宜小于 20m；在困难情况下不得小于一节车辆的全轴距；车场线不应小于 3m。

2. 线路的纵断面

城市轨道交通线路的纵断面由于受车站埋深支配，其中主要是受防护要求等级（覆土层厚度）技术条件、地质条件等影响，也有可能受地下管线与地下结构物的影响，不可能全线设计为平坡，因此平道与坡道就成为线路纵断面的组成要素。

城市轨道交通线路尽可能采用较平缓的坡度，最大坡度的确定必须考虑各类车辆在最大坡道上停车时的启动，防止溜车，同时考虑必要的安全系数。最大坡度也是线路的主要技术标准之一。

小链接

《地铁设计规范》规定，正线的最大坡度宜采用 30‰，困难地段最大坡度可采用 35‰，在山地城市的特殊地形地区，经技术经济比较，有充分依据时，最大坡度可采用 40‰。联络线、出入线的最大坡度宜采用 40‰。区间隧道的线路最小坡度宜采用 3‰；困难条件下可采用 2‰；区间地面线和高架线，当具有有效排水措施时，可采用平坡。

（三）轨道

轨道是列车运行的基础，必须满足列车安全、可靠与平稳行驶的要求，并且要便于养护。

1. 轨道组成

轨道一般由钢轨、轨枕、联结零件、道床、道岔及其他附属设备组成，如图 1-6 所示。

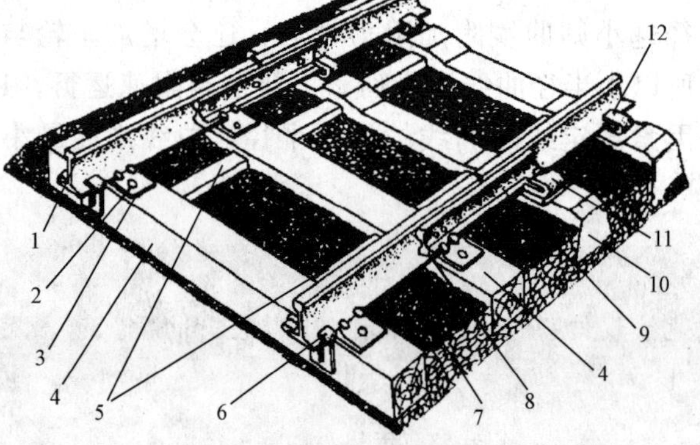

图 1-6　轨道的基本组成

1—钢轨；2—普通道钉；3—垫板；4—木枕；5—防爬撑；6—防爬器；
7—道床；8—鱼尾板；9—螺栓；10—钢筋混凝土轨枕；
11—扣板式中间联结零件；12—弹片式中间联结零件

图中绘出了多种类型扣件是为了示例之用，并非现场线路中的实际使用情况。

（1）钢轨。钢轨的作用主要有：引导车辆车轮运行方向；承载车轮压力并传递给轨枕；为供电、信号电路提供回路。钢轨由轨头、轨腰和轨底三个部分组成，如图 1-7 所示。

图 1-7　钢轨标准断面示意图

习惯上不同的钢轨用每延米钢轨的质量来表示，我国城市轨道常用的钢轨质量等级有 50kg/m、60kg/m。根据《地铁设计规范》要求，正线及辅助线钢轨应依据近、远期客流量并经技术经济综合比较确定，宜采用 60kg/m 钢轨，也可采用 50kg/m 钢轨。车辆基地线宜采用 50kg/m 钢轨。

（2）轨枕。轨枕直接支承钢轨，保持了轨距和方向，并将钢轨对它的各种压力传递到道床上。

（3）联结零件。联结零件包括中间联结零件和接头联结零件两类。中间联结零件将钢轨和轨枕联结为一个整体，通常称为扣件。接头联结零件是将两根钢轨联结在一起。

联结零件要求结构简单、具有足够的扣压力和牢固耐用，并且需要安装方便、能满足调整轨距和水平的要求。常用的联结零件为夹板（鱼尾板）、螺栓、道钉、扣件等。城市轨道交通整体道床普遍采用弹性分开式扣件，这种扣件在一定程度上弥补了整体道床弹性不足的缺陷。

（4）道床。道床的作用是支承轨枕、把从轨枕传来的压力均匀传递给路基，它还有缓冲车轮对钢轨的冲击、固定轨枕的作用。在地面线还能起到排除轨道中雨水的作用。

城市轨道交通隧道普遍采用整体式道床，无需补充石碴或更换轨枕，而且整体性强、稳定性好、轨道几何尺寸易于保持、减少养护维修工作量，但是不足的是工程造价高、施工难度大、一旦形成无法纠偏，出现病害难以整治，且道床弹性差。高架线路可采用新型轨下基础，地面线路宜采用碎石道碴以降低投资。

（5）道岔。道岔是引导机车车辆从一股道转入另一股道的线路设备，是轨道的薄弱环节之一。道岔经常开通的某一方向位置称为定位，反之为反位。

道岔按用途与平面形状可分为普通单开道岔、对称道岔、三开道岔、交叉渡线、交分道岔等几种类型。在城市轨道交通线路中最常用的为普通单开道岔。单开道岔是由转辙器部分、连接部分和辙叉及护轨部分组成，如图 1-8 所示。

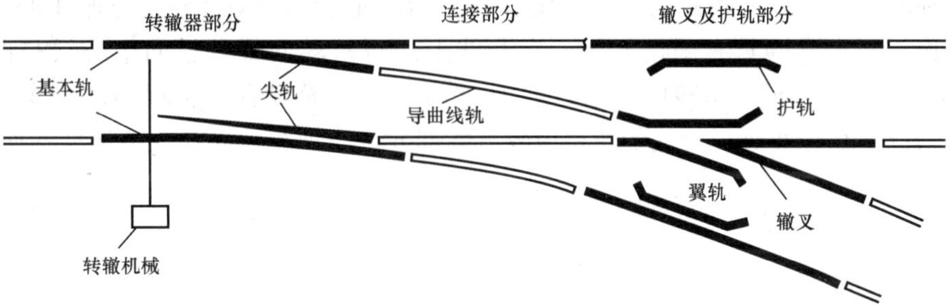

图 1-8　单开道岔组成示意图

用线路中心线表示法表示单开道岔时，如图 1-9 所示。

单开道岔转辙器是引导机车车辆行驶的线路设备，由两根基本轨、两根尖轨以及联结零件和转换设备组成。通过转换设备可使尖轨开向直股或侧股，从而实现车辆的转线。尖轨断面变化大，又经常要扳动，是道岔的薄弱部分。

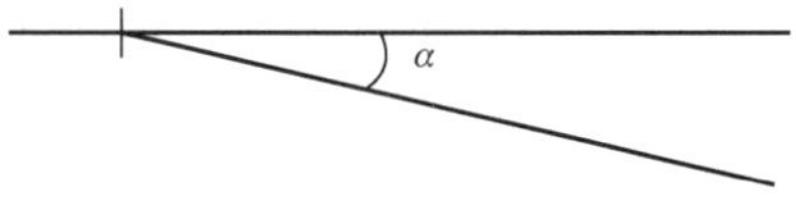

图 1-9　用中心线表示的单开道岔

道岔连接部分是转辙器与辙叉间的连接线路，分直股和曲股连接线，其结构和线路基本相同，曲股线路一般采用圆曲线，由于长度短一般不设超高。

辙叉由叉心、翼轨、联结零件组成。在叉心尖端轨线中断，存在有害空间，必须在辙叉范围的两侧钢轨处设置护轮轨，以引导车轮进入应走的轨道，防止车轮与叉心碰撞，并顺利通过有害空间。

叉心两作用边的夹角称为辙叉角 α（图 1-9），道岔号数 N 代表道岔各部分的主要尺寸。

$$N = \cot\alpha$$

辙叉角 α 越小，道岔号数 N 就越大，导曲线半径也越大，机车车辆侧向通过道岔时越平稳，允许的侧向过岔速度也越高。所以，采用大号数道岔对行车是有利的。

小链接

西安地铁《行车组织规则》（试行）规定，7 号道岔侧向构造速度为 30km/h，侧向允许通过速度为 25km/h；9 号道岔侧向构造速度为 35km/h，侧向允许通过速度为 30km/h。

2. 轨道的平顺标准

为确保行车安全，轨道的两股钢轨之间应保持一定的距离，两股钢轨顶面应保持一定的相对高度，轨道的方向必须正确，两股钢轨均应向内倾斜。列车速度愈高，对轨道的水平、方向、高低等平顺技术标准要求愈高。

(1) 轨距。轨距为轨面以下规定距离处左右两股钢轨头部内侧之间的最短距离。我国铁路规范规定直线地段的轨距是钢轨头部踏面下16mm范围内两股钢轨工作边之间的最小距离，为1435mm。在机车车辆不断运行的条件下，轨距不可能永久保持不变，会产生一定的误差，国家铁路相关技术规范规定，线路轨距误差在线路允许速度 $v\leqslant 120$km/h 时，为$^{+6mm}_{-2mm}$；在 120km/h<$v\leqslant$160km/h，为$^{+4mm}_{-2mm}$；在160km/h<$v\leqslant$200km/h时，为±2mm。

固定轴距是指机车车辆走行部中只能保持平行而不能做相对运动的车轴中心线间的最大距离。由于机车车辆具有固定轴距，在曲线上运行时转向架的纵向中心线与曲线轨道中心线并不一致，因而引起转向架前一轮对外侧车轮轮缘和后一轮对的内侧车轮轮缘挤压钢轨的情况，所以小半径曲线的轨距应较直线部分适当加宽，称为轨距加宽，如图1-10所示。

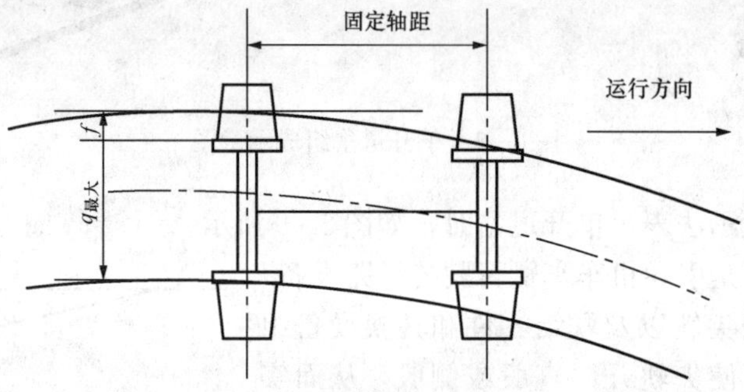

图1-10　轨距加宽示意图

小链接

《地铁设计规范》规定，曲线地段轨距加宽值见表1-2。

表1-2　曲线地段轨距加宽值

曲线半径（m）	加宽值（mm）		轨距（mm）	
	B型车	A型车	B型车	A型车
200≥R>150	5	10	1440	1445
150≥R>100	10	15	1445	1450

(2) 水平。水平是指为使两股钢轨受力均匀，并保证列车平稳行驶，两股钢轨的顶面在直线地段应保持在同一水平面上，其相对高低误差不得大于4mm。

轨道交通列车通过曲线部分时，由于离心力的作用，有向外侧抛出的趋势。为了防止这种趋势的发生，在圆曲线地段根据曲线半径和实测行车速度，把曲线外股钢轨适当抬高，借助于车辆自身重力的水平分力来平衡离心力，从而达到内外两股钢轨受力均匀、垂直磨耗均等，使旅客不因离心加速度的存在而感到不适，以及提高线路横向稳定性，保证行车安全的目的。这种外侧钢轨比内侧钢轨高的设置称为超高。

曲线超高一经设定则不能任意调整，《地铁设计规范》规定最大超高为120mm，混凝土整体道床的曲线超高采取外轨抬高超高值的一半、内轨降低超高值的一半的办法设置；地面线与高架线路的曲线超高采取外轨抬高超高值的办法设置。

（四）线路标志与限界

1. 线路标志

城市轨道交通线路周边应设置必要的线路标志。按线路标志作用的不同，可以将其分为表示线路状态和位置的线路标志（包括百米标、坡度标、曲线要素标、曲线始终点标、道岔编号标、水准基点标、桥号标、涵洞标、水位标等）和对列车操作人员起指示作用的线路标志（包括站名标、限速标、停车位置标、警冲标等）。这些线路标志应符合《地铁设计规范》的规定，配置齐全、标识清晰、埋设牢固。

2. 限界

限界是为了确保机车车辆在城市轨道交通线路上运行的安全，防止机车车辆与沿线设备或建筑物发生碰撞而规定的车辆、设备和建筑物不得超出或侵入的轮廓尺寸线，是工程建设、管线和设备安装位置等必须遵守的依据。

城市轨道交通限界分为车辆限界、设备限界和隧道建筑限界三种。一切建筑物在任何情况下，不得侵入城市轨道交通建筑限界；一切设备在任何情况下，不得侵入城市轨道交通设备限界；机车、车辆无论空、重状态，均不得超出机车、车辆限界。受电弓限界或受流器限界是车辆限界的组成部分，接触轨限界属于设备限界的辅助限界。

（1）车辆限界。车辆限界是车辆在正常运行状态下不得超出的最大动态轮廓尺寸线。应根据车辆主要尺寸等有关参数，并考虑在静态和动态情况下所达到的横向和竖向偏移量及偏转角度，按可能产生最不利情况进行组合计算确定。

（2）设备限界。设备限界介于车辆限界和建筑限界之间，是安装沿线设备不得侵入的轮廓尺寸线。它应根据车辆限界、轨道状态不良引起车辆偏移和倾斜，并考虑适当的安全量等因素计算确定。

（3）隧道建筑限界。隧道建筑限界是线路必须具有的最小有效断面的轮廓尺寸线。区间直线地段各种类型的隧道建筑限界与设备限界之间的间距，应能满足各种设备安装的要求。其他类型与施工的隧道建筑限界，应按照《地铁设计规范》规定要求进行加宽与加高。

小链接

（1）GB 50490—2009《城市轨道交通技术规范》中对限界的部分规定如下：

1）对双线区间，当两线间无建（构）筑物时，两条线设备限界之间的安全间隙不应小于100mm。

2）对单线地下区间，当无构筑物或设备时，隧道结构与设备限界之间的距离不应小于100mm；当有构筑物或设备时，设备限界与构筑物或设备之间的安全间隙不应小于50mm。

3）直线车站站台边缘与车厢地板面高度处车辆轮廓线的水平间隙不应大于100mm；曲线车站站台边缘与车厢地板面高度处车辆轮廓线的水平间隙不应大于180mm。

4）在任何工况下，车站站台面的高度均不得高于车辆客室地板面的高度；在空车静止状态下，二者高差不应大于50mm。

5）站台屏蔽门不应侵入车辆限界，直线车站时，站台屏蔽门与车体最宽处的间隙不应大于130mm。

（2）我国某城市地铁线路区间地段设备限界及车辆限界示意图如图1-11所示。

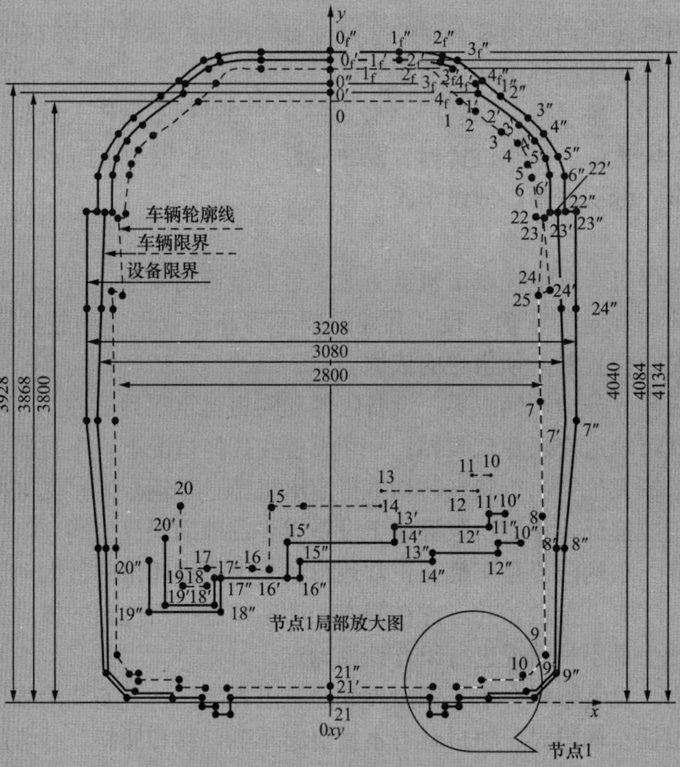

图1-11　我国某城市地铁线路区间地段设备限界及车辆限界

二、车站

作为城市轨道交通的重要组成部分，车站是城市轨道交通客流集散的场所；是城市轨道交通线路上供列车到发、通过的分界点，有些车站还具有折返、停车检修和临时待避等功能；是运营企业与服务对象的主要联系环节；是城市轨道交通系统中各工种联劳协作的生产基地。

车站根据其运营功能、站台形式或设置位置不同分为不同的种类。

（一）按车站设置位置划分

按车站的线路、主体建筑、设备和设施设置位置的不同，车站分为：

（1）地下站。地下站一般为地面出入口、中间站厅和地下站台的两层或三层结构形式，出入口通道总数不得少于两个。由于建在地下，所以工程造价高于其他两种类型的车站。

（2）地面站。地面站出入口、站厅、站台分布在同一平面。地面站造价低，但占地面积过大，对线路经过的区域造成人为的地面分割。

（3）高架站。高架站一般为地面出入口、地面或高架站厅、高架站台的两层或三层结构。高架站占地面空间较大，影响城市景观。

（二）按车站的运营功能划分

根据车站运营功能的不同，车站可分为（图 1-12）：

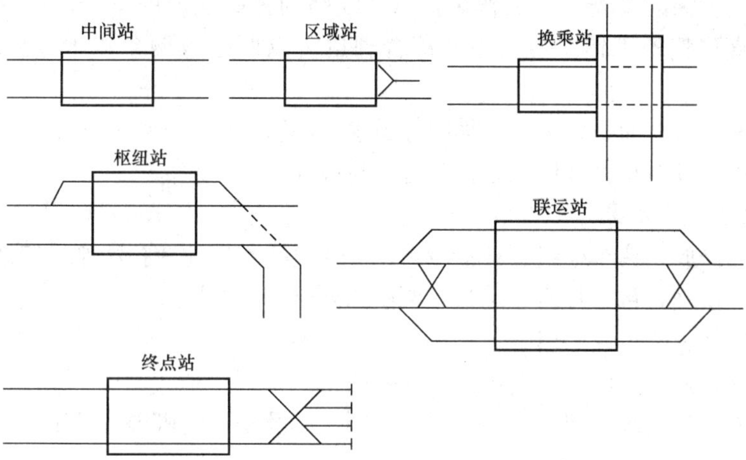

图 1-12　按运营功能分类的车站示意图

（1）中间站。中间站仅供列车停靠和乘客上、下车之用，功能单一，是城市轨道路网中数量最多的车站。

（2）区域站。区域站是设在两种不同行车密度交界处的车站，设有折返线和折返设备，区域站兼有中间站的功能。

（3）换乘站。换乘站是位于两条及两条以上线路交叉点上的车站，它除了具有中间站的功能外，更主要的是乘客可以在换乘站从一条线路上的通过换乘设施转换到另一条线路上。

（4）枢纽站。枢纽站是由该站分出另一条线路的车站，该站可接、送两条线路上的乘客。

（5）联运站。联运站是指车站内两种不同性质的列车线路可以进行联运及客流换乘，联运站具有中间站及换乘站的双重功能。

（6）终点站。终点站是设在线路两端的车站，就列车上、下行而言，终点站也是起点站，终点站设有可供列车全部折返的折返线和设备，也可供列车临时停留检修。

（三）按车站站台形式划分

车站按其站台形式的不同，分为：

（1）岛式站台车站。岛式站台车站是站台位于上、下行行车线路之间的车站。

（2）侧式站台车站。侧式站台车站是站台位于上、下行行车线路两侧的车站。

（3）混合式站台车站。混合式站台车站是将岛式站台及侧式站台设在一个车站内的车站。

三、车辆基地

车辆基地是具有配属车辆，以及承担车辆的运用管理、整备保养、检查工作和承担较高级别的车辆检修任务的基本生产单位。

（一）车辆基地的作用

城市轨道交通车辆保有量较多，运行时间和运行距离长，对车辆的技术和安全可靠性要求高，对车辆的运用、维护保养、检修均有很高的要求，车辆基地就是为此而专门设置的机构。

车辆基地是车辆停放、检查、整备、运用及维修保养的场所。若运行线路较长，为了有利于运营和分担车辆的检查清洗工作量，可在线路的另一端设停车场，负责部分车辆的停放、运用、检查和整备工作。当技术经济合理也可以两条或两条以上线路共设一个车辆基地。

由于车辆基地占地面积大、场地集中等因素，所以一般还将综合维修中心、材料总库和职工技术培训中心等与车辆基地规划在一起，建成综合性基地。

（二）车辆基地的主要功能

（1）列车的停放、调车编组、日常检查、一般故障处理和清扫洗刷、定期消毒。

（2）车辆的修理，包括月检、定修、架修和列检等。

（3）车辆的技术改造或厂修。

（4）车辆基地内通用设施及车辆维修设备的维护管理。

（5）乘务人员的组织管理，出乘计划的编制，以及备乘换班等业务工作。

（三）车辆基地的主要组成

1. 停车库

停车库用于夜间收车后停车作业，停放备用车辆，可进行简单维护保养作业。停车库的主要设备有：

（1）检车线。检车线是停车库出入口布置的临时停车线，股道有效长为 L 列＋8m，配有调车信号机，可以作简单的维护保养作业，如图 1-13 所示。

（2）停车线。停车线是停车库内专门用于停车的线路，如图 1-14 所示。

图 1-13 检车线

图 1-14 停车线

（3）洗车线。洗车线是设置于停车库与运行线路之间，专门用于车辆清洗的线路，如图 1-15 所示。

（4）列检线。列检线是专门用于一般检查的停车线，如图 1-16 所示。

（5）调度室和信号所。停车库与正线车站之间列车进出频繁，因此，需设置专门的调度室协调调度正线车站与车库之间的调车作业。

2. 检修库

检修库是用于车辆检修作业的车库，配有检修设备。检修库的线路根据其作用分为：

图 1-15　洗车线

图 1-16　列检线

（1）出入库线。出入库线是检修库与停车库或直接与正线连接的线路，如图 1-17 所示。

（2）车体整修线。车体整修线是完成分解车体、喷漆除锈、结构整修、车体组装等作业的线路，如图 1-18 所示。

图 1-17　出入库线

图 1-18　车体整修线

（3）试车线。试车线是对完成定修、架修、厂修等修程的车辆进行试车检测的线路，如图 1-19 所示。

（4）镟轮线。镟轮线是当车辆轮对磨耗不对称（圆度、斜面不等）时，进行镟轮作业的线路，如图 1-20 所示。

图 1-19　试车线

图 1-20　镟轮线

（5）检修线。检修线是设在各检修库内的线路，如图 1-21 所示。

图 1-21　检修线

（6）其他线路。

3. 运用管理部门

运用管理部门负责对车辆的运用实施调度、管理、组织工作。

4. 管理与服务部门

管理与服务部门负责经营管理、生活服务、物质供应等业务。

四、车辆

车辆是城市轨道交通系统中是最重要、最关键的设备。城市轨道交通车辆尽管形式不同，但均由车体、转向架、牵引缓冲连接装置、制动装置、受流装置、车辆电气系统、内装及设备、自控监控系统等组成。

（一）车辆的分类

1. 按车体宽度的不同划分

按车体宽度的不同，城市轨道交通车辆分为 A 型车、B 型车和 C 型车，各车型客车部分技术参数见表 1-3。

表 1-3　各车型客车部分技术参数表

项目名称		A 型车	B 型车	C 型车		
		四轴车	四轴车	四轴车	六轴车	八轴车
车辆基本宽度（m）		3	2.8	2.6		
车门数（对）		5	4	4		
定员人数	单列车驾驶员室车（人）	295	230	200	240	315
	无列车驾驶员室车（人）	310	245	210	250	325
站立人员标准		定员为 6 人/m^2；超员为 9 人/m^2				

注　车辆定员数为车辆座位数和空余面积上站立的乘客数之和。车厢空余面积定员数宜按每平方米站立 6 名乘客计算。

2. 按有无动力装置划分

城市轨道交通车辆按有无动力装置分为动车和拖车两类。动车为自身具有动力装置，具有牵引与载客双重功能的车辆；拖车为不装备动力装置，需要具有动力牵引功能的车辆牵引拖带的车辆，仅具有载客功能。

（二）车辆的标识

1. 车辆的编号

为便于车辆在运用和检修等过程中的管理、识别，每节车辆都有固定的编号，我国城市轨道交通车辆的编号没有统一规定。

小链接

广州地铁二号线车辆编号为四位数，含义如下：

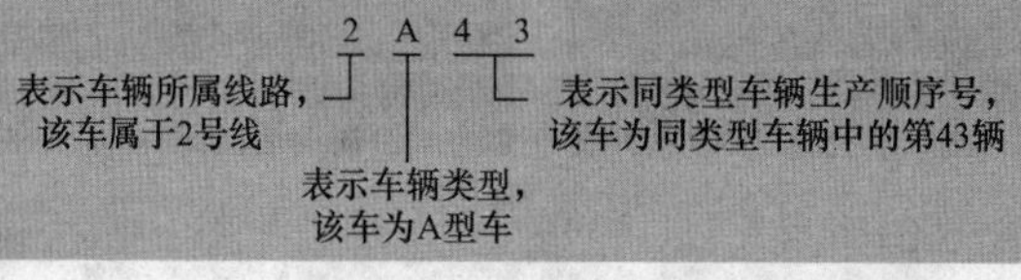

2. 车门的编号

（1）车端的定义。车辆的两端分别被定义为一位端和二位端，其中，A 车全自动车钩处的车端，B 车远离受电弓的一端，C 车半永久牵引杆处的车端定义为一位端，另一端定义为二位端。

（2）车侧的定义。当从车辆的二位端向一位端看去时，人的右侧定义为车辆的右侧，另一侧定义为左侧。

（3）车门的编号。自一位端到二位端，右侧为由小到大的连续奇数，即 1/3，5/7，9/11 等；左侧为由小到大连续的偶数，即 2/4，6/8，10/12 等。

（三）车辆检修

为保证城市轨道交通车辆始终处于良好的运用状态，并使车辆达到最大限度的使用率，一般对城市轨道交通车辆采用预防性定期检修制度。目前国内城市轨道交通根据车辆技术状态和寿命周期的不同，将车辆的检查、修理的等级划分为列检、月检、定修、架修和厂修五个等级，各种等级的检修包含的主要检修范围和内容如下。

1. 列检

列检是对容易出现危及行车安全的各主要部件（如轮对、弹簧、转向架、受电弓、控制装置、空气制动装置、车钩和缓冲装置、蓄电池、车门风动开关装置、车体、车灯等）进行外观检查，对危及行车安全的故障进行全面检修。

2. 月检

月检是对车辆外观和一般功能进行检查，即对车辆主要部件的技术状态进行外观检查和必要试验，对危及行车安全的故障进行全面修理。

3. 定修

定修主要是预防性的修理，需要架车。对各大部件的技术状态和作用做较细致检查，对检查发现的故障进行针对性修理，对车辆的仪器和仪表进行校验，车辆组装后要经过静调和试车。

4. 架修

架修的主要任务是检测和修理大型部件（如走行部、牵引电机、传动装置等）。通过架车对车辆各部件进行解体和全面检查、修理、试验，对计量的仪器、仪表进行校验，车体要重新油漆、标记，组装后进行静调和试车。

5. 厂修

厂修为全面恢复性修理。要求对车辆全面解体、检查、整形、修理和试验，要求完全恢复其性能，组装后要重新油漆、标记、静调和试车，使车辆基本上达到新车出厂水平。

城市轨道交通车辆的日常维修和定期检修周期见表 1-4。

表 1-4　　车辆日常维修和定期检修周期

类别	检修种类	检修周期		检修时间（d）
		里程（万 km）	时间	
定期检修	厂修	100～120	10～12 年	35/32
	架修	50～60	5～6 年	20/18
	定修	12.5～15	1.5 年	8/6
日常维修	月修		1 个月	2/2
	列检		每天或双日	

五、其他重要的设备系统

(一) 信号系统

在城市轨道交通中，信号系统是用于指挥和控制列车运行的设备系统，对于保证行车安全、提高线路通过能力有着至关重要的作用。

GB/T 30013—2013《城市轨道交通试运营基本条件》和GB/T 30012—2013《城市轨道交通运营管理规范》中都规定，信号系统应具备列车自动防护、控制中心和车站的列车自动监控功能，宜具备列车自动运行功能；设置屏蔽门的车站，信号系统宜具备列车车门与站台屏蔽门系统联动功能。

信号系统通常包括基础设备、联锁设备和列车自动控制系统三大部分。

1. 基础设备

信号系统基础设备主要有信号机（图1-22）、转辙机（图1-23）和轨道电路等。

图1-22 信号机

图1-23 转辙机

2. 联锁设备

联锁是指进路、进路上的道岔、防护进路的信号机之间相互制约的关系，实现这种联锁关系的设备称为联锁设备。联锁设备能确保只有当线路空闲，进路上的道岔位置均正确并锁闭，所有敌对信号未开放时，防护该进路的信号机才能开放；一旦防护该进路的信号机开放，则该进路上所有道岔位置不能转换，敌对信号均不能开放。

联锁设备具有轨道电路的处理、进路控制、道岔控制、信号控制、进路自动设置等主要功能。

3. 列车自动控制系统

列车自动控制系统（简称ATC系统）是地铁信号系统自动实现列车监控、安全防护和运行控制技术的总称，包括列车自动防护（ATP）、列车自动运行（ATO）、列车自动监控（ATS）三个子系统，三个子系统通过信息交换网络构成闭环系统，实现地面控制与车上控制结合、现地控制与中央控制结合，构成一个以安全设备为基础，集行车指挥、运行调整，以及列车驾驶自动化等功能为一体的列车自动控制系统。

基于通信的列车控制系统（Communication-based Train Control，简称CBTC）也称移动闭塞信号系统。它集成了无线电通信技术和自动化控制技术，是传统铁路信号系统的现代化技术，是基于无线通信的列车自动控制系统。它摆脱了用轨道电路判别对闭塞分区的占用与否，突破了固定闭塞的局限性，实现了列车与轨旁设备实时双向通信且信息量大，改变了以往列车运行时信息只能由轨旁设备向车上传递且信息量小的缺点，在我国已运用于城市轨道交通。

（二）通信系统

通信系统是确保城市轨道交通运营的联络中枢，它为城市轨道交通运营各系统、各部门和控制中心间相互传递信息提供传输手段和通道，以便各岗位及时采取行动，确保整个系统正常运营。城市轨道交通通信系统包括传输、公务电话、专用电话、无线通信、广播、时钟、闭路电视、乘客信息等子系统。

1. 传输系统

传输系统是轨道交通通信系统中最重要的子系统之一，为通信其他子系统和列车自动监控（ATS）、综合监控（ISCS）、防灾报警（FAS）、自动售检票（AFC）、电力监控（PSCADA）等系统提供高可靠性的、冗余的、接口灵活的多种宽、窄带传输通道。

2. 公务电话系统

由各车站、控制中心、各系统设备的维修单位、各管理单位内部，以及各单位之间利用程控交换机联成程控交换机网络，形成城市轨道交通内部的公务电话系统。

3. 专用电话系统

（1）调度电话。调度电话用于行车调度、电力调度、环控调度、维修调度、专用调度和各车站、车辆运用单位等用户之间的直接通话。

（2）站间直通电话。站间直通电话由专用通道传递，主要用于车站之间办理行车业务。

（3）轨旁电话。轨旁电话指设置在线路轨道旁的电话，用于供有关专业人员和调度及其他有关分机联系，及时报告运行线路发生的故障及其他紧急情况，一般轨道旁隔一定距离（200m）就设置一部轨旁电话机。

4. 无线通信系统

无线通信系统可实现处于移动状态的运营工作人员（如列车驾驶员、现场检修人员及站务人员等）与调度或指挥处所保持联系，必要时可以使用无线通信发布调度口头命令，指挥行车。无线通信系统由基地台、天线（隧道内泄露电缆）、列车无线台、便携式无线台及电源等设备组成。

无线通信系统根据使用主体的不同分为列车无线调度电话、车辆基地无线电话和应急抢险无线电话等。其中，列车无线调度电话简称无线列调，是指挥行车的重要工具之一，可实现列车驾驶员与行车调度员、车站值班员之间的即时通话联系，使列车运行置于调度员的实时控制之下。

5. 广播系统

广播系统主要是向乘客及时通报运营信息，播放温馨提示或音乐，以改善候车环境；在非正常情况下通报行车、客运等安排情况；亦可紧急召唤检修、抢修人员和车站其他工作人员等。

6. 时钟系统

时钟系统能实现母钟、子钟各项功能和网络管理功能，为工作人员、乘客及相关系统设备提供统一的标准时间信息。

7. 闭路电视系统

闭路电视系统（简称 CCTV 系统）为调度员、车站值班员和列车驾驶员等提供有关列车运行、防灾救灾及乘客疏导等方面的视觉信息。系统应进行不间断录像，录像资料应至少保存 7 天。

8. 乘客信息系统

乘客信息系统为乘客提供各类运营服务信息，确保信息发布安全可靠，并应优先提供运营和紧急信息的发布。

（三）供电系统

城市轨道交通供电系统担负着整个交通系统运行所需电能的供应与传输，是系统安全可靠运行的重要保证。城市轨道交通供电系统一般取自于城市电网，且大部分为城市电网一级负荷，要求比较高，以确保供电的可靠性。城市轨道交通供电系统包括外部电源、主变电所、牵引供电系统、动力照明供电系统和电力监控系统。

牵引供电系统为电客车运行提供电能，它由牵引变电所、接触网和钢轨等组成。

动力照明供电系统为车站和区间各类照明、自动扶梯、风机、水泵等动力机械设备和通信、信号、自动化等设备提供电源。它由降压变电所和动力照明配电线路组成。

电力监控系统具备对供电系统的主变电所、牵引变电所、降压变电所的供电设备的运行状态实时进行遥控、遥信和遥测的功能。它由控制中心的主机、设在各变电所的远程控制终端，以及连接终端与控制中心的通信网络组成。

（四）环境与设备监控系统

环境与设备监控系统是采用 BAS（Building Automation System）这种先进的楼宇自动化系统对城市轨道交通车站及区间隧道进行环境监控的系统。BAS 系统对车站及区间隧道的通风空调、给排水、照明、电梯、自动扶梯、导向标识和应急后备电源系统等机电设备进行全面运行管理和控制。当发生非正常情况时，能及时迅速地进入防灾运行模式。例如发生火灾时，BAS 系统根据火灾报警系统发送的着火点信息，自动调整送风和排风状态，进行通风排烟，极大地提高了城市轨道交通运营的智能化和安全性。

（五）火灾自动报警系统

火灾自动报警系统能够监测车站和隧道内的空气温度和车站烟雾浓度，监测防排烟设备和气体灭火设备的运行状态。当监测到火灾险情后，及时向控制中心、本站气体灭火系统、本站环境监控系统发出警报信息。

除此之外，城市轨道交通系统还包括有通风、空调与采暖系统、消防及给排水系统、自动售检票系统、屏蔽门（安全门）系统、电梯、自动扶梯等。

学习任务2 行车组织概述

教学目标

了解列车车次的含义和作用；

知道列车的分类；

知道列车编组的有关规定；

知道行车组织基本规定；

理解列车的概念；

掌握列车运行驾驶模式；

能识别列车标志；

能对行车组织机构有一定认知。

建议学时

建议学时为 2 学时。

一、列车的认知

（一）列车的概念及分类

列车是指按有关规定编成的、挂有动车（或机车）及列车标志、以正线运行为目的的车列。城市轨道交通列车（除市郊列车外）在双线行车时，一般按右侧单向运行。

根据列车担负运输任务的不同，列车分为专用列车、客运列车、空驶列车、调试列车、工程列车和救援列车。

客运列车是指以运送乘客为目的、按规定编组而成的客车车组。

调试列车是指因对运营设备进行调整、试验而开行的列车。

工程列车是因运营生产的需要开行的、由机车和按规定编组的车辆（包括客车、单元车、单节车、平车等）连挂而成的列车。

救援列车是指因需要处理运营生产中发生的事件，担任救援任务而开行的列车。

在行车工作中，正常情况下必须依照上述列车等级顺序组织列车运行。在抢险救灾情况下，优先放行救援列车。对同一等级的客运列车，可以根据列车的接续车次和载客人数等情况进行调整。

（二）列车标志及编组的有关规定

1. 列车标志的规定

列车标志包括列车两端的标识灯、列车前端的车次号和目的地标识符等。

小链接

西安地铁《行车组织规则》（试行）规定：客运列车标志包括西安地铁徽记、车辆编号及标志灯等，工程列车尾部必须挂有标志灯。

2. 列车编组的规定

（1）列车中机车、车辆的制动机应全部加入列车的制动系统。客运列车始发不准编挂空气制动系统故障的车辆，在运行途中发生制动系统临时故障时，按相关的车辆故障应急处理指南要求处理。编入工程列车的车辆不准有关门车，如在运行途中因自动制动机发生故障时，应报告行车调度员并按其指示办理。

（2）客运列车、工程列车应按规定的编挂条件进行编组，下列车辆禁止编入列车：

1）车体倾斜超过规定限度。

2）曾经发生脱轨或冲撞事故，未经检查确认。

3）装载货物超出限界，无挂运命令。

4）装载长轨货物的平板车，无跨装特殊装置。

5）平板车装载货物违反装载和加固技术条件。

6）平板车未关闭侧板。

7）制动系统故障的车辆。

8）未按规定维护保养或清洁的客运列车。

（三）列车车次

为便于计划安排和具体掌握列车运行情况，各类列车均应有固定的车次。列车车次不仅具有识别列车种类、等级和运行方向等重要作用外，还与行车安全密切相关。

不同城市轨道交通系统对列车车次的规定不完全相同，但列车车次的含义和作用基本相同。

小链接

西安地铁《行车组织规则》（试行）规定，列车车次由7位数组成，前三位为服务号，中间两位为目的地码，后两位为序列号。空电客车、专列车次比照电客车车次，使用服务号区分。

服务号规定如下：客运列车为101～199，专用列车为901～949，空驶列车为801～849。

目的地码表示列车运营情况和列车交路方式，部分目的地码如下：

02　正常运营环路　北客站—韦曲南站正常运营环路（北客站站前折返）；

05　正常运营环路　北客站—会展中心站正常运营环路；

30　运营末班行程　将列车运行到韦曲南站的末班运营行程；

50　非运营收车行程　将列车运行到渭河车辆基地的非运营收车行程（北客站下行折1收车）；

60　非运营收车行程　将列车运行到南稍门站存车线的非运营收车行程；

77　非运营单向行程　将列车运行到北客站。

工程车、调试车、救援列车车次为3位数，车次规定为：工程列车为501～549，调试列车为551～599，救援列车为601～649。

（四）列车运行驾驶模式

目前城市轨道交通车辆在日常运行过程主要存在五种不同的驾驶模式：ATO模式（列车自动运行模式）、AR模式（列车自动折返模式）、SM模式（受监控的人工驾驶模式）、RM模式（受限制的人工驾驶模式）、URM模式（非限制的人工驾驶模式）。运行中主要依据设备的状态和运营的需要而变化，在各种驾驶模式中，ATO模式的安全级别最高，然后依次为SM、RM和URM模式。

1. ATO模式

（1）基本特征。ATO模式是最优先级的驾驶模式，通过ATC信号系统实现。在该模式下，两站间的列车自动运行，列车的运行不取决于列车驾驶员。列车自动启动、加速、维持惰行、减速、停车，列车驾驶员负责监督ATP/ATO指示和列车状况以及所要通过的轨道、道岔、信号的状态，必要时加以干预。

（2）运用。正线列车正常运行时的基本模式。

2. SM 模式

（1）基本特征。SM 模式是次优先级的驾驶模式，正常情况下培训时采用，或当 ATO 设备故障但车载和轨旁的 ATP 设备良好时采用。这种模式下，ATP 提供推荐速度，列车的运行由列车驾驶员通过主控制器控制，受 ATP 的监控和保护。列车驾驶员必须根据显示屏显示的推荐速度驾驶列车，当实际速度在推荐速度－1km/h 到推荐速度＋4km/h 范围内时（以某种 ATC 为例，不同 ATC 系统会有所不同），会有声音报警；当实际速度大于推荐速度 4km/h 时，ATP 产生紧急制动。列车驾驶员要负责监督列车状况和所要通过的轨道、道岔、信号的状态。列车驾驶员以 SM 模式驾驶时，要保持按下警惕按钮，否则会产生紧急制动。列车驾驶员以 SM 模式驾驶列车进站，停在停车窗内，ATP 给出门释放命令后，列车驾驶员手动开门。

（2）运用。ATO 故障时的降级运行；运行时轨道上发现有障碍物（如人）；下雨时列车在地面站行驶。

3. RM 模式

（1）基本特征。RM 模式是较低级的驾驶模式。在该模式下，列车由列车驾驶员驾驶，列车驾驶员对列车运行安全负责，列车驾驶员通过主控制器控制列车运行，运行中负责监督 ATP/ATO 指示显示和列车状况以及所要通过的轨道、道岔、信号的状态，速度不能大于 25km/h，车载 ATP 只提供 25km/h 的超速防护。

（2）运用。列车在车辆基地内（试车线除外）运行时；联锁、轨道电路、ATP 轨旁设备故障；列车紧急制动以后。

4. URM 模式

（1）基本特征。URM 模式是故障级驾驶模式。在该模式下，列车的运行完全由列车驾驶员负责，没有 ATP 的监控。国内部分地铁车辆采用 URM 模式时，列车前进最高速度可达 80km/h，后退最高速度可达 10km/h。

（2）运用。车载 ATP 设备故障；车辆部分设备检修和调试。

5. AR 模式

（1）基本特征。AR 模式包括列车的自动换向和有折返轨的自动折返。其中有折返轨的自动折返又可分为人工折返和无人折返。

（2）运用。在具备自动折返的折返站和具有换向功能的特殊轨道区段使用。

二、行车组织机构认知

（一）运营控制中心认知

1. 运营控制中心概述

运营控制中心，也称为控制中心（简称 OCC），是调度人员使用信号、电力监控、火（防）灾自动报警、环境与设备监控、自动售检票、通信等系统中央级设备对地铁全线所有运行车辆、车站和区间的设备运行情况进行集中监视、控制、协调、指挥、调度和管理的场所。同时控制中心也是上述系统中央级设备的安装场所。

运营单位应根据运营线路路网规模，设有一个或多个运营控制中心，承担日常运营调度指挥工作。运营单位应根据运营业务需要，合理设置运营控制中心岗位，明确岗位工作职责和技能要求，制定各岗位工作计划和流程。

运营控制中心一般由四个调度班组组成，每个调度班组设有值班主任、行车调度员、电力调度员、环控调度员和维修调度员等，实行四班两运转制度，负责一条或多条线路的调度指挥工作。

运营控制中心各工种调度员对全线列车运行和设备运用情况进行监控和调度，代表运营（分）公司领导指挥运营工作，应急情况下也代表（分）公司与外界协调联系城市轨道交通运营支援工作。运营控制中心人员职责应包括以下内容：

值班主任负责统一协调和管理，完成调度指挥任务，协调解决运行中出现的问题。在非正常情况和应急情况下，决策并组织执行应急处置方案等。

行车调度员负责组织实施正线及辅助线的行车组织作业等。

电力调度员负责正线及车辆基地供电设备的监控、供电系统施工作业管理等。

环控调度员负责火灾报警系统的中心级监控，车站环控设备及隧道通风系统的中心级监控等。

维修调度员负责组织实施车站、正线及辅助线等设施设备的检查、维修、施工作业的组织实施等。

2. 行车调度工作概述

行车指挥的目标是科学地组织客流、经济合理地使用车辆及其他设备、挖掘运输潜力，与有关部门密切配合从而保证按图行车、努力完成运输任务、更好地服务旅客。行车调度工作就是协调与运营有关的各个工种的工作，在保证安全的前提下完成列车运行任务，行车调度员在工作中必须掌握指挥的主动权。

(1) 行车调度工作基本规则。根据 GB/T 30012—2013《城市轨道交通运营管理规范》的规定，行车调度工作应遵守的基本规则为：

1) 指挥列车运行的命令和口头指示，只能由行车调度员发布。

2) 行车调度员发布命令时，在车站由行车值班员或指定人员负责传达，在车辆基地由车辆基地调度员负责传达。

3) 行车调度员同时向多个车站行车值班员发布调度命令时，指定其中一名行车值班员复诵，其他行车值班员核对，确保无误。

(2) 行车调度员应做好的工作。根据 GB/T 30012—2013《城市轨道交通运营管理规范》规定，行车调度员应做好以下工作：

1) 检查各站执行列车运行图和行车相关施工计划的情况，及时发布行车命令和口头指示；行车调度员在发布命令前，应准确了解掌握现场情况。

2) 严格按列车运行图指挥行车，发生非正常情况或应急情况时，按照预案及时、准确处置，保障运营安全。

3) 监控列车在车站到发及区间内的运行情况，及时、准确处理临时发生的问题，防止列车运行事故发生。

4) 必要时可授权实行降级控制，保证列车运行安全。

(3) 行车调度员应具备的素质。行车调度工作是运输调度工作中的核心，所以行车调度员对列车的运营安全起着决定性的作用，因此对行车调度员的要求也是非常严格的，不仅需要扎实的专业知识，还需要具备较高的能力（如分析处理问题能力、反应能力，沟通能力等）。

为实现按图行车，行车调度员必须熟悉“人、车、天、地、电、设备、接口、规章”几大要素。具体来说要掌握主要行车人员情况；掌握车辆结构、工作原理及制动系统、转向架系统等基本特征；了解天气变化对行车的影响；熟悉线路的平面、纵断面、曲线、坡度、信号机布置等基本情况；了解牵引供电区域的划分；熟悉主要的信号设备、环控设备、防灾报警设备、车站监控设备、售检票设备、屏蔽门设备等运营情况；熟知行车调度有关的规章及要求。

小链接

（1）非正常情况与应急情况的界定：

非正常情况是指因列车晚点、区间短时间阻塞、大客流以及设备故障等原因，造成列车不能按列车运行图正常运营，但又不危及乘客生命安全和严重损坏车辆等设备，整个系统能够维持降低标准运行的状态。

应急情况是指因发生自然灾害以及公共卫生、社会安全、运营突发事件等，已经导致或可能导致事故发生或设施设备严重损坏，不能维持城市轨道交通系统全部或局部运行的状态。

（2）西安地铁行车调度员岗位职责：

1）负责城市轨道交通的日常行车组织、指挥工作，按照《运营时刻表》的要求组织行车，实现安全、准点、舒适、快捷的运营服务。

2）负责监督控制全线客流变化情况，调集人力、物力和备用车辆，疏导突发大客流。

3）负责组织正线、辅助线范围内的行车设备检修以及施工作业、工程车运输作业。

4）负责传达上级有关运营工作的指令，发布调度命令，布置、检查、落实行车工作计划，确保行车工作顺利进行。

5）负责组织、处理在运营过程中发生的各种故障、事件、事故，及时调整列车运行，尽快恢复正常运营，尽量减少损失。

6）负责收集、填写运营工作有关数据指标，做好原始记录。

7）负责监控行车设备运行，做好故障记录。

8）服从值班主任的指挥，与电调、环调、维调配合，共同完成行车和施工组织工作。

9）及时完成领导交办的任务。

3. 相关设备

行车调度员相关设备如图 1-24 所示。

（1）中央级 ATS 工作站。中央级 ATS 工作站配备三台 LCD 显示器，行车调度员通过中央级 ATS 工作站操作、监控整个系统，实施有效控制。行车调度员监控的重点是列车车次、列车驾驶模式（CBTC 模式下）、运营停车点、列车间隔、列车运行进路等运行信息。

当中央级 ATS 失效时，可以由行车调度员授权车站值班员在车站 ATS 上设置列车进路，控制列车运行状态；当中央级 ATS 恢复后，行车调度员收回 ATS 控制权。

（2）中央级 ATS 大屏幕显示屏。中央级 ATS 大屏幕显示屏可以全局或局部详细显示控制线路的画面，它显示的图形信息和中央级 ATS 工作站上的全局显示一致。

图 1-24　行车调度员相关设备

(3) 闭路电视系统（CCTV）。闭路电视系统（CCTV）具备中央监视功能，能够实现调度员对列车运行、客流组织等情况的监视。

(4) 有线调度电话。有线调度电话实现控制中心行车调度员与车站行车值班员、车辆基地调度、派班室、信号楼、检修调度等调度分机进行直接通话，行车调度员通过调度电话实现与行车各岗位的信息收/发和调度指挥工作。行车调度电话设有自动录音装置，可实现单呼、固定组呼、自由选组和全呼等多项功能，如图 1-25 所示。

图 1-25　有线调度电话

(5) 无线调度电话。行车调度员工作台上设有无线调度电话，在车辆基地配备无线调度电话设备，在车站配备车站台及手持机，列车驾驶员使用车载台或手持机与行车调度员通信。客车队长（正线督导）、车辆基地派班室、检修调度各配备有一台手持机，当出现列车故障等情况时通过手持机进行协助处理。

行车调度员使用无线调度电话实现与车站行车人员及列车驾驶员、车长进行直接联络和行车指挥工作，可使用无线调度电话发布口头命令。

无线调度电话设有自动录音装置，可实现列车广播、普通呼叫、紧急呼叫、单呼、组呼、全呼、转接、强插、拨打内线和角色转换等多项功能。

(6) 综合监控。综合监控设备可实现对信号系统、广播系统、闭路电视系统（CCTV）、乘客信息系统、自动售检票系统、时钟系统、火灾自动报警系统、屏蔽门的监视。

(二) 车辆基地控制中心和车辆基地信号楼认知

1. 车辆基地控制中心和车辆基地信号楼概述

车辆基地控制中心（简称 DCC）是车辆基地管理、车辆维修组织和作业的控制中心，负责车辆基地范围内的行车组织、维修施工管理以及车辆日常检修、清洁、定修和临修工作控制，为轨道交通系统运营及设备维修施工提供数量足够和工况良好的客车和工程列车。

车辆基地信号楼是车辆基地内所有轨道线路的信号联锁设备的集中控制点和车辆运作管

理的中心，负责车辆运作管理与车辆基地信号联锁系统的控制。

车辆基地控制中心设有车辆检修调度员，车辆基地检修调度员负责车辆日常检修、清洁、定修和临修工作控制，为城市轨道交通运营及设备维修施工提供质量良好和数量足够的电客车或工程车。

车辆基地信号楼设有车辆基地调度和信号楼值班员。

车辆基地行车工作由车辆基地调度员统一指挥，并由其负责车辆基地日常运营和设备维修组织等工作。车辆基地的其他工作人员应服从车辆基地调度员的指挥，按照各自职责开展工作。车辆基地调度员加强与行车调度员协商沟通出场列车安排，减少列车出、入场进路交叉影响。

信号楼值班员应按照车辆基地调度员的指挥及接发列车计划、调车作业计划，准确及时准备进路，做好接发列车组织工作。

小链接

西安地铁车辆基地信号楼主要岗位工作职责为：

(1) 车辆基地调度：

1) 负责车场内行车运营秩序的组织和指挥，是车场内发生突发事件时的临时指挥者，负责指挥车场内电客车、工程车的调车转轨作业，对车场辖区内施工、检修作业的审批和办理工作，负责制定试车线调试、检修计划的工作。

2) 按照列车运行图、运营时刻表、轨行区周施工及行车计划通告、车辆检修需求，制作车场收车计划表、车场发车计划表，合理安排电客车出入车场。

3) 掌握车场内列车和车辆的停留状况，根据工作需求，正确及时地编制下达调车作业单，并监督检查计划的实施。

4) 负责车场范围内所有计划内和临时性的施工安排，督促施工负责人做好施工区域内的安全防护措施。

5) 指挥信号楼值班员合理安排场内行车作业，布置并监控信号楼值班员的作业，认真执行各项规章制度和作业标准，确保发车、收车及调车作业安全。

6) 严格执行试车线调试的有关规定和作业程序，组织好试车线和车场线路上的调试工作。

7) 严格执行车场内接触网停/送电操作的有关规定，并掌握车场内接触网停/送电状况，及时安排信号楼值班员在微机联锁设备上进行防护。

8) 指挥工程车列车驾驶员、电客车列车驾驶员配合各施工部门工作，布置并监控工程车列车驾驶员、电客车列车驾驶员的作业流程，认真执行各项规章制度和作业。

(2) 信号楼值班员：

1) 在车场调度员的指挥下，负责操作微机联锁设备，完成车场内进路排列、施工防护、微机联锁用户端状态监控，配合车场调度员完成车场内的行车组织和调车作业工作。

2) 负责接收、执行车场调度员下达命令作好记录工作，操作微机联锁系统。

3）负责通过无线调度台向电客车列车驾驶员、工程车列车驾驶员和施工负责人下达命令和通知。

4）严格执行电客车、工程车的调试及试验的有关规定，监控好电客车、工程车在试车线上的调试和试验工作。

5）每次排列进路前核对车场内施工是否与进路发生冲突，若进路通过施工区域时，需提前向施工负责人布置动车计划，在得到施工负责人的复述后才允许排列进路。

6）监视信号显示和列车出入车场运行状况，发现异常及时向车场调度员报告，并做好记录。

7）严格按照车场收车计划表、车场发车计划表、运营时刻表、轨行区周施工计划及行车计划通告收发列车，负责与行车调度员沟通，确认列车出入车场安排，及时向车场调度员报告收发车情况。

2. 相关设备

（1）车场 ATS 工作站。车场 ATS 工作站由两台 LCD 显示器组成，可以实现对车场内全部列车监视和控制。

（2）有线调度电话。有线调度电话可以实现行车调度员、车场调度员、信号楼值班员、派班员等行车岗位间的通话功能。有线调度电话设有自动录音装置，可以实现单呼、固定组呼、自由选组和全呼等多项功能。

（3）无线调度电话。无线调度电话可以实现行车调度员、车场调度员、信号楼值班员、列车驾驶员、工程车列车驾驶员、车场内施工负责人等的组呼、选呼、紧急呼叫等功能。

（4）微机联锁系统。微机联锁系统保证道岔、轨道区段、ATP 信号间正确的联锁关系，完成车场管辖范围内所有线路、道岔的进路排列、锁闭道岔等功能。

（5）应急台。作为一种应急状态下的备用控制方式，当联锁系统瘫痪后投入使用。可以通过应急台单独操作道岔，道岔操作后，需要人为确认道岔位置。

（三）车站控制室认知

1. 车站控制室概述

车站控制室是车站行车的指挥和控制中心，设置有各类行车设备系统的操作终端，以及重要设备的车站级就地控制盘。其位置面向公共区，并设置观察窗，可观察到站厅客流情况。

车站行车作业实行单一指挥制，行车值班员是车站行车作业的组织者和指挥者，主要从事车站设备控制、列车运行监视等工作。车站控制中心如图 1-26 所示。

2. 相关设备

（1）车站级 ATS 工作站。设备集中站的车站级 ATS 工作站，能对本联锁区内的车站线路、道岔、信号机及列车状态进行监控。当中央级 ATS 失效时，由行车调度员授权车站行车值班员在车站级 ATS 上设置列车进路，控制列车运行状态。

图 1-26　车站控制中心

小链接

西安地铁行车值班员工作职责：

(1) 在值班站长的领导下，主管车站行车工作。

(2) 服从行车调度员指挥，执行行车调度员命令，严格按列车运行图组织行车。

(3) 严格执行一次作业程序，熟悉行车设备的性能，掌握操作方法。

(4) 控制车站广播，密切关注监视屏，掌握站台乘客动态。

(5) 信号系统出现故障时负责现场人工排列进路。

(6) 保管、使用行车设备备品，正确填写各种行车台账，字迹清楚。

(7) 值班站长不在车控室时代理其职责。

(2) 本地控制工作站（LCW）。当中央级及车站级 ATS 工作站失效时，由行车调度员授权设备集中站行车值班员在本地控制站 LCW 上设置列车进路，控制列车运行状态。

(3) 计轴复位盘。当设备集中站联锁区内线路上某段计轴出现故障需要复位时，由行车调度员授权车站行车值班员在计轴复位盘上按下某段计轴的复位按钮。

(4) LCP 盘。车控室设有 LCP 控制盘，盘面上的上、下行线路分别有紧急关闭、紧急关闭恢复、扣车、取消扣车、提前发车按钮各一个及紧急关闭、扣车、提前出发指示灯各一个，另外盘面还有控制转换开关、报警切除及表示灯测试按钮一个。当 ATP 设备正常使用时，站务人员根据行车工作的需要按压各个按钮。LCP 盘如图 1-27 所示。

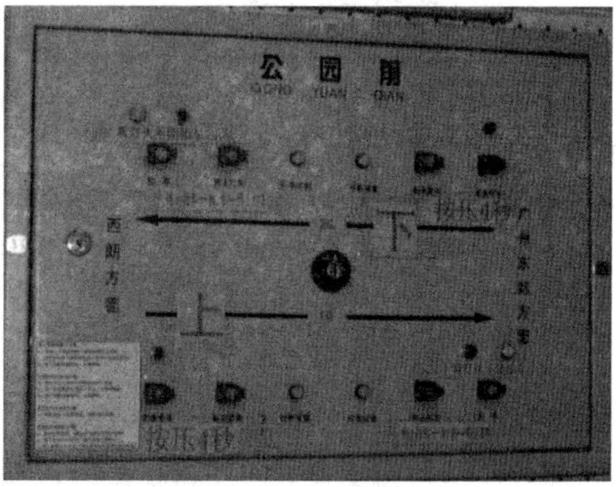

图 1-27　LCP 盘

(5) 车站安全门报警盘（IBP 盘）。IBP 盘是一种人机接口装置，满足应急、备份和直接的操作要求，紧急情况下由车站行车值班员根据具体情况及相应的操作规程进行处置，如图 1-28 所示。

IBP 盘设有部分系统紧急控制的按钮和关键设备的状态显示，作为紧急情况下和在车站监控系统故障造成无法通过监控系统进行监控操作时，车站监控系统的后备操作手段。在紧

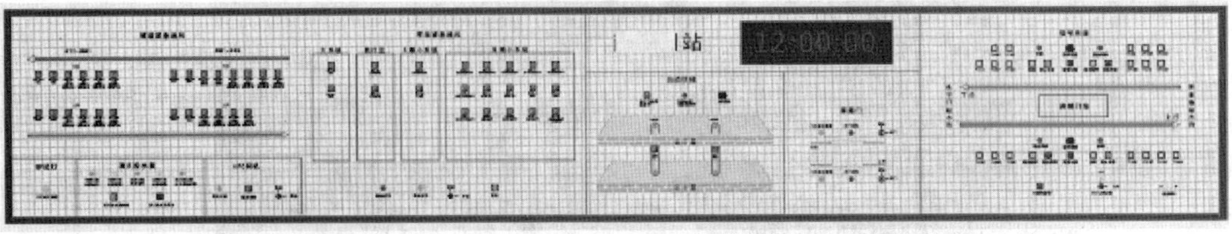

图 1-28　IBP 盘

急情况下由车站行车值班员操作指令按钮，实现对信号系统、屏蔽门系统、闸机、自动扶梯、消火栓水泵和模式等紧急控制。

（6）视频监控系统（CCTV）。CCTV 可提供车站各位置的实时监控画面，如图 1-29 所示。

图 1-29　CCTV

（7）车站有线调度电话。可实现与行车调度员、相邻车站等行车岗位进行通话的功能。

（8）车站广播。

三、行车组织基本规定

（一）行车组织一般要求

根据 GB/T 30012—2013《城市轨道交通运营管理规范》规定，行车组织的一般要求如下：

（1）行车组织应实行集中管理、统一指挥、逐级负责。

（2）行车组织工作实行 24h 工作制。

（3）运营单位应制定正常情况、非正常情况和应急情况下的行车组织方案。

（4）运营单位应制定行车组织规则，并应根据行车线路的封闭方式、范围、线路条件、设备条件等，制定相应的细则。运营单位应按照行车组织规则及其细则做好行车组织工作。

（5）城市轨道交通列车正常情况下应按双线单方向组织运行。

（6）运营单位应对列车运行速度进行规定，并按规定的速度组织列车运行，列车运行速度不得超过允许的最高运行速度。

（7）行车时间以北京时间为准，从零时起计算，实行 24h 制；行车日期划分以零时为界，零时以前办妥的行车手续，零时以后仍视为有效。

小链接

西安地铁《行车组织规则》（试行）规定，行车组织基本原则如下：

（1）指挥列车在正线运行的命令只能由行车调度员发布，列车驾驶员必须严格遵照《运营时刻表》规定的时刻、按信号显示行车，并服从行车调度员指挥和命令。

（2）行车时间以北京时间为准，从零时起计算，实行24h制。行车日期划分：以零时为界，零时以前办妥的行车手续，零时以后仍视为有效。

（3）正线、辅助线及转换轨属行车调度员管理，车辆基地线属车辆基地调度管理。

（4）在CBTC正常情况下，电客车采用AM、ATPM模式驾驶。列车驾驶员需在电客车出库时或交接班时输入列车驾驶员代号，在ATS有计划运行图时，电客车出车辆基地到转换轨时自动接收行车信息，但在没有ATS计划运行图时，电客车在出车辆基地及正线运行车次变更时，需行车调度员输入或通知列车驾驶员人工输入服务号和目的地号。

（5）空电客车、工程车、救援列车、调试列车出入车辆基地均按列车办理。

（6）CBTC正常情况下正线上列车驾驶员凭车载信号显示或行车调度员命令行车，按《运营时刻表》和PDI显示时分掌握运行及停站时间。

（7）非CBTC情况下，在iATPM模式下正线列车驾驶员凭车载及地面信号或行车调度员命令行车，列车驾驶员应严格掌握进出站、过岔、线路限制等特殊运行速度；在联锁模式下正线列车驾驶员凭地面信号或行车调度员命令行车，列车驾驶员应严格掌握进出站、过岔、线路限制等特殊运行速度。

（8）电客车在运行中列车驾驶员应在前端驾驶，如推进运行，应有引导员在前端驾驶室引导和监控电客车运行。

（9）调度电话、无线电话用于行车工作联系，须使用标准用语。

（10）电客车晚点统计方法：比照《运营时刻表》单程每列晚点不超过2min为正点；超过2min，但不超过5min即为晚点；超过5min以上则称为延误。行车调度员应根据电客车晚点情况及时采取措施，调整电客车运行。

（11）车辆基地救援机车及各类抢修车辆，应处于整备待发状态，其工具备品应保持齐全整洁，作用良好。

（二）车站行车作业制度

为加强车站行车作业组织，必须建立和健全各项行车作业制度，做到行车作业制度化、程序化、标准化。车站行车作业的制度主要有车站值班员岗位责任制、交接班制度、检修施工登记制度、道岔擦拭制度、巡视检查制度和行车事故处理制度等。

1. 行车值班员岗位责任制

车站行车作业实行单一指挥制，车站行车值班员是车站行车作业的组织者和指挥者。

车站行车值班员的岗位职责是：执行行车调度员的命令和指示，统一指挥车站的行车作业。监视行车控制台的进路开通方向、道岔位置及信号显示，监视列车运行状态和乘客乘降情况。在实行车站控制时，按列车运行图及行车调度员下达的列车运行计划办理闭塞、排列进路、开闭信号（交接凭证）、接发列车，填写行车凭证和其他各种行车报表，办理设备检修施工登记，组织交接班工作。

2. 交接班制度

车站行车值班员交班时，应将列车运行和设备状态，上级指示和命令及完成情况等填记在《交接班登记簿》上，并口头向接班车站行车值班员交代清楚。车站行车值班员接班时，要了解列车运行情况，对行车设备、备品、表报进行检查后，签认接班。

3. 检修施工登记制度

车站行车值班员对各项检修施工作业，应根据检修施工计划，向检修施工负责人交代有关注意事项后，方可登记。凡影响行车作业的临时设备抢修，要在与行车调度员联系作业时间并获同意后，方可登记。检修施工作业结束后，行车设备经试验、确认技术状态良好，方可签认注销。

4. 道岔擦拭制度

道岔必须由专人负责定期擦拭。擦拭道岔，必须与行车调度员联系，办理控制权下放手续。道岔擦拭时，车站控制室要有人监护，不准随意扳动道岔；擦拭道岔人员一律穿绝缘鞋，携带防护用具；擦拭前施放木楔，无关人员不得擅自进入道岔区；如需转换道岔，室内监护人员与现场擦拭人员应进行联系，说明道岔号码及定、反位，现场擦拭人员要离开道岔。道岔擦拭完毕，要认真清理现场，清点工具，撤除木楔，并检查有无妨碍列车运行及道岔转换的物品；试验道岔及确认良好后，与行车调度员办理控制权上交手续，有关按钮由信号人员加封并做记录；填写《道岔擦拭登记簿》。

5. 巡视检查制度

每日的运营前检查，车站行车值班员应进行站线巡视，检查线路上有无影响列车运行的异物。对站内检修施工后的现场进行巡视检查，符合检修施工登记注销情况。检查行车控制台是否有异常情况。

6. 行车事故处理制度

发生行车事故，应立即采取有效措施进行处理，同时向行车调度员及有关部门报告。认真记录事故发生的时间、地点、列车车次、车号、关系人员姓名及人员伤亡和设备损坏情况。赶赴现场，查找人证与物证，并做成记录。清理现场，尽快开通线路。对责任行车事故，应认真找出原因，提出处理意见，制订防范措施。

（三）车站行车作业基本要求

车站行车作业包括接发列车作业、列车折返作业等。车站行车作业应按照列车运行图要求，不间断地接发列车与折返列车，确保行车安全与乘客安全。对车站行车作业的基本要求是：

1. 执行命令听从指挥

严格执行单一指挥制，车站行车作业由车站行车值班员统一指挥。列车在车站时，列车驾驶员应在车站行车值班员指挥下进行工作。车站行车值班员应认真执行行车调度员的命令和上级领导的指示。

2. 遵章守纪按图行车

认真执行行车规章制度，遵守各项劳动纪律。办理作业正确及时，严防错办和忘办，严禁违章作业。当班必须精神集中，服装整洁、佩戴标志，保证车站安全、不间断的按列车运行图接发列车。

3. 作业联系及时准确

联系各种行车事宜时，必须程序正确、用语规范、内容完整、简明清楚，严防误听、误解和臆测行事。

4. 接发列车目迎目送

接发列车严肃认真，姿势端正。认真做好看、听、闻，确保列车安全运行。

5. 行车表报填写齐全

行车表报包括各种行车凭证、行车日志和各种登记簿。行车凭证有路票、调度命令等，登记簿有《调度命令登记簿》、《检修施工登记簿》和《交接班登记簿》等。应按规定内容、格式认真填写各种行车表报，保持表报完整、整洁。

复　习　思　考

1. 单项选择题

（1）一般地，城市轨道交通线路的轨距与铁路标准相同，都采用（　　），便于过轨运输。

A. 1524mm　　B. 1435mm　　C. 1432mm　　D. 1676mm

（2）无列车驾驶员室带受电弓的动车简称（　　）。

A. A 车　　B. B 车　　C. C 车　　D. D 车

（3）列车运行驾驶模式中，最优先级的驾驶模式为（　　）。

A. ATO 模式　　B. SM 模式　　C. RM 模式　　D. URM 模式

（4）在运营控制中心（OCC）中，主要负责机电设备和防灾报警设备的监控和调度工作的调度岗位为（　　）。

A. 行车调度　　B. 电力调度　　C. 环控调度　　D. 值班主任

（5）（　　）是车站行车作业的组织者和指挥者。

A. 站长　　B. 值班站长　　C. 行车值班员　　D. 行车调度员

（6）用道岔将上下行线及折返线连接起来的线路为（　　）。

A. 辅助线　　B. 联络线　　C. 渡线　　D. 安全线

（7）列车在车辆基地内（试车线除外）运行时，采用的驾驶模式为（　　）。

A. ATO 模式　　B. SM 模式　　C. RM 模式　　D. URM 模式

（8）设备集中站的（　　）能对本联锁区的车站线路、道岔、信号机及列车状态进行监控。

A. LCP 盘　　B. 本地控制工作站（LCW）

C. 视频监控系统（CCTV）　　D. 车站 ATS 工作站

（9）（　　）是指贯穿所有车站、区间，供列车载客运营的线路。

A. 正线　　B. 渡线　　C. 折返线　　D. 区间

（10）（　　）是线路连接设备的一种，用来使列车或车辆从一股道转入另一股道。

A. 钢轨　　B. 轨枕　　C. 道床　　D. 道岔

2. 判断题

(1) 城市轨道交通列车在双线行车时，均按右侧单向运行。 ( )

(2) 道岔的辙叉角越小，道岔号数越大，对行车越不利。 ( )

(3) 两股钢轨顶面应保持在同一水平面上，其相对高低误差不得大于 4mm。 ( )

(4) 设备限界介于车辆限界和建筑限界之间。 ( )

(5) 按车体宽度的不同，城市轨道交通车辆分为 A 车、B 车和 C 车。 ( )

(6) 当从车辆的一位端向二位端看去时，人的右侧定义为车辆的右侧，另一侧定义为左侧。 ( )

(7) 城市轨道交通系统中，信号系统通常包括基础设备、联锁设备和列车自动控制系统三大部分。 ( )

(8) 在行车工作中，正常情况下必须依照专用列车、客运列车、空驶列车、调试列车、工程列车和救援列车这种等级顺序来组织列车运行。 ( )

(9) 列车两端的标识灯是列车标志。 ( )

(10) 车站行车作业的制度主要有车站值班员岗位责任制、交接班制度、检修施工登记制度、道岔擦拭制度、巡视检查制度和行车事故处理制度等。 ( )

3. 简答题

(1) 简述城市轨道交通线路的分类。

(2) 车站的主要功能有哪些？车辆基地的主要功能有哪些？

(3) 简述五种列车运行驾驶模式的基本特征和运用情况。

(4) 道岔由哪几部分组成？

(5) 运营控制中心的主要行车设备有哪些？车辆基地控制中心和车辆基地信号楼的主要行车设备有哪些？车站控制室主要行车设备有哪些？

(6) 简述行车组织原则。

学习模块二

运输计划的编制

案例引入

随着城市轨道交通承载的乘客出行量不断增加，城市轨道交通在城市公共交通中承担的输送任务也越来越重。城市轨道交通网络化进程的不断加快，使其承担的城市内部公共交通的比率迅速提升，城市轨道交通成为城市公共交通的骨架和核心。例如，1971年北京地铁1号线一期开始载客试运营，当年共运送乘客828万人次，2009年北京地铁年客运量为13.7亿人次，2010年为15.95亿人次，2011年为18亿人次，2012年突破了21亿人次。2013年3月8日北京地铁单日客运量为1027.6万人次，而且“1000万人次”将成为北京地铁的常态。

为了满足数量如此庞大的客流出行需求，城市轨道交通每天都开行有大量的列车。在实际工作过程中，客流会随时间和空间发生变化，城市轨道交通部门是如何对客流的分布特征和动态变化进行分析，掌握客流的变化规律。是如何根据客流变化情况，综合考虑技术设备、人员配备、管理模式、作业方法和运营成本等因素，确定不同时段合理的列车开行数量和列车开行方案。又是如何保证开行的大量列车在线路上互不干扰、有秩序、安全、准点地运行？这些都是在运输计划编制过程中要解决的问题。

模块导学

模块概述

城市轨道交通运输计划是城市轨道交通系统运营组织和管理的基础，也是城市轨道交通行车组织的基础工作。从社会效益看，城市轨道交通系统应充分发挥运量大和服务有规律的特点，安全、迅速、正点和舒适地运送乘客；从企业经济效益看，城市轨道交通系统的运营应实现高效率和低成本。为了达到这些目标，城市轨道交通系统的运营组织必须以运输计划为基础，合理调度指挥列车运行，实现高效运输。城市轨道交通运输计划主要包括客流计划、全日行车计划、列车运行方案、列车运行图、车辆运用计划等内容。

本模块按照运输计划所包含的主要内容，设计了客流计划的编制、全日行车计划的编制、列车开行方案的比选、列车运行图的编制和车辆运用计划的编制共五个学习任务。

技能点

能编制客流计划；

能编制全日行车计划；

能进行列车开行方案比选（包括列车编组方案比选、列车交路方案比选、列车停站方案比选）；

能编制列车运行图（包括列车运行图认知、站名线确定、列车运行图种类判别、列车运行图铺画及指标计算）；

能编制车辆配备计划和车辆运用计划。

知识点

城市轨道交通客流及分类，城市轨道交通客流时间和空间分布特征；

全日行车计划编制因素（包括运营时间、全日分时最大断面客流量、列车定员数、线路断面满载率）；

列车编组种类，影响列车编组方案比选的因素，列车交路种类，列车折返方式，列车交路方案比选因素，列车停站方式，列车停站方案比选因素；

列车运行图图解表示，列车运行图意义，列车运行图分类，列车运行图因素（包括列车区间运行时分、最小行车间隔、列车停站时间、列车间隔时间、列车在折返站停留时间），列车运行图编制步骤；

运用车，维修车，备用车。

学习任务

学习任务1　客流计划的编制

教学目标

了解城市轨道交通客流的概念及分类。

理解城市轨道交通客流的时间和空间分布特征。

能对客流信息进行分析并处理。

能编制客流计划。

建议学时

建议学时为4学时（包括技能训练2学时）。

客流计划是对在运输计划执行期间城市轨道交通客流的规划，是整个运输计划编制的基础。

一、城市轨道交通客流的概念与分类

（一）城市轨道交通客流的概念

城市轨道交通客流是指在某一单位时间内，城市轨道交通线路上乘客流动人数和流动方

向的总和。城市轨道交通客流是规划城市轨道交通线网、选择城市轨道交通制式及车辆类型、安排城市轨道交通项目建设顺序、设计车站规模和确定车站设备容量、进行项目经济评价的重要依据，也是城市轨道交通安排运力、编制列车开行计划、组织日常行车和分析运营效果的基础。从城市轨道交通客流的概念不难看出，城市轨道交通客流不仅反映了乘客的移动数量，也强调了这种位移具有时间性和空间性。

（二）城市轨道交通客流的分类

城市轨道交通客流按时间分布特征、空间分布特征、客流来源等条件，可以分为不同的类型。

1. 按客流的时间分布特征分类

根据客流的时间分布特征不同，城市轨道交通客流可以分为全日客流、全日分时客流和高峰小时客流。其中，全日分时客流是指全日各小时的客流，高峰小时客流是指全日客流量最大的小时客流。

2. 按客流的空间分布特征分类

根据客流的空间分布特征不同，城市轨道交通客流可以分为断面客流与车站客流。

（1）断面客流。断面客流是指在单位时间（一般指一小时或全日）内，通过城市轨道交通线路某一地点的客流。实质上断面客流就是通过该断面所在区间的客流。

在单位小时内通过城市轨道交通线路各个断面客流量中的峰值称为最大断面客流量。一般地，同一小时内城市轨道交通线路上、下行方向的最大断面客流量不在同一个断面上；全日分时最大断面客流量也不相等，其中的峰值称为高峰小时最大断面客流量，高峰小时一般出现在早晨和傍晚。高峰小时最大断面客流量是决策城市轨道交通是否需要修建、修建为何种类型，以及确定车辆型式、列车编组、行车密度、运用车配置数和站台长度等的基本依据。

（2）车站客流。车站客流是指在车站上下车和换乘的客流，包括全日车站客流、高峰小时车站客流和超高峰小时车站客流，以及经由不同出入口、收费区的进出站客流和方向别的换乘客流（超高峰小时是在高峰小时内存在一个约为 15～20min 的上下车客流特别集中的时间段）。

3. 按客流的来源分类

根据客流的来源不同，城市轨道交通客流可以分为基本客流、转移客流和诱增客流。

（1）基本客流。基本客流是指线路既有客流加上按正常增长率增加的客流。

（2）转移客流。转移客流是指由于城市轨道交通的优势，由常规公交和自行车等出行方式转移而来的客流。

（3）诱增客流。诱增客流是指线路投入运营后，促进沿线土地开发、住宅区形成规模、商业活动繁荣所诱发的新增客流。

二、城市轨道交通客流分析

城市轨道交通客流是动态流，它因时、因地而变化，但这种变化归根结底是城市社会经济活动与生活方式以及城市轨道交通本身特征的反映，因此城市轨道交通客流的变化是有规律的。在城市轨道交通系统运营过程中，对城市轨道交通客流动态实行实时追踪和系统分析，掌握客流的现状及变化规律是城市轨道交通系统运营管理工作得以顺利进行的前提。

在城市轨道交通的运营实践中，客流分析的对象既可以是预测客流，也可以是实际客流，客流分析的重点是客流在时间和空间上的分布特征、动态变化规律，以及它们与运营组织的关系。

（一）城市轨道交通客流的时间分布特征分析

城市轨道交通客流的时间分布特征主要表现在以下几个方面。

1. 一日内小时客流分布特征

城市轨道交通一日内小时客流随着人们的生活节奏和出行规律而变化，但是这种变化也是有规律可循的。例如，在正常工作日小时客流的变化通常呈双峰型，客流在夜间少，早晨逐渐增加，上班和上学时段达到高峰，午间稍减，傍晚因下班和放学又会出现高峰，此后逐渐减少，午夜客流达到低谷，如图 2-1 所示。

对一日内小时客流分布特征进行分析，可以在不同时段开行不同数量的列车，在满足乘客出行需求的前提条件下，节约运营成本。

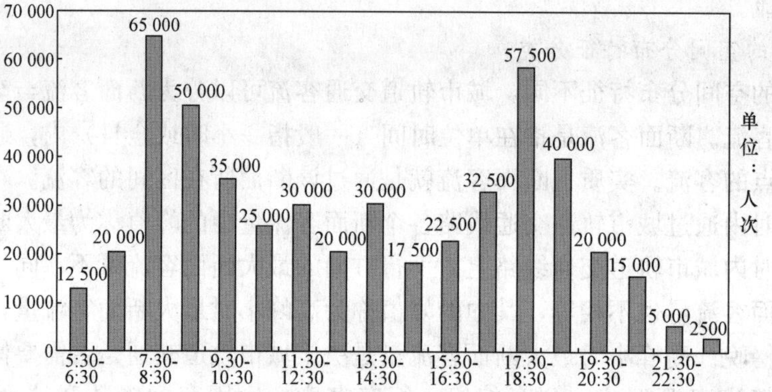

图 2-1　某地铁线路正常工作日分时最大断面客流图

2. 一周内全日客流分布特征

由于人们的工作和休息是以周为循环周期进行的，所以一周内全日客流量也呈规律性的变化。在双休日，以通勤、通学客流为主的线路上客流会有所减少；而在连接商业网点、旅游景点的线路上客流又会有所增加；早高峰出现的时间较工作日推迟，晚高峰出现的时间又往往提前。每周一和节假日后第一天的早高峰小时客流，以及每周工作日的最后一天和节假日前一天的晚高峰小时客流，都会比一周内其他工作日的早、晚高峰小时客流要大。

根据对一周内全日客流分布特征的分析，城市轨道交通通常在一周内实行不同的全日行车计划和列车运行图，以适应不同的客运需求和提高运营经济性。

3. 一年内季节性或短期性客流分布特征

季节的不同、短期性举办重大活动或天气的骤然变化等因素都会对城市轨道交通客流产生影响。例如在旅游旺季，流动人口的增加会使城市轨道交通客流增加。

对季节性客流变化，可以通过实行不同分号列车运行图的措施来加以调整。当短期性客流增幅较大时，运营部门在作业组织和设备运用方面必须采取相应的应急措施，适应客流的需求。

（二）城市轨道交通客流的空间分布特征分析

城市轨道交通客流的空间分布特征主要表现在以下几个方面。

1. 各条线路客流分布特征

由于各条线路沿线土地的利用状况不同、接运交通的现状也不同，各条线路上的客流分布是不均衡的。这种不均衡表现为现状客流分布的不均衡和客流增长的不均衡两个方面，它们构成了整个城市轨道交通线网客流分布的不均衡。

各条线路的客流分布情况是城市轨道交通进行各条线路的运力安排和设备配置的主要依据。

2. 各个方向客流分布特征

由于客流的流向原因，城市轨道交通线路上、下行方向的最大断面客流通常是不均衡的。在放射状的线路上，早、晚高峰小时上、下行方向的最大断面客流不均衡尤为明显。

当上、下行方向的最大断面客流不均衡程度较大时，直线线路上、下行方向因共用列车车底，断面客流较小方向会出现因车辆满载率过低而引起的运能闲置；环形线路上由于可以在内、外环线路上安排不同的运力，避免了断面客流较小方向的运能浪费。

3. 各个断面客流分布特征

由于城市轨道交通线路上各个车站乘降人数的不同，线路上不同区间的断面客流也不均衡。断面客流分布通常有阶梯形和凸字形两种情况。阶梯形是指各区间断面客流由线路一端向另一端呈递减或递增趋势，凸字形是指各区间断面客流由线路中间向两端呈递减趋势。

当断面客流不均衡程度较大时，在对线路通过能力、中间站折返能力和行车组织方面等因素充分考虑的情况下，可以采用灵活的列车开行方案。断面客流分布为阶梯形时，可考虑采用大客流区段和小客流区段分别开行不同数量列车的衔接交路方案，或在大客流区段加开区段列车的混合交路方案；断面客流分布为凸字型时，可考虑采用在大客流区段加开区段列车的混合交路方案。

4. 各个车站客流分布特征

在城市轨道交通线路上，车站客流分布是不均衡的，甚至会出现一条线路大部分的客流集中在少数几个车站的情况。新的居民住宅区形成规模、新的线路投入运营、商业中心分布发生变化、既有轨道交通线路延伸使一些车站由中间站变为换乘站或由终点站变为中间站、列车共线运营等都会引起车站客流的变化，使车站客流分布不均衡情况加剧或者引发新的不均衡。

由于车站客流的不均衡，各个车站的客运工作量也不相同，所以应根据车站客流，确定车站的设备容量、能力配置、客运人员的配备数量和日常运营管理的重点。

三、客流计划的编制

客流计划主要包括站间到发客流量、各站方向别上下车人数、各区间断面客流量和全日分时最大断面客流量等。

（一）编制资料

在新线投入运营或既有线路临时性客流发生重大变化的情况下，客流计划根据预测的站间到发客流资料进行编制；在既有线路正常运营情况下，客流计划则根据统计或调查的实际站间到发客流资料进行编制。

（二）编制步骤

（1）根据某一小时站间到发客流量，计算该小时各站上下车人数。

（2）根据该小时各站上下车人数，计算该小时各区间断面客流量，绘制断面客流图，确定该小时最大断面客流量。

（3）重复上述过程，确定全日分时最大断面客流量。

（三）编制实例

1. 编制资料

（1）某城市轨道交通线路如图 2 - 2 所示。

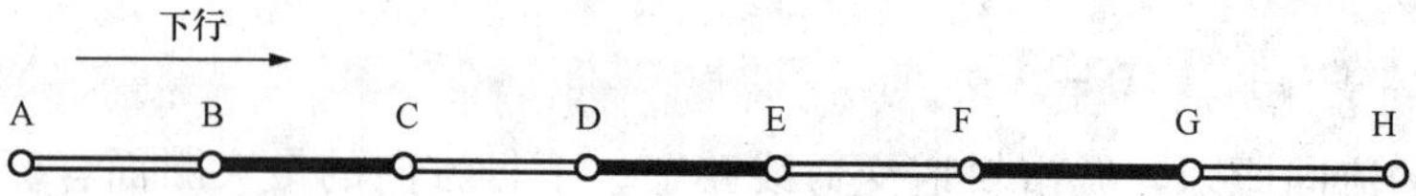

图 2 - 2　线路示意图

（2）该线路高峰小时站间到发客流量见表 2 - 1。

表 2 - 1　　**高峰小时站间到发客流量表**　　单位：人/h

到 发	A	B	C	D	E	F	G	H	总计
A	0	4293	3730	4621	2984	5696	7790	14 556	43 670
B	4246	0	1055	2826	2423	4189	4778	10 116	29 633
C	3463	961	0	342	515	1398	1761	2913	11 353
D	4725	2525	365	0	280	1215	1726	3006	13 842
E	2855	2299	591	289	0	263	782	1909	8988
F	5689	4289	1215	1268	297	0	514	3477	16 749
G	7690	5705	1499	1754	823	702	0	1305	19 478
H	13 873	9024	2879	3171	1775	3216	1232	0	35 170
计	42 541	29 096	11 334	14 271	9097	16 679	18 583	37 282	178 883

2. 编制过程

（1）计算高峰小时各站上下车人数。根据高峰小时站间到发客流量资料，计算高峰小时各站上下车人数见表 2 - 2。

表 2 - 2　　**高峰小时各站上下车人数**　　单位：人

下　行		车站	上　行	
上车	下车		上车	下车
43 670	0	A	0	42 541
25 387	4293	B	4246	24 803
6929	4785	C	4424	6549
6227	7789	D	7615	6482
2954	6202	E	6034	2895
3991	12 761	F	12 758	3918
1305	17 351	G	18 173	1232
0	37 282	H	35 170	0

例如，下行方向高峰小时：

D站上车的人数为从D站到E、F、G、H各站的客流量总和，即 280＋1215＋1726＋3006＝6227（人）；

D站下车的人数为从A、B、C各站到D站的客流量总和，即4621＋2826＋342＝7789（人）。

（2）确定高峰小时最大断面客流量。根据高峰小时各站上下车人数，从各方向的起始区间开始，依次计算高峰小时各区间断面客流量见表2-3，并依此绘制断面客流图如图2-3所示。

表2-3　　高峰小时各区间断面客流量　　单位：人

下行	区间	上行	下行	区间	上行
43 670	A-B	42 541	62 098	E-F	60 951
64 764	B-C	63 098	53 328	F-G	52 111
66 908	C-D	65 223	37 282	G-H	35 170
65 346	D-E	64 090			

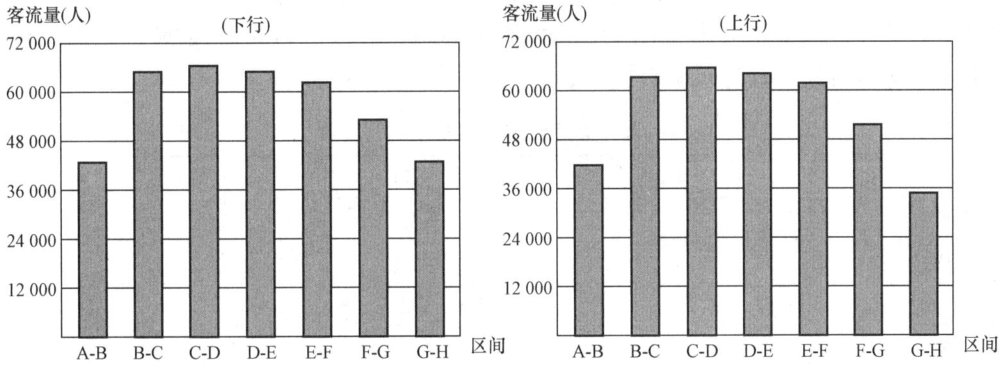

图2-3　高峰小时断面客流量图

例如，下行方向高峰小时：

A-B区间断面客流量为A站上车人数－A站下车人数，即43 670－0＝43 670（人）。

B-C区间断面客流量为A-B区间断面客流量＋（B站上车人数－B站下车人数）＝43 670＋（25 387－4293）＝64 764（人）。

C-D区间断面客流量为B-C区间断面客流量＋（C站上车人数－C站下车人数）＝64 764＋（6929－4785）＝66 908（人）。

由上述资料可知，该线路下行高峰小时最大断面客流量为C-D区间66 908人；上行高峰小时最大断面客流量为C-D区间65 223人。

在本例中，高峰小时最大断面客流量是以高峰小时站间发、到客流数据为基础，按上述步骤确定的。同样全日分时最大断面客流量也可以通过全日分时站间发、到客流数据，按上述方法一一求得。

学习任务2　全日行车计划的编制

教学目标

了解全日行车计划的作用及编制资料。

掌握全日行车计划的编制步骤。

能收集全日行车计划编制资料，并对相关信息进行分析、判断和处理。

能编制全日行车计划。

建议学时

建议学时为 4 学时。

全日行车计划是以客流计划为基础，确定的城市轨道交通运营时间内各个小时开行列车数计划。它规定了城市轨道交通线路的日常运输任务，是编制列车运行图、计算运输工作量和确定车辆运用的基础资料。

一、编制资料

（一）运营时间

运营时间是指为乘客提供城市轨道交通运营服务的时间，即线路单一运行方向的始发站从首班车发车到末班车发车之间的时间。城市轨道交通系统的运营时间依城市而异，世界部分城市轨道交通系统运营时间见表 2-4。

表 2-4　世界部分城市轨道交通系统运营时间　单位：h

城市	始运年份	运营时间	城市	始运年份	运营时间
伦敦	1863	20	莫斯科	1935	19
纽约	1868	24	华盛顿	1976	18
芝加哥	1892	24	香港	1979	19
布达佩斯	1896	19	北京	1969	18
巴黎	1900	20	上海	1993	18
柏林	1902	21	广州	1997	18
东京	1927	19.5	西安	2011	17

各城市轨道交通系统运营时间的安排主要考虑两个因素：一是考虑该城市市民出行活动的特点，方便乘客乘车；二是满足轨道交通各项设备检修施工的需要。

较长的运营时间是城市轨道交通系统提高服务水平的体现，《城市轨道交通运营管理规范》规定，运营单位应确保城市轨道交通线路的全天运营时间不少于 15h。

（二）全日分时最大断面客流量

在客流计划编制部分，已经介绍了确定全日分时最大断面客流量的一种方法，这种方法确定的数据相对更准确可靠，但是计算过程烦琐。在实际工作过程中，全日分时最大断面客流量还可以通过以下两种方法确定：一种是在已知高峰小时最大断面客流量的基础上，根据全日分时客流与高峰小时客流的比率进行确定；另一种是在已知全日最大断面客流量的基础上，根据全日分时客流占全日总客流的比例进行确定。

小链接

根据《西安市城市快速轨道交通二号线（铁路北客站—会展中心段）初步设计》和《西安市地铁二号线客流预测分析》（运营初期阶段），2014 年二号线全线开通客流量值约为 28.5 万人次/天。高峰小时单向最大断面客流出现在北大街——钟楼间，流量为 13 730 人次/小时。

（三）列车定员数

列车定员数是根据列车编组辆数和车辆定员数确定的列车总乘客数。

列车编组辆数是以高峰小时最大断面客流量为基本依据而确定的。为提高线路的输送能力，可以采取增加列车编组辆数或缩短行车间隔等措施。但在列车密度已经较大时，为了满足增长的客流需求，往往会采取增加列车编组辆数的措施。此时，城市轨道交通系统保有的运用车数、车站站台长度和车辆基地存（停）车线长度等将是增加列车编组辆数的限制因素。

车辆定员数的多少取决于车辆的类型、尺寸、车厢内座位布置方式和车门设置数。一般地，在车辆限界范围内，车辆长宽尺寸越大载客越多，车厢内座位纵向布置较横向布置载客要多，车厢内车门区较座位区载客要多。

小链接

西安地铁二号线采用的B型车，其电客车定员数规定见表2-5。

表2-5　　电客车的定员

序号	缩写	定义	每车乘客数（人）		列车乘客数（人）
			Tc车	M、T、Mp车	
1	AW0	无乘客（空载）	0	0	0
2	AW1	座客载荷（座席）	36	42	240
3	AW2	定员载荷（6人/m²）	226	254	1468
4	AW3	超员载荷（8人/m²）	290	325	1880

在2011年9月16日开通时，列车定员载客量为1468人/列。

（四）线路断面满载率

线路断面满载率是指在单位时间内特定断面上的车辆实际载客容量与设计载客容量之比。在实际工作中，线路断面满载率通常是指分时最大客流断面（往往指早高峰小时最大客流断面）的车辆载客能力利用率，计算公式如下

$$\beta=\frac{P_{\max}}{c_{\max}}\times 100\% \qquad (2-1)$$

式中 β——线路断面满载率；

$P_{\max}$——分时最大断面客流量，人；

$c_{\max}$——该时段线路输送能力，人。

线路断面满载率既反映了开行列车在最大客流断面的满载程度，也反映了乘客乘坐的舒适程度。为了提高车辆的运用效率、降低运输成本和提高经济效益，在编制全日行车计划时，城市轨道交通多采用列车在高峰时段适当超载的做法。由于线路断面满载率越低乘客感觉越舒适，但对运营企业而言经济效益越差，一般地，线路断面满载率取75%～90%。

二、全日行车计划的编制步骤

（一）计算全日分时开行列车数和行车间隔

1. 分时开行列车数计算

分时开行列车数计算公式如下

$$n_i = \frac{p_{\max}^i}{p_{列} \beta}(列或对) \tag{2-2}$$

式中 n_i——分时开行列车数，列或对；

$p_{\max}^i$——分时最大断面客流量，人；

$p_{列}$——列车定员数，人；

β——线路断面满载率。

2. 分时行车间隔计算

分时行车间隔计算公式如下

$$t_{间隔}^i = \frac{3600}{n_i}(\text{s}) \tag{2-3}$$

式中 $t_{间隔}^i$——分时行车间隔，s。

（二）确定全日行车计划

在计算出的全日分时开行列车数和全日行车间隔的基础上，对计算的结果进行检查和调整。

（1）根据实际的线路通过能力，检查分时开行列车数是否过大（或者行车间隔是否过小）。如果分时开行列车数过大（或行车间隔过小），超过线路通过能力，应按线路通过能力进行调整。

（2）根据城市轨道交通制定的行车间隔标准，检查非高峰时段的行车间隔是否过大。行车间隔过大，会增加乘客候车时间、降低服务水平、不利于吸引客流。出现这种情况，必须按规定的行车间隔进行调整。

三、编制实例

（一）编制资料

（1）某城市轨道交通线路如图 2-2 所示，运营时间为 5：30～23：30。

（2）该线路高峰小时（7：30～8：30）最大断面客流量为 66 908 人，全日分时最大断面客流量占全日客流总量的比例见表 2-6。

表 2-6　全日分时最大断面客流量占全日客流总量比例表

运营时间	5：30～6：30	6：30～7：30	7：30～8：30	8：30～9：30	9：30～10：30	10：30～11：30
所占比例（%）	2.50	4.00	13.00	10.00	7.00	5.00
运营时间	11：30～12：30	12：30～13：30	13：30～14：30	14：30～15：30	15：30～16：30	16：30～17：30
所占比例（%）	6.00	4.00	6.00	3.50	4.50	6.50
运营时间	17：30～18：30	18：30～19：30	19：30～20：30	20：30～21：30	21：30～22：30	22：30～23：30
所占比例（%）	11.50	8.00	4.00	3.00	1.00	0.50

（3）列车定员数为 1468 人。

（4）线路满载率在高峰时段（7：30～9：30 和 17：30～19：30）取 128%，其他时间段取 80%。

（5）根据线路通过能力，确定最小行车间隔为 120s；为提高服务水平，全日非高峰时段行车间隔不得大于 600s，其中 9：30～21：30 间行车间隔不大于 360s。

（二）编制过程

1. 计算全日分时开行列车数和行车间隔

（1）计算全日客流总量。高峰小时最大断面客流量为 66 908 人，高峰小时最大断面客流量占全日客流总量的比例为 13%，所以全日客流总量为：66 908÷13%=514 677（人）。

（2）计算全日分时最大断面客流量。根据计算出的全日客流总量及表 2-6 中全日分时最大断面客流量占全日客流总量的比例，计算全日分时最大断面客流量见表 2-7。

表 2-7　　分时最大断面客流量　　单位：人

运营时间	5：30～6：30	6：30～7：30	7：30～8：30	8：30～9：30	9：30～10：30	10：30～11：30
最大断面客流量	12 867	20 587	66 908	51 468	36 027	25 734
运营时间	11：30～12：30	12：30～13：30	13：30～14：30	14：30～15：30	15：30～16：30	16：30～17：30
最大断面客流量	30 881	20 587	30 881	18 014	23 160	33 454
运营时间	17：30～18：30	18：30～19：30	19：30～20：30	20：30～21：30	21：30～22：30	22：30～23：30
最大断面客流量	59 188	41 174	20 587	15 440	5147	2573

例如，21：30～22：30 的最大断面客流量为：514 677×1%≈5147（人）。

（3）计算全日分时开行列车数和行车间隔。根据全日分时最大断面客流量、列车定员数、线路断面满载率，计算全日分时开行列车数见表 2-8。

表 2-8　　全日分时开行列车数及行车间隔

运营时间	5：30～6：30	6：30～7：30	7：30～8：30	8：30～9：30	9：30～10：30	10：30～11：30
开行列车数（对）	11	18	36	28	31	22
行车间隔（s）	327	200	100	129	116	164
运营时间	11：30～12：30	12：30～13：30	13：30～14：30	14：30～15：30	15：30～16：30	16：30～17：30
开行列车数（对）	27	18	27	16	20	29
行车间隔（s）	133	200	133	225	180	124
运营时间	17：30～18：30	18：30～19：30	19：30～20：30	20：30～21：30	21：30～22：30	22：30～23：30
开行列车数（对）	32	22	18	14	5	3
行车间隔（s）	113	164	200	257	720	1200

例如，8：30～9：30（每日运营后的第 4 个小时段，故 i 为 4）间开行列车数为

$$n_4 = \frac{p_{\max}^4}{p_{列}\,\beta} = \frac{51\ 468}{1468 \times 128\%} \approx 28(对)$$

（1）开行列车数的精确度采用收尾法。

（2）本例中城市轨道交通线路为直线线路，上、下行方向共用列车车底，开行列车数以对为单位。

2. 确定全日行车计划

对表 2-8 进行检查和调整，确定全日行车计划见表 2-9。

表 2-9　　全日行车计划

运营时间	5：30～6：30	6：30～7：30	7：30～8：30	8：30～9：30	9：30～10：30	10：30～11：30
应开行列车数（对）	11	18	***30***	28	***30***	22
行车间隔（s）	327	200	***120***	129	***120***	164
运营时间	11：30～12：30	12：30～13：30	13：30～14：30	14：30～15：30	15：30～16：30	16：30～17：30
应开行列车数（对）	27	18	27	16	20	29
行车间隔（s）	133	200	133	225	180	124
运营时间	17：30～18：30	18：30～19：30	19：30～20：30	20：30～21：30	21：30～22：30	22：30～23：30
应开行列车数（对）	***30***	22	18	14	***6***	***6***
行车间隔（s）	***120***	164	200	257	***600***	***600***

注　表中加粗斜体数字为调整后数字。

学习任务 3　列车开行方案的比选

教学目标

了解列车编组方案、列车交路方案和列车停站方案种类。

理解影响列车编组方案、列车交路方案和列车停站方案比选的因素。

能识别列车交路图和列车停站方案图。

能对列车编组方案、列车交路方案和列车停站方案进行分析、判断和比选。

建议学时

建议学时为 3 学时。

随着城市轨道交通线路的延伸和城市轨道交通网络的形成，传统的固定编组、单一交路、站站停车的列车开行方案已无法满足实际工作的需求。根据现有客流和设施条件，选择经济合理、技术可行的列车开行方案是城市轨道交通运输计划编制的重要组成部分。

列车开行方案是日常运营组织的基础，包括列车编组方案、列车交路方案和列车停站方案三部分。

一、列车编组方案的比选

列车编组方案规定了列车编组以及不同编组列车开行的数量。列车编组方案合理与否决定着整个城市轨道交通系统的最大运能、列车运行效率、运营成本和服务质量的高低。

（一）列车编组的种类

城市轨道交通系统常见的列车编组主要有以下三种。

1. 大编组

大编组是指在运营时间内开行的所有列车编组辆数固定且相对较多，如地铁列车采用 6 辆或 8 辆编组。

2. 小编组

小编组是指在运营时间内开行的所有列车编组辆数固定且相对较少，如地铁列车采用 3 辆或 4 辆编组。

3. 大小编组

大小编组是指在运营时间内列车编组辆数不固定。大小编组包括两种情形：一种是在客流高峰时段列车编组辆数相对较多，在客流非高峰时段列车编组辆数相对较少，如地铁列车分别采用 3/6 辆或 4/8 辆编组；另一种是不分客流高峰和非高峰时段，在全日运营时间内列车编组辆数始终不固定。

（二）影响列车编组方案比选的因素

影响列车编组方案比选的主要因素是客流、车辆类型和通过能力等，此外，还应考虑运营服务水平、车辆运用经济性和运营组织复杂性等因素的影响。

1. 客流

在进行列车编组方案比选时，客流因素主要是指高峰小时最大断面客流和全日分时客流不均衡程度这两个方面。在车辆类型和行车间隔一定的情况下，列车编组辆数一般和高峰小时最大断面客流成正比。若高峰小时最大断面客流较大，通过压缩行车间隔也无法满足客流的需求时，应选择大编组；在高峰小时最大断面客流不大，但分时客流不均衡程度较大时，选择小编组或大小编组会更有利于提高运营经济性和运营服务水平。

2. 车辆类型

选用的车辆类型不同，其车辆定员数是不同的。在满足客流需求的前提条件下，当行车间隔一定时，选定车型的车辆定员数较多，则列车编组辆数有可能会减少。

车辆选型涉及许多因素，如客流、限界、车站长度、牵引供电制式等。根据《城市快速轨道交通工程项目建设标准（试行本）》的有关规定，城市轨道交通不同运能等级的线路应选用不同车型，见表 2-10。

表 2-10　　各运能等级线路相关技术特征

线路运能等级	高运量	大运量	中运量
	地铁		轻轨
单向断面运能（万人次/h）	5～7	3～5	1～3
适用车型	A 型车	B 型车或 A 型车	C 型车或 B 型车
列车最大长度（m）	185	140	100
线路形式（市中心）	全封闭	全封闭	半封闭/全封闭

3. 行车间隔

在满足客流需求的前提条件下，当车辆定员数一定时，列车的行车间隔较小，则列车编组辆数有可能会减少。但由于行车间隔受到信号系统、车辆性能、折返能力、停站时间等多个因素的影响，所以采用小编组时，必须对列车的行车间隔进行验算，确定其是否可行。

4. 运营服务水平

在进行列车编组方案比选时，应考虑不同编组方案的运营服务水平。在客流量不大的情况下，采用小编组，适当压缩行车间隔，可以缩短乘客的候车时间，提高运营服务水平。

5. 车辆运用经济性

采用小编组可以提高列车满载率、降低牵引能耗，但是乘务员的配备数量也会相应增加，而且随着列车中动车比例的增加，车辆的平均价格也呈增加趋势。

6. 运营组织复杂性

相对于大编组或小编组，大小编组由于列车的编组辆数不固定，增加了列车的编组与解体、高峰时段和非高峰时段的过渡以及行车间隔的调整等工作，使运营组织更为复杂。

二、列车交路方案的比选

列车交路是指列车在线路上两个车站之间往返运行的区段。

列车交路方案规定了列车交路以及不同交路列车开行的数量。当线路各区段的客流量差别较大时，通过合理设计列车交路方案，能提高列车和车辆的运用效率，避免运能浪费，降低运营成本，提高运营服务水平。

（一）列车交路种类

常见的列车交路有长交路、短交路和长短交路三种。

1. 长交路

长交路（图 2-4）又称常规交路，是指列车在线路的两个终点站之间运行，到达线路终点站后折返，这是城市轨道交通系统最常采用的列车交路方式。长交路对中间站设备要求不高，运行组织简单，乘客无需换乘，但是在客流空间分布不均衡程度较大的情况下，会造成部分区间的运能浪费。

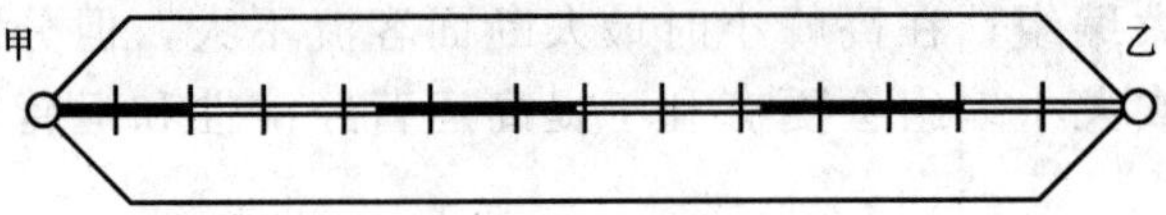

图 2-4　长交路示意图

2. 短交路

短交路（图 2-5）又称衔接交路，是指列车只在线路的某一区段内运行、在指定的中间站折返，若干个短交路相互衔接。短交路能适应不同客流区段的运输需求，运营较为经济，但短交路的中间折返站要求具有两个方向的折返设备以及便利的换乘条件，折返作业较为复杂，运营服务水平有所降低。

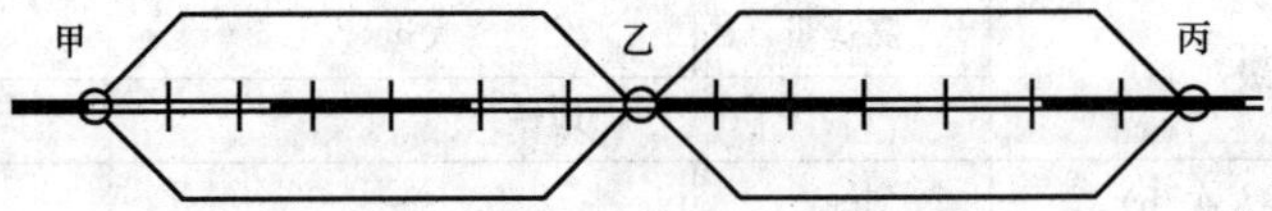

图 2-5　短交路示意图

3. 长短交路

长短交路（图 2-6）又称混合交路，是指长短交路列车在线路的部分区段共线运行，长交路列车到达线路终点站折返、短交路列车在指定的中间站单向折返。长短交路兼顾不同出行距离乘客的需求，可提高车辆的利用率，降低运输成本，但运营组织较为复杂，对客运组织水平要求也较高。

（二）列车折返方式

在城市轨道交通运营过程中，列车在列车交路规定的线路范围内往返运行完成运输任务。当列车运行到终点站，以及在采用短交路或长短交路情况下运行到规定的中间折返站时，都需要完成换向和转线作业，才能实现往返运行的目的，这种作业称为折返作业。

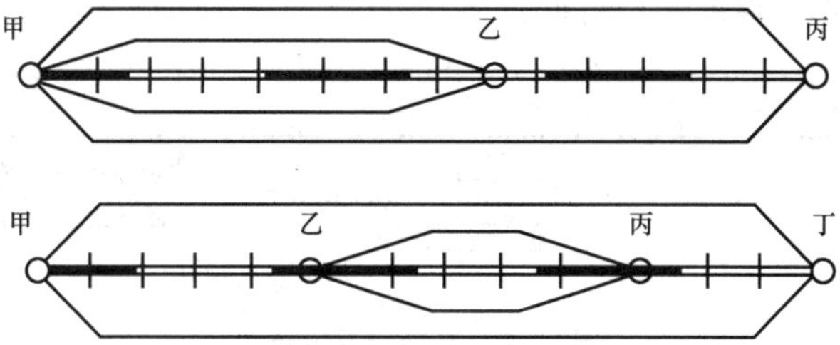

图 2-6　长短交路示意图

根据折返设备布置的不同，列车折返分为以下三种。

1. 站前折返

站前折返（图 2-7）是列车在折返站利用站前渡线进行折返作业。图 2-7（a）是列车在终点站站前折返时的交叉渡线折返设备，图 2-7（b）是列车在中间站站前折返时的单渡线折返设备。

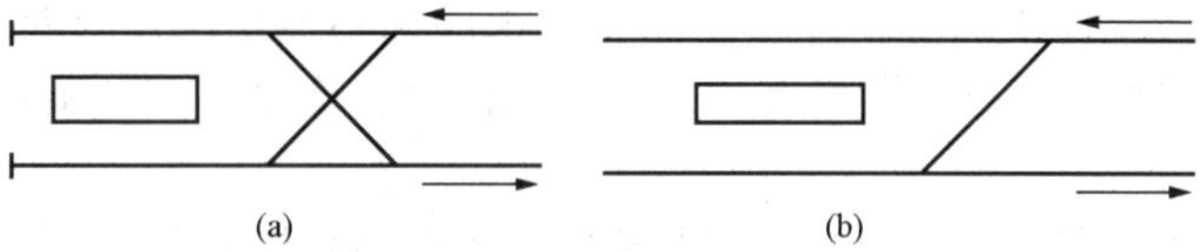

图 2-7　站前折返示意图

采用站前折返时，列车空车走行少，折返时间较短；上下车乘客能同时上下车，可以缩短停站时间；此外，站线和折返线相结合，能节省投资费用。但是列车出发和列车到达作业间存在着进路交叉，影响行车安全；上下车乘客同时上下车，在客流量大的情况下，站台秩序会受到影响。

2. 站后折返

站后折返（图 2-8）是列车在折返站利用站后渡线进行折返作业。图 2-8（a）是列车在终点站站后折返时的尽头式折返设备，图 2-8（b）是列车在中间站站后折返时的单渡线折返设备。

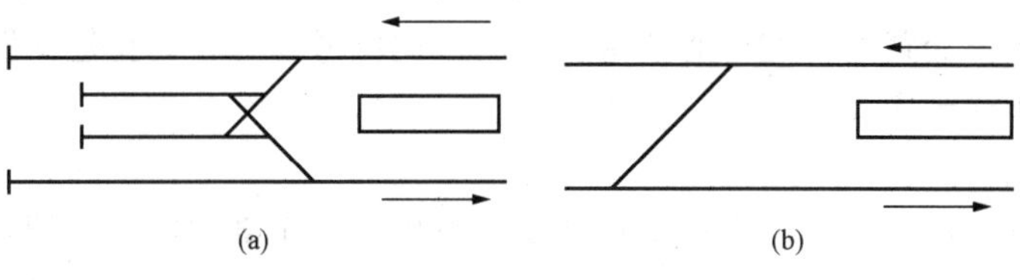

图 2-8　站后折返示意图

采用站后折返时，虽然折返时间较长，但是列车出发和列车到达作业不存在进路交叉干扰，作业安全；列车进出站速度较高，有利于提高列车旅行速度；列车进出站载客运行时不经过道岔区，乘客无不舒适感；采用尽头线折返设备，折返线还可以供列车临时停留检修使用，因此站后折返被广泛采用。

3. 混合折返

混合折返（图 2-9）是列车的折返站将站前折返和站后折返设备混合布置，在日常运营过程中可灵活选用站前折返或站后折返。

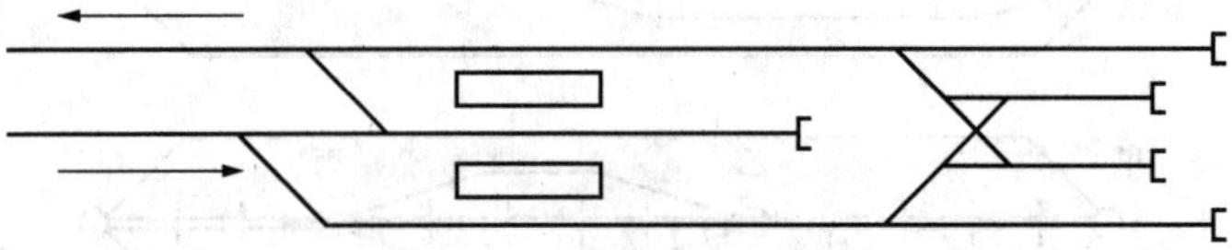

图 2-9　混合折返示意图

采用混合折返时，兼有站后折返和站前折返的特点，在设备故障的情况下特别有利于行车组织调整，适用于对折返能力要求较高的终点站。

（三）影响列车交路方案比选的因素

列车交路方案必须在保证行车安全、满足线路客流运输需求的前提条件下，综合考虑运营服务水平、运营经济性和运营组织复杂性等因素，并进行比选。

1. 客流分布特征

符合客流的空间分布特征是选择列车交路方案的基本依据。在断面客流分布比较均衡时，一般应选用长交路；只有在断面客流分布不均衡程度较大时，才有必要对列车交路方案进行比选。

例如，断面客流分布呈阶梯形时，可考虑选用短交路或长短交路；断面客流分布呈凸字形时，可考虑选用长短交路。

2. 通过能力适应性

采用短交路时，两个不同交路的列车在共同折返站的折返作业之间有可能产生进路干扰。采用长短交路时，短交路列车在中间站折返时，其折返作业与长交路列车的到发作业有可能产生进路干扰。

当产生进路干扰时，线路折返能力、甚至线路的最终通过能力都有可能受到影响。因此，在列车交路方案比选时应考虑通过能力是否适应。

3. 运营服务水平

采用短交路时，跨区段出行的乘客需要在中间折返站换乘；采用长短交路时，部分乘坐长交路列车的乘客会增加候车时间。所以当线路断面客流分布不均衡程度较大时，必须根据跨区段出行或乘坐长交路列车乘客的数量及其所占比例考虑是否选择短交路或长短交路，保证运营服务水平不受到太大影响。

4. 运营经济性

与采用长交路相比，采用短交路或长短交路能提高列车满载率、加快列车周转、减少运用车数，从而提高车辆运用经济性、降低运营成本。但是采用短交路和长短交路，需要在中间站铺设折返线、道岔和安装信号设备，也会增加投资和运营费用。

5. 运营组织复杂性

采用短交路或长短交路时，不同交路列车在同一条线路上运行的衔接与配合、中间站折返作业组织、车站乘客导向服务等运营组织工作都比采用长交路时更加复杂。

三、列车停站方案的比选

列车停站方案规定了列车的停站方式以及不同停站方式列车开行的数量。

（一）列车停站方式

1. 站站停车方式

站站停车方式（图 2-10）是列车在全线所有车站都停车作业，这是城市轨道交通普遍采用的列车停站方式。

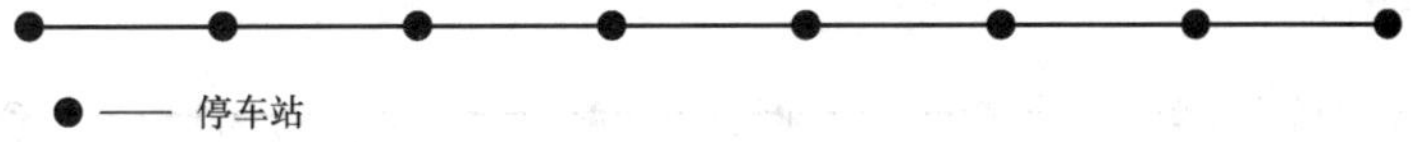

图 2-10 站站停车方式示意图

采用站站停车方式时，所有乘客不需要换乘，运营组织相对简单。但由于列车的停站次数多，旅行速度比较低。

2. 区段停车方式

区段停车方式（图 2-11）是在采用长短交路的情况下，短交路列车在短交路区段内每站都停车作业，长交路列车在短交路区段外的所有车站和短交路列车两端折返站都停车作业，但在短交路区段内其他各站都不停车通过。短交路列车的中间折返站同时又是乘客的换乘站。

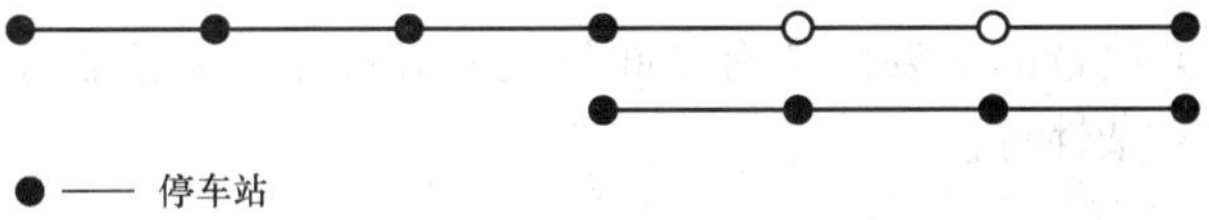

图 2-11 区段停车方式示意图

采用区段停车方式时，由于长交路列车停站次数相对减少，提高了长交路列车的旅行速度，压缩了长途乘客的乘车时间，加快了长交路列车的车辆周转。但短交路区段内车站（不包括短交路两端折返站）和短交路区段外车站之间到发的客流无法直接到达，必须进行换乘作业。

3. 跨站停车方式

跨站停车方式（图 2-12）是在采用长交路的情况下，将线路上开行的列车分为 A、B 两类，全线的车站分为 A、B、C 三类，其中 A、B 类车站按相邻分布的原则设置，C 类车站可按每隔 4 或 6 个车站选择一个的原则设置。A 类列车在 A、C 类车站停车作业，在 B 类车站通过；B 类列车在 B、C 类车站停车作业，在 A 类车站通过。

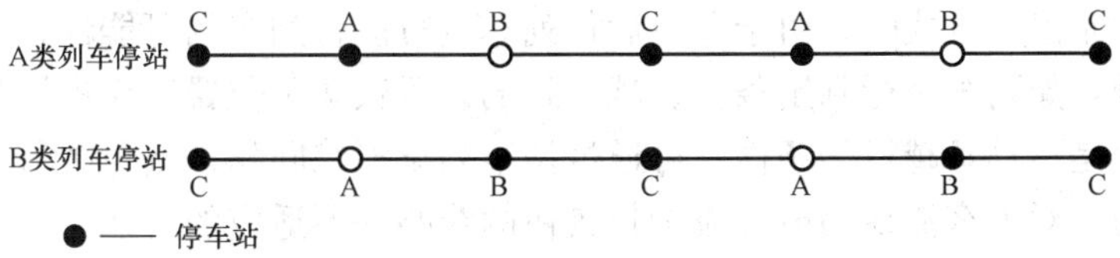

图 2-12 跨站停车方式示意图

跨站停车方式减少了列车停站次数，提高了列车的旅行速度，压缩了乘客的乘车时间，加快了车辆的周转，减少了车辆的使用，降低了运营成本。但是在 A 类和 B 类车站，停车列车的行车间隔加大，乘客候车时间会增加；A 类与 B 类车站之间到发的客流无法直接到达，必须在C类车站进行换乘作业。

4. 部分列车跨多站停车方式

部分列车跨多站停车方式（图2-13）是指线路上开行两类长交路列车，即普速、站站停车列车和快速、跨多站停车列车，快速列车只在线路上的主要客流集散站停车作业，在其他车站则不停车通过。

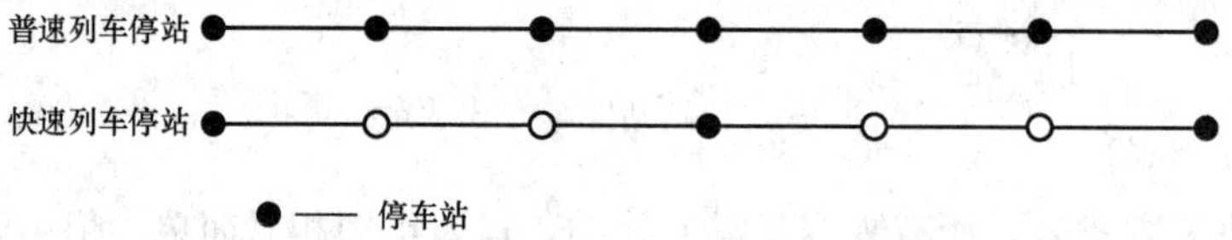

图2-13 部分列车跨多站停车方式示意图

部分列车跨多站停车方式提高了快速列车的旅行速度，避免了跨站停车方式存在的部分乘客换乘的问题。在线路通过能力利用率较高的情况下，由于快速列车相对于普速列车的旅行速度高，会产生列车越行的问题，这就对车站的设备、运营工作人员的业务水平等有较高的要求。

（二）影响列车停站方案比选的因素

影响列车停站方案比选的主要因素有站间到发客流特征、运营服务水平、列车越行、运营经济性和运营组织复杂性等。

1. 站间到发客流特征

在长距离出行乘客比例较大及某些发到站间的直达客流也比较大时，采用非站站停车方式通常是有利的。此时，区段停车方式比较适用于大部分乘客的乘车区间是郊区段各站与市区段终点站之间的通勤出行；跨站停车方式比较适用于C类车站上下车客流较大，并且乘客乘车距离较远的情形。在线路上以同一区段发到的短途客流为主时，不宜采用非站站停车方式。

2. 运营服务水平

采用非站站停车方式时，在压缩长距离出行乘客乘车时间的同时，也会出现一部分乘客增加换乘时间或候车时间的情况，因此，应根据站间到发客流，计算并比较长途乘客节约的出行总时间与部分乘客增加的换乘和候车总时间，判断采用非站站停车方式的合理性。

3. 列车越行

在采用非站站停车方式时，由于存在后行列车越行前行列车的可能性，所以必须对列车越行的相关问题，如列车越行判定条件、越行站的设置数量和位置等作进一步分析。如果越行情况存在，但是不具备越行的条件，可通过调整列车追踪间隔来避免越行，但是这会降低线路的通过能力，对大客流线路或客流增长较快的线路是不适应的。

4. 运营经济性

与采用站站停车方式相比，采用非站站停车方式可以加快列车周转、减少运用车数，从而降低运输成本。但是采用非站站停车方式有可能产生越行，所以部分中间站要增设越行线，车站土建与轨道等费用的增加会引起车站造价上升。

5. 运营组织复杂性

在采用非站站停车方式时，由于各类列车的停站安排不同以及列车在中间站越行，所以控制中心、车站控制室对列车运行的监控及站台上的乘客导向服务均应加强，所以其运营组织相对更加复杂。

学习任务4　列车运行图的编制

教学目标

了解列车运行图的图解表示和分类。

理解列车运行图的要素。

掌握列车运行图的编制方法。

能识别列车运行图。

能获取列车运行图编制的相关信息。

能对列车运行图相关信息进行分析、决策和组织。

能编制列车运行图。

建议学时

建议学时为9学时。

一、列车运行图的认知

列车运行图是利用坐标原理来表示列车运行的时间与空间关系的图解形式，如图2-14所示。

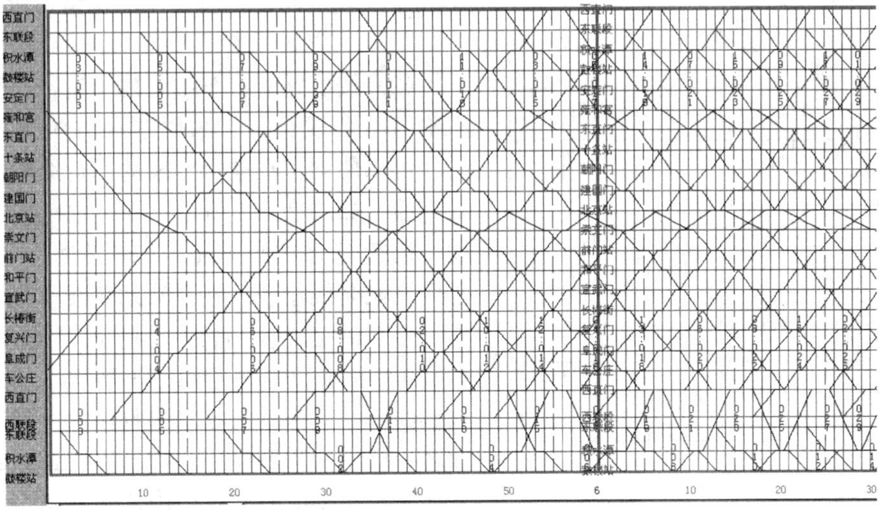

图2-14　列车运行图

（一）列车运行图的图解表示

1. 列车运行图的图解形式

列车运行图的图解形式有两种：一种是横坐标表示时间，纵坐标表示距离，这种列车运行图上的水平线表示车站中心线，垂直线表示时间；另一种是横坐标表示距离，纵坐标表示时间，这种列车运行图上的水平线表示时间，垂直线表示车站中心线。在我国大多采用第一种图解形式的列车运行图，在本书中涉及的列车运行图也均为第一种图解形式的列车运行图。

2. 列车运行图的图解含义

列车运行图中有竖线、横线和斜线三种线条，它们的含义分别是：

竖线是一组垂直于横轴的等分线。这些竖线按一定的时间单位对横轴等分，代表一昼夜的小时和分钟，称为时分线。

横线是一组垂直于纵轴的不等分线。这些横线按一定比例将纵轴加以划分，每一条横线代表一个车站的中心线，称为站名线。通常换乘站、折返站和终点站的站名线以粗线表示，其他车站的站名线以细线表示。

斜线是列车的运行轨迹，称为列车运行线。在列车运行图中，对于不同种类的列车，采用不同的列车运行线线条符号、颜色和列车车次加以区分，下斜线表示下行列车，上斜线表示上行列车。

列车运行图中列车运行线与站名线的交点表示列车的到达、出发或通过时刻。由于城市轨道交通列车停站时间较短，一般不标明到、发时刻。

3. 站名线的确定

站名线的确定方法主要有两种：

(1) 按线路上各个车站间实际里程的比例来确定站名线位置。采用这种方法确定站名线时，列车运行图上的站名线之间距离完全反映实际情况，能明显地表示出站间距离的大小。但由于各区间的线路平纵断面不同，列车运行速度也有所不同，列车在整个区段的运行线往往是一条斜折线，铺画的运行图不美观，也不利于发现区间运行时分上的差错，所以城市轨道交通一般不采用这种方法。

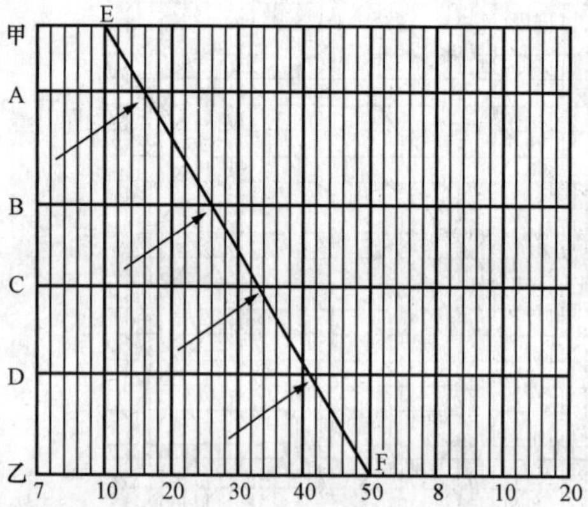

图 2-15　站名线确定示意图

(2) 按线路上各车站间列车运行时分的比例来确定站名线位置。采用这种方法确定站名线时，可以使列车在整个区段的运行线基本是一条斜直线。如图 2-15 所示，甲—乙区段下行方向列车运行时分共计 40min。作图时首先确定甲、乙两站站名线位置，在甲站站名线上任意选取 E 点，然后在乙站站名线上找出 E 点对应时刻 40min 后的点 F，连接 E、F 两点，得一斜线，该斜线为一假定下行列车运行线。按照下行列车在各个区间的运行时分，找出该假定列车运行线通过各个车站的时间点，由这些点确定各车站站名线位置。城市轨道交通运行图中的站名线基本上采用这种方法来确定。

(二) 列车运行图的意义

1. 列车运行图是列车运行组织的基础

运行图规定了各次列车占用区间的次序，列车在区间的运行时分，在车站的到达、出发或通过时刻，在车站的停站时间和在折返站的折返时间，以及列车交路和列车出入车辆基地时刻等。它能直观地反映出各次列车在时间上和空间上的相互位置及对应关系，还能直观地显示出列车在各区间运行及在各个车站停车或通过的状态，因此，列车运行图是列车运行组织的基础。

2. 列车运行图是城市轨道交通运营组织的综合性计划

在运输组织过程中，列车运行是一个很复杂的环节，它要利用多种技术设备，要求各个部门、各个工种之间相互配合、协调动作。列车运行图不仅仅规定了线路、车站和车辆等技术设备的运用，也规定了与列车运行有关的各个部门、各个工种的工作要求：车站要按照列车运行图组织行车与客运工作；车辆基地应根据列车运行图确定每天需要的运用车数、车辆出入的顺序及时间，制订车辆的检修和乘务员的值乘制度；供电、通信信号、机电、工务等部门根据列车运行图的规定时间安排施工和检修计划。所有与列车运行有关的部门、工种均应根据列车运行图的要求，严格按照一定的程序有条不紊地进行工作，因此，列车运行图是城市轨道交通运营组织的综合性计划。

3. 列车运行图是形成列车时刻表的依据

在城市轨道交通日常运营过程中，为方便列车运行组织和乘客的乘车需要，根据列车运行图的规定，以表格的形式表示各次列车在车站到、发或通过的时刻，形成列车时刻表，见表 2-11。《运营时刻表》是行车组织工作的基础，凡与列车运行有关的各部门都必须根据《运营时刻表》的要求组织本部门的工作，以确保客运组织流程、设备设施状态良好，顺利完成每日的乘客运输生产任务。

综上所述，在充分考虑城市轨道交通系统能提供的运营设备能力的基础上，根据各个时期、各个时段客流量的规律，编制一张经济合理的列车运行图，使运能与运量很好地配合，既方便乘客出行，也能使城市轨道交通企业获得最佳的经济效益。

（三）列车运行图分类

根据列车运行图中时分线等分横轴的时间单位、线路的技术设备、列车运行速度、上下行的列车数量、列车运行方式的不同，列车运行图可以分为不同的类型。

1. 按时分线等分横轴的时间单位不同分类

（1）一分格运行图。一分格运行图（图 2-14）的横轴以 1min 为单位用细竖线加以划分，十分格和小时格用粗竖线表示，适用于行车间隔较小的城市轨道交通系统。

（2）二分格运行图。二分格运行图（图 2-15）的横轴以 2min 为单位用细竖线加以划分，十分格和小时格用粗竖线表示，适用于行车间隔稍大的城市轨道交通系统。

（3）十分格运行图。十分格运行图（图 2-16）的横轴以 10min 为单位用细竖线加以划分，半小时格用虚线表示，小时格用粗竖线表示，适用于市郊铁路和城际铁路等轨道交通系统。

（4）小时格运行图。小时格运行图（图 2-17）的横轴以 1h 为单位用竖线加以划分，这种运行图主要在编制旅客方案图和车底周转图时使用。

2. 按区间正线数目不同分类

（1）单线运行图。单线运行图（图 2-16）是在单线区段采用的运行图。由于单线区段上下行方向列车都在同一条正线上运行，所以列车的交会和越行都必须在车站上进行。

（2）双线运行图。双线运行图（图 2-18）是在双线区段采用的运行图。由于双线区段上下行方向列车在各自的正线上运行，所以上下行列车的交会可以在区间或车站上进行，但列车的越行必须在车站上进行。

表 2-11

列车运营时刻表

下行线/Down Track															上行线/Up Track													
11417	11217	11117	11705	11615	10919	10817	10717	10517	11515	10417	11803	10317	10217	Train ID	05	05	05	05	05	05	05	05	05	05	05	05	05	05
														折返线 HZX PL	—	—	—	—	—	—	—	—	—	—	—	—	—	—
19:25:19	19:18:23	19:11:27	19:04:31	18:57:35	18:50:40	18:43:45	18:36:50	18:29:55	18:22:59	18:16:03	18:09:07	18:02:11	17:55:15		17:50:55	17:57:51	18:04:47	18:11:43	18:18:39	18:25:35	18:32:30	18:39:25	18:45:20	18:53:15	19:00:11	19:07:07	19:14:03	19:20:59
19:26:19	19:19:23	19:12:27	19:05:31	18:58:35	18:51:40	18:44:45	18:37:50	18:30:55	18:23:59	18:17:03	18:10:07	18:03:11	17:56:15		17:49:55	17:56:51	18:03:47	18:10:43	18:17:39	18:24:35	18:31:30	18:38:25	18:45:20	18:52:15	18:59:11	19:06:07	19:13:03	19:19:59
19:28:37	19:21:41	19:14:45	19:07:49	19:00:53	18:53:58	18:47:03	18:40:08	18:33:13	18:26:17	18:19:21	18:12:25	18:05:29	17:58:33		17:47:30	17:54:26	18:01:22	18:08:18	18:15:14	18:22:10	18:29:05	18:36:00	18:42:55	18:49:50	18:56:46	19:03:42	19:10:38	19:17:34
19:29:12	19:22:16	19:15:20	19:08:24	19:01:28	18:54:33	18:47:38	18:40:43	18:33:48	18:26:52	18:19:55	18:13:00	18:05:04	17:59:08		17:46:66	17:53:51	18:00:47	18:07:43	18:14:39	18:21:35	18:28:30	18:35:25	18:42:20	18:49:15	18:56:11	19:03:07	19:10:03	19:16:59
19:31:01	19:24:05	19:17:09	19:10:13	19:03:17	18:56:22	18:49:27	18:42:32	18:35:37	18:28:41	18:21:45	18:14:49	18:07:53	18:00:57		17:45:00	17:51:56	17:58:52	18:05:48	18:12:44	18:19:40	18:26:35	18:33:30	18:40:25	18:47:20	18:54:16	19:01:12	19:08:08	19:15:04
19:31:55	19:25:00	19:18:04	19:11:08	19:04:12	18:57:17	18:50:22	18:43:27	18:36:32	18:29:36	18:22:40	18:15:44	18:08:48	18:01:52		17:44:05	17:51:01	17:57:57	18:04:53	18:11:49	18:18:45	18:25:40	18:32:35	18:39:30	18:46:25	18:53:21	19:00:17	19:07:13	19:14:09
19:33:43	19:26:47	19:19:51	19:12:55	19:05:59	18:59:04	18:52:09	18:45:14	18:38:19	18:31:23	18:24:27	18:17:31	18:10:35	18:03:39		17:42:15	17:49:11	17:56:07	18:03:03	18:09:59	18:16:55	18:23:50	18:30:45	18:37:40	18:44:35	18:51:31	18:58:27	19:05:23	19:12:19
19:34:23	19:27:27	19:20:31	19:13:35	19:06:39	18:59:44	18:52:49	18:45:54	18:38:59	18:32:03	18:25:07	18:18:11	18:11:15	18:04:19		17:41:35	17:48:31	17:55:27	18:02:23	18:09:19	18:16:15	18:23:10	18:30:05	18:37:00	18:43:55	18:50:51	18:57:47	19:04:43	19:11:39
19:36:01	19:29:06	19:22:09	19:15:13	19:08:17	19:01:22	18:54:27	18:47:32	18:33:41	18:33:41	18:26:45	18:19:49	18:12:53	18:06:57		17:39:56	17:46:52	17:53:48	18:00:44	18:07:40	18:14:36	18:21:31	18:28:26	18:35:21	18:42:16	18:49:12	18:56:08	19:03:04	19:10:00
19:36:41	19:29:45	19:22:49	19:15:53	19:08:57	19:02:02	18:55:07	18:48:12	18:41:17	18:34:21	18:27:25	18:20:29	18:13:33	18:06:37		17:39:16	17:46:12	17:53:08	18:00:04	18:07:00	18:13:56	18:20:51	18:27:46	18:34:41	18:41:36	18:48:32	18:55:28	19:02:24	19:09:20
19:36:16	19:31:20	19:24:24	19:17:28	19:10:32	19:03:37	18:56:42	18:49:47	18:42:52	18:35:56	18:29:00	18:22:04	18:15:08	18:08:12		17:37:37	17:44:33	17:51:29	17:58:25	18:05:21	18:12:17	18:19:12	18:26:07	18:33:02	18:39:57	18:46:53	18:53:49	19:00:45	19:07:41
19:38:55	19:32:00	19:25:04	19:18:08	19:11:12	19:04:17	18:57:22	15:50:27	18:43:32	18:36:36	18:29:40	18:22:44	18:15:48	18:08:52		17:36:57	17:43:53	17:50:49	17:57:45	18:04:41	18:11:37	18:18:32	18:25:27	18:32:22	18:39:17	18:46:13	18:53:09	19:00:05	19:07:01
19:41:13	19:34:17	19:37:21	19:20:25	19:13:29	19:06:34	18:59:39	18:52:44	18:45:49	18:38:53	18:31:57	18:25:01	18:18:05	18:11:09		17:34:39	17:41:35	17:48:31	17:55:27	18:02:23	18:09:19	18:16:14	18:23:09	18:30:04	18:36:59	18:53:55	18:50:51	18:57:47	19:04:43
19:42:08	19:38:12	19:28:16	19:21:20	19:14:24	19:07:29	19:00:34	18:53:39	18:45:44	18:39:48	18:32:52	18:25:56	18:19:00	18:12:04		17:33:44	17:40:40	17:47:36	17:54:32	18:01:28	18:08:24	18:15:19	18:22:14	18:29:09	18:36:04	18:43:00	18:49:56	18:56:52	19:03:48
19:43:48	19:36:52	19:29:56	19:23:00	19:16:04	19:09:09	19:02:14	18:55:19	18:48:24	18:41:28	18:34:32	18:27:36	18:20:40	18:13:44		17:31:59	17:38:55	17:45:51	17:52:47	17:59:43	18:06:39	18:13:34	18:20:29	18:27:24	18:34:19	18:41:15	18:48:11	18:55:07	19:02:03
19:44:38	19:37:42	19:30:46	19:23:50	19:16:54	19:09:59	19:03:04	18:55:09	18:49:14	18:42:18	18:35:22	18:28:26	18:21:30	18:14:34		17:31:09	17:38:05	17:45:01	17:51:57	17:58:53	18:05:49	18:12:44	18:19:39	18:26:36	18:33:29	18:40:25	18:47:21	18:54:17	19:01:13
19:46:43	19:39:47	19:32:51	19:25:55	19:18:59	19:12:04	19:05:09	18:58:14	18:51:19	18:44:23	18:37:27	18:30:31	18:23:35	18:16:39		17:29:05	17:36:01	17:42:57	17:49:53	17:56:49	18:03:45	18:10:40	18:17:35	18:24:30	18:31:25	18:38:21	18:45:17	18:52:13	18:59:09
19:47:23	19:40:27	19:33:31	19:26:35	19:19:39	19:12:44	19:05:49	18:58:54	18:51:59	18:45:03	18:36:07	18:31:11	18:24:15	18:17:19		17:28:25	17:35:21	17:42:17	17:49:13	17:56:09	18:03:05	18:10:00	18:16:55	18:23:50	18:30:45	18:37:41	18:44:37	18:51:33	18:58:29
19:49:18	19:42:22	19:35:26	19:28:30	19:21:34	19:14:39	19:07:44	19:00:49	18:53:54	18:46:58	18:40:02	18:33:06	18:26:10	18:19:14		17:26:30	17:33:26	17:40:22	17:47:18	17:54:14	18:01:10	18:08:05	18:15:00	18:21:55	18:28:50	18:35:46	18:42:42	18:49:38	18:56:34
19:49:58	19:43:02	19:36:06	19:29:10	19:22:14	19:15:19	19:08:24	19:01:29	18:54:34	18:47:38	18:40:42	18:33:46	18:26:50	18:19:54		17:25:50	17:32:46	17:39:42	17:46:38	17:53:34	18:00:30	18:07:25	18:14:20	18:21:15	18:28:10	18:35:06	18:42:02	18:48:58	18:55:54
19:52:13	19:45:17	19:38:21	19:31:25	19:24:29	19:17:4	19:10:39	19:03:44	18:56:49	18:49:53	18:42:57	18:36:01	18:29:05	18:22:09		17:23:38	17:30:34	17:37:30	17:44:26	17:51:22	17:58:18	18:05:13	18:12:08	18:19:03	18:25:58	18:32:54	18:39:50	18:45:46	18:53:42
19:52:48	19:45:52	19:38:56	19:32:00	19:25:04	19:18:09	19:11:14	19:04:19	18:57:24	18:50:28	18:43:32	18:36:36	18:29:40	18:22:44		17:23:03	17:29:59	17:36:55	17:43:51	17:50:47	17:57:43	18:04:38	18:11:33	18:18:28	18:25:23	18:32:19	18:39:15	18:46:11	18:53:07
19:54:58	19:48:02	19:41:06	19:34:10	19:27:14	19:20:19	19:13:24	19:06:29	18:59:34	18:52:38	18:45:42	18:38:46	18:31:50	18:24:54		17:20:55	17:27:51	17:34:47	17:41:43	17:48:39	17:55:35	18:02:30	18:09:25	18:16:20	18:23:15	18:30:11	18:37:07	18:44:03	18:50:59
19:55:43	19:48:47	19:41:51	19:34:55	19:27:59	19:21:04	19:14:09	19:07:14	19:00:19	18:53:23	18:46:27	18:39:31	18:32:35	18:25:39		17:20:10	17:27:06	17:34:02	17:40:58	17:47:54	17:54:50	18:01:45	18:08:40	18:15:35	18:22:30	18:29:26	18:36:22	18:43:18	18:50:14
19:57:48	19:50:52	19:43:56	19:37:00	19:30:04	19:23:09	19:16:14	19:09:19	19:02:24	18:55:28	18:48:32	18:41:36	18:34:40	18:27:44		17:18:05	17:25:01	17:31:57	17:38:53	17:45:49	17:52:45	17:59:40	18:06:35	18:13:30	18:20:25	18:27:21	18:34:17	18:41:13	18:48:09
19:58:28	19:51:32	19:44:36	19:37:40	19:30:44	19:23:49	19:16:54	19:09:59	19:03:04	18:56:08	18:49:12	18:42:16	18:35:20	18:28:24		17:17:25	17:24:21	17:31:17	17:38:13	17:45:09	17:52:05	17:59:00	18:05:55	18:12:50	18:19:45	18:26:41	18:33:37	18:40:33	18:47:29
20:00:27	19:53:31	19:46:35	19:39:39	19:32:43	19:25:48	19:18:53	19:11:58	19:05:03	18:58:07	18:51:11	18:44:15	18:37:19	18:30:23		17:15:30	17:22:26	17:29:22	17:36:18	17:43:14	17:50:10	17:57:05	18:04:00	18:10:55	18:17:50	18:24:46	18:31:42	18:38:38	18:45:34
20:01:12	19:54:16	19:47:20	19:40:24	19:33:28	19:26:33	19:19:38	19:12:43	19:05:48	18:58:52	18:51:56	18:45:00	18:38:04	18:31:08		17:14:45	17:21:41	17:28:37	17:35:33	17:42:29	17:49:25	17:56:20	18:03:15	18:10:10	18:17:05	18:24:01	18:30:57	18:37:53	18:44:49
20:03:09	19:56:13	19:49:17	19:42:21	19:35:25	19:28:30	19:21:35	19:14:40	19:07:45	19:00:49	18:53:53	18:46:57	18:40:01	18:33:05		17:12:47	17:19:43	17:26:39	17:33:35	17:40:31	17:47:27	17:54:22	18:01:17	18:08:12	18:15:07	18:22:03	18:28:59	18:35:55	18:42:51
20:03:44	19:56:48	19:49:52	19:42:56	19:36:00	19:29:05	19:22:10	19:15:15	19:08:20	19:01:24	18:54:28	18:47:32	18:40:36	18:33:40		17:12:12	17:19:08	17:26:04	17:33:00	17:39:56	17:45:52	17:53:47	18:00:42	18:07:37	18:14:32	18:21:28	18:28:24	18:35:20	18:42:16
20:05:39	19:58:43	19:51:47	19:44:51	19:37:55	19:31:00	19:24:05	19:17:10	19:10:15	19:03:19	18:56:23	18:49:27	18:42:31	18:35:35		17:10:26	17:17:22	17:24:18	17:31:14	17:38:10	17:45:05	17:52:01	17:58:56	17:05:51	18:12:46	18:19:42	18:26:38	18:33:34	18:40:30
20:05:14	19:58:18	19:52:22	19:45:26	19:38:30	19:31:35	19:24:40	19:17:45	19:10:50	19:03:54	18:56:58	18:50:02	18:43:06	18:36:10		17:09:51	17:16:47	17:23:43	17:30:39	17:37:35	17:44:31	17:51:26	17:58:21	18:05:16	18:12:11	18:19:07	18:26:03	18:32:59	18:39:55
20:08:39	20:01:43	19:54:47	19:47:51	19:40:55	19:34:00	19:27:05	19:20:10	19:13:15	19:06:19	18:59:23	18:52:27	18:45:31	18:35:35		17:07:35	17:14:31	17:21:27	17:23:23	17:35:19	17:42:15	17:49:10	17:56:05	18:03:00	18:09:55	18:16:51	18:23:47	18:30:43	18:37:39
20:08:29	20:04:00	19:55:37	19:45:41	19:41:45	19:34:50	19:27:55	19:21:00	19:14:05	19:07:09	19:00:13	18:53:17	18:45:21	18:39:25		17:04:25	17:12:30	17:20:37	17:23:20	17:31:20	17:38:20	17:45:50	17:52:55	18:01:00	18:09:05	18:16:01	18:22:57	18:29:53	18:36:49
	—	—	—	—		—	—	—	—	—	—	—	—	折返线 BKZ PL														
20:13:59 ▼				19:39:20 ▼										转换机			17:16:07 ▲											
05:50	05	05	05	05	06:50	05	05	05	05	05	05	05	05	Train ID	10 216	10 316	11 802	10 416	11 514	10 516	10 716	10 816	10 916	11 614	11 704	11 116	11 216	11 416
0:06:56	0:06:56	0:06:56	0:06:56	0:06:55	0:06:55	0:06:55	0:05:55	0:06:56	0:06:56	0:06:56	0:06:56	0:06:56	0:06:56	行车间隔	0:05:56	0:06:56	0:06:56	0:06:56	0:06:56	0:06:56	0:06:56	0:06:56	0:06:56	0:06:56	0:06:56	0:06:56	0:06:56	0:06:56

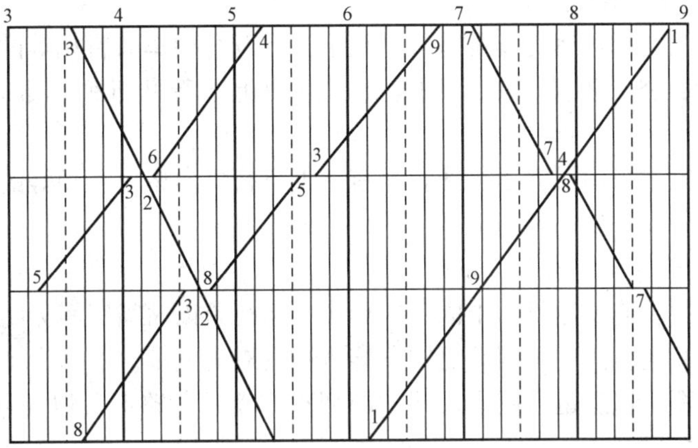

图 2-16　列车运行图

(3) 单双线运行图。有单线区间也有双线区间的区段称为单双线区段，为单双线区段编制的运行图为单双线运行图。它兼有单线运行图和双线运行图的特征。

在城市轨道交通系统中，一般都采用双线运行图。在非正常情况下的列车运行调整期间有可能使用单线或单双线运行图，运量不大的市郊铁路开行区段也可能会使用单线运行图。

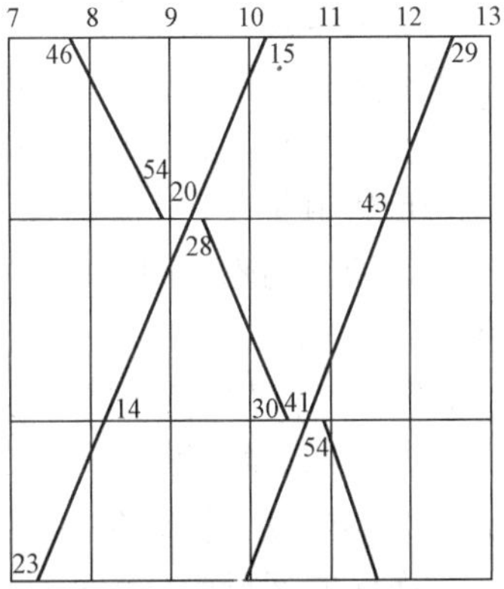

图 2-17　列车运行图

3. 按同方向列车运行速度不同分类

(1) 平行运行图。平行运行图（图 2-18）中同一区间内同一方向的列车运行速度相同，因而列车运行线相互平行，并且在区段内没有列车越行。

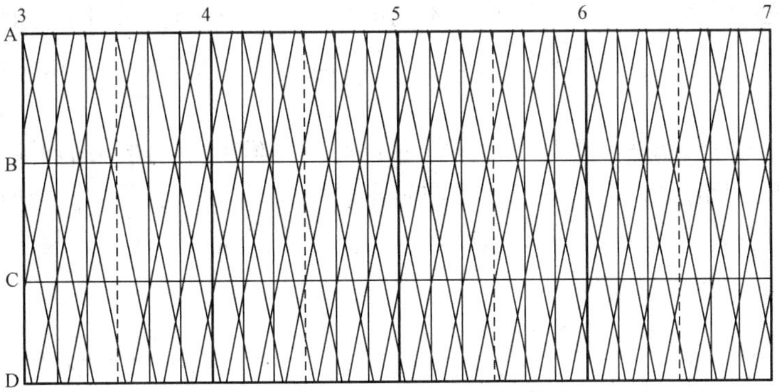

图 2-18　列车运行图

(2) 非平行运行图。非平行运行图（图 2-16）中铺有各种不同速度和不同类型的列车，因此运行图中的列车运行线不平行。

一般地铁、轻轨多采用平行运行图，市郊铁路多采用非平行运行图。

4. 按上下行方向列车数目不同分类

(1) 成对运行图。成对运行图是指一昼夜上下行开行列车数目相等的列车运行图。

(2) 不成对运行图。不成对运行图是指一昼夜上下行开行列车数目不相等的列车运行图。

城市轨道交通大都采用成对运行图，只有在上下行方向运量不相等的个别区段，才采用不成对运行图。

5. 按同方向列车运行方式不同分类

(1) 连发运行图。连发运行图中同方向列车的运行是以站间区间为间隔。在单线区段采用这种运行图时，在连发的一组列车之间不能再铺画对向列车。

(2) 追踪运行图。追踪运行图中，同方向列车在轨道电路区段以闭塞分区为间隔运行；在移动闭塞情况下，以制动距离加上安全防护距离为间隔运行。即在一个站间区间允许有两个或两个以上同方向列车按追踪方式运行。

目前大多数城市轨道交通采用追踪运行图。

二、列车运行图的要素

列车运行图虽然有很多不同的类型，但是不同类型列车运行图的基本要素相同。在编制列车运行图之前，必须首先确定这些基本要素。

城市轨道交通列车运行图的基本要素主要有列车区间运行时分、最小行车间隔、列车停站时间、列车间隔时间、列车在折返站停留时间、出入段作业时间、运营时间和夜间施工时间等。

(一) 列车区间运行时分

列车区间运行时分是指列车在两个相邻车站之间的运行时间标准。它由车辆部门采用牵引计算和实际试验相结合的方法进行查定。

列车区间运行时分的计算距离以车站中心线之间的距离计算。

列车区间运行时分应按以下情况分别查定：

(1) 不同编组列车要分别查定。由于不同编组列车的重量标准不同，所以应分别查定。

(2) 上行方向和下行方向要分别查定。因为线路的平面和纵断面情况不同，所以应分别查定。

(3) 列车在区间两端站停车与不停车分别查定。列车在区间两端站均通过时的列车区间运行时分称为纯运行时分；由于列车起动或停车而使列车区间运行时分比纯运行时分延长的时分称为起车或停车附加时分。列车区间运行时分应按照通通、通停、起通、起停四种情况分别查定，如图 2-19 所示。

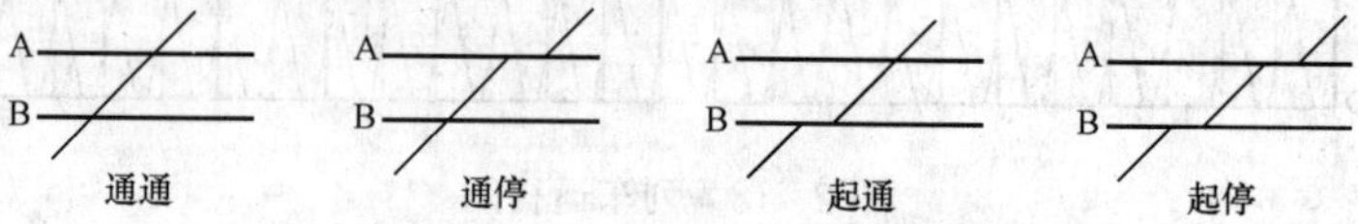

图 2-19　列车区间运行方式示意图

(二) 最小行车间隔

行车间隔时间的最小值一般取决于信号系统、车辆性能、折返能力、旅行时间、停站时间、投入运行的这组列车数等诸多因素。在有先进技术设备和足够工程投资做保证的前提下，因为城市轨道交通系统高峰小时内线路上个别车站的客流量大，上下车时间较长，所以列车在这些车站的停站时间往往成为最小行车间隔的制约因素。

确定最小行车间隔时应留有一定的余量，信号系统和列车折返系统应有缩短行车间隔时间的潜力。当列车的运行秩序稍有紊乱时，可以通过压缩行车间隔使整个系统的列车运行秩序尽快恢复正常。

（三）列车停站时间

列车停站时间是指列车在中间车站办理乘客乘降作业所需要的停车时间标准。

列车停站时间必须保证乘客的安全，服从于乘客乘降的需求。因而列车停站时间的长短主要取决于车站的乘客集散量、乘客平均上下车时间、车辆的座位布置、车门数量和宽度、开关门的时间、车门与站台门的不同步时间、确认车门关妥与信号显示时间、驾驶员反应时间以及车站的疏导与管理措施等。由于列车的实际载客量和各节车厢中乘客分布的不均衡性，所以列车停站时间还应考虑留有一定的富余量。

列车停站时间由各个车站用分析计算和实际查标相结合的方法分别确定。为了在满足乘客乘降需求的条件下，最大限度地缩短列车停站时间，提高列车旅行速度，列车在中间站的各项作业应尽可能平行进行。

（四）列车间隔时间

列车间隔时间是列车运行图的重要组成因素，也是计算区间通过能力的主要依据。列车间隔时间分为列车在车站的间隔时间（简称车站间隔时间）和追踪列车间隔时间（简称追踪间隔时间）。车站间隔时间是车站办理两个列车到达、出发或通过作业所需要的最小间隔时间。追踪间隔时间是在设有自动闭塞的线路上，同一方向追踪运行的两个列车间的最小间隔时间。在查定列车间隔时间时，应遵守有关规章的规定及车站技术作业时间标准，以保证行车安全和最有效地利用区间通过能力。列车间隔时间在市郊铁路仍有应用，在地铁、轻轨中使用较少。

1. 车站间隔时间

常见的车站间隔时间包括不同时到达间隔时间、会车间隔时间、同方向列车连发间隔时间、同方向列车不同时发到间隔时间和不同时到发间隔时间等。车站间隔时间在市郊铁路、城际铁路等轨道交通系统使用，在地铁、轻轨等系统中，只有在运行调整或者线路、信号等设备不完善的情况下使用。其值大小与车站信号、道岔操纵方法、车站邻接区间的行车闭塞法、车站类型、接近车站线路的平纵断面情况、牵引动力、列车类型，列车编成辆数和长度等因素有关。

（1）不同时到达间隔时间。在单线区段，来自相对方向的两列车在车站交会时，从某一方向列车到达车站时起，至相对方向列车到达或通过车站时止的最小间隔时间，称为不同时到达间隔时间，如图 2-20 所示。

为确保行车安全，在进站信号机外制动距离内进站方向为超过《铁路技术管理规程》规定坡度的下坡道且接车线末端无隔开设备的车站，禁止办理相对方向同时接车。凡是不能办理相对方向同时接车的单线车站，必须查定不同时到达间隔时间。

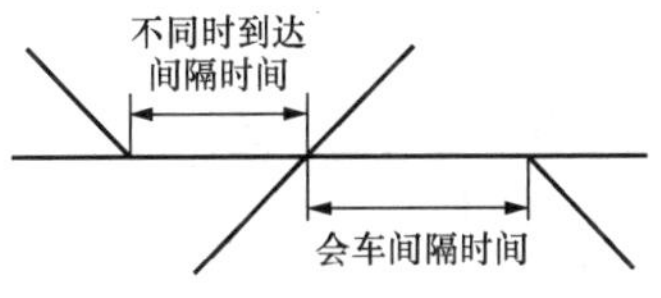

图 2-20　不同时到达间隔时间及会车间隔时间示意图

不同时到达间隔时间由两个部分组成。第一部分是进行有关作业的时间，只有当第一趟列车到达车站后，为对向列车准备好了接车或通过进路，才能向对向列车开放进站信号；第二部分是对向列车通过进站距离所需要的时间。

(2) 会车间隔时间。在单线区段，自列车到达或通过车站时起，至该站向同一区间发出另一对向列车时止的最小间隔时间，称为会车间隔时间，如图 2-20 所示。

会车间隔时间是车站办理各项作业所需要的时间，包括确认先到列车的到达或通过时间，与来车方向的邻站办理闭塞的时间，准备发车进路及开放出站信号的时间，发车作业时间等。会车间隔时间根据各站信联闭设备条件及其作业内容查定。

2. 追踪列车间隔时间

在自动闭塞线路上，一个站间区间内同方向运行的两列相邻列车以闭塞分区或制动距离加上安全防护距离为间隔运行，称为追踪运行。追踪运行的两列相邻列车在运行过程中相互不受干扰的最小间隔时间称为追踪列车间隔时间。

影响追踪列车间隔时间的主要因素有信号类型、列车性能、线路状况、列车停站时间和行车组织方法等。

(1) 固定闭塞追踪列车间隔时间。城市轨道交通车站一般不设置配线，客运作业在车站正线上办理，由于追踪列车经过车站时的间隔时间远大于在区间运行时的间隔时间，追踪列车间隔时间应根据追踪运行的两列列车先后经过同一个车站的条件进行计算。

计算固定闭塞追踪列车间隔时间时，追踪列车经过车站的间隔距离如图 2-21 所示，当前行列车出清了车站的轨道电路区段，在确保行车安全的条件下，后行列车以规定的进站速度恰好位于某一分界点（闭塞分区或轨道电路区段）的前方。按追踪列车先后经过车站必须保持的最小列车间隔距离计算得到的间隔时间，即为固定闭塞追踪列车间隔时间。由图 2-21 可知，后行列车从初始位置至前行列车所处位置，需经历进站运行、制动停车、停站作业和起动出站四项作业过程，即追踪列车间隔时间由四个单项作业时间组成。

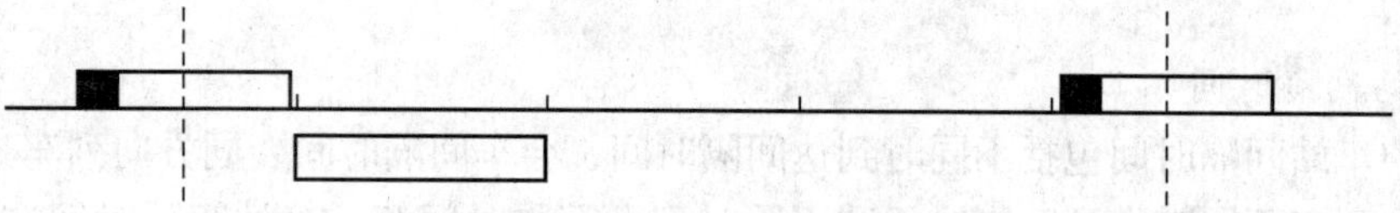

图 2-21　固定闭塞追踪列车经过车站间隔距离示意图

(2) 移动闭塞追踪列车间隔时间。计算移动闭塞追踪列车间隔时间时，追踪列车经过车站间隔距离如图 2-22 所示，在前行列车出清车站轨道电路区段与安全防护距离时，后行列车以规定速度恰好运行至进站位置处。按图中所示的列车间隔距离计算得到的间隔时间就是移动闭塞追踪列车间隔时间。由图 2-22 可知，后行列车从初始位置至前行列车所处位置，需经历制动停车、停站作业和起动出站三项作业，即追踪列车间隔时间由三个单项作业时间组成。

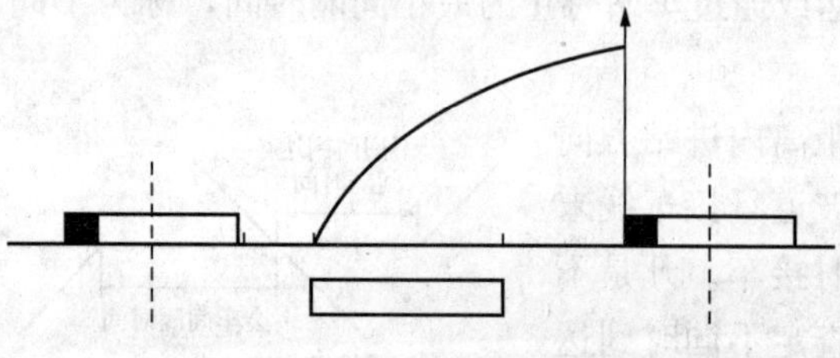

图 2-22　移动闭塞追踪列车经过车站间隔距离示意图

(五) 列车在折返站停留时间

列车在折返站停留时间是指列车在折返站办理各项作业时所需时间标准。

列车在折返站停留时间是列车运行图的重要因素，也是实际行车组织工作中的关键因素。它受折返线的折返方式、列车长度、列车性能、信号设备、道岔和轨道限制速度、列车驾驶员操作水平等多个因素的影响。

在站后折返时，列车在折返站应办理的作业项目有在站线上开关车门、乘客下车作业、站务员检查；列车入折返线走行；在折返线上列车换向作业；列车出折返线走行；在站线上乘客上车、关车门作业。

在站前折返时，列车在折返站应办理的作业项目有在站线上乘客下车、上车与开、关车门作业；在站线上列车换向作业。上述两项作业可平行进行。

每一项作业均可根据分析与查标相结合的方法计算确定。

三、列车运行图编制

在新线投入运营以及既有线技术设备、客运量或行车作业方法等发生较大变化时，均需要进行列车运行图的编制。

（一）编制要求

列车运行图的编制应符合以下要求。

1. 确保行车安全

列车运行图应符合各种行车规章的有关规定，严格遵守行车作业程序和时间标准。

2. 合理运用设备

列车运行图应充分利用线路的通过能力，达到运力与运量的匹配，在满足客流需求的同时，注意提高车辆满载率和旅行速度。

3. 优化运输产品

列车运行图应根据客流的特点，开行不同运行间隔、不同列车交路、不同列车编组、不同停站方式和不同旅行速度的列车。列车运行图应合理规定列车的到达、出发时刻，合理规划停站时间，缩短乘客出行时间。另外，应注意与其他交通运输工具的相互衔接配合。

4. 配合站段工作

列车运行图应安排列车均衡交错到达换乘站，使换乘站的客运作业比较均衡。在车辆基地未设置专用试车线的情况下，列车运行图应预留调试列车运行线。

（二）编制步骤与编图资料

1. 编制步骤

列车运行图的编制由运营管理部门负责组织，大体经历研究讨论、编制方案、铺画详图和计算指标四个阶段，具体工作步骤如下：

（1）按编图要求和编图目标确定编图注意事项。

（2）收集编图资料，对有关问题组织调查研究和试验。

（3）总结分析现行列车运行图的完成情况和存在问题，提出改进意见。

（4）编制列车运行方案。

（5）征求调度、车站、车辆部门对列车运行方案的意见，并进行必要的调整。

（6）根据列车运行方案铺画详细的列车运行图，编制列车时刻表。

（7）对列车运行图的编制质量进行全面的检查，并计算列车运行图指标。

（8）将编制完毕的列车运行图、列车时刻表与编制说明等报有关部门审核批准。

2. 编图资料

在编制列车运行图前应收集的编图资料包括运营时间，分时最大断面客流量，全日行车计划、列车开行方案，运用车数，线路通过能力和车站折返能力、列车出入段能力、车站换乘能力、车站存车线能力，列车区间运行时分、列车停站时间、列车在折返站停留时间、列车出入段作业时间、追踪列车间隔时间，列车检修能力（即确定可以投入运用的列车数量）、近期调试任务对轨行区资源需求及乘务员作息安排，与其他交通方式的衔接，以及对现行列车运行图完成情况的分析等。

（三）列车运行图铺画

列车运行图铺画分两步进行，编制列车运行方案图和铺画列车运行详图。

1. 编制列车运行方案图

编制列车运行方案图是列车运行图编制过程中一项十分重要的工作，编制列车运行方案图主要解决以下问题，对列车运行图进行全面布局。

（1）方便乘客。方便乘客是衡量城市轨道交通运营服务水平的一个重要标志，具体表现为乘客时间的节约。为此，在编制列车运行方案图时，要认真排定首班车和末班车的发、到时刻，并注意与其他交通工具的衔接配合；合理规定列车停站站名、停站时间以及列车在区间内的运行时间，以提高运行速度和减少旅客乘车时间；换乘站应安排好列车的到发时刻，使几条线路列车合理的衔接配合，减少乘客的换乘时间。

（2）经济合理地使用车辆。在车辆不足或客流量增长较快的情况下，充分挖掘潜力，加速车辆周转，对城市轨道交通系统有着重大的意义。在编制列车运行方案图时，可以通过采用适当压缩列车在折返站的停站时间、合理安排列车回段检修等方法来减少车辆的使用数量。

（3）利于车站的客运组织工作。在客流高峰时段，如果安排不同方向或线路的多列列车同时到达换乘站或岛式站台的车站时，由于客流量集中到发，会造成车站内设备运用紧张和人员的拥堵。在编制列车运行方案图时，应尽可能安排列车在车站交错到达，以避免车站客运组织工作出现困难。

（4）减少中间折返站作业的交叉干扰。列车在中间站单向折返时，有可能产生短交路列车折返作业与长交路列车到发作业的进路干扰；列车在中间站双向折返时，有可能产生两个方向短交路列车折返作业的进路干扰。在编制列车运行方案图时，应调整列车在折返站的到发间隔，尽可能安排平行作业，最大限度地避免上述进路干扰，提高车站的折返能力。

（5）与车辆基地有关作业相互协调。为了保证列车运行的安全，应均衡安排列检作业时间，保证所有上线列车技术状态良好。在编制列车运行方案图时，应结合车辆基地列检能力安排列车入段检修；当车辆基地未设置专用试车线时，应在非高峰客流时段预留调试列车运行线；在保证列检作业有足够时间的同时，也要尽可能使各个车组在列车运行图上连续运行的周期数大体均衡。

2. 铺画列车运行详图

在一分格列车运行图上精确铺画每条列车运行线，详细规定列车在每个车站的到达、出发和通过时刻、在折返站的停站时间等。

列车铺画顺序按照列车等级依次为：专用列车、客运列车、调试列车和空驶列车。自列车出车辆基地起，从始发站铺画到折返站，经过折返作业停留后，由折返站出发向区间铺画。

除编制基本运行图外，为适应客流量波动和人工驾驶需要，还应编制分号运行图。分号运行图包括双休日运行图、节假日运行图和人工驾驶运行图等。

（四）列车运行图的检查与指标计算

1. 列车运行图的检查

列车运行图编制完毕后，应对列车运行图的编制质量进行检查，检查的主要内容有：

（1）上、下行首、末班载客列车在始发站的开车时间是否符合运营时间的规定；

（2）列车运行图上铺画的列车数和折返列车数是否符合要求；

（3）各时段列车运行间隔是否符合高峰、一般及低谷客流时段的运能要求；

（4）列车运行线的铺画是否符合规定的各项作业时间标准；

（5）同一时刻停在折返线上的列车数是否超过该站现有的折返线数；

（6）列车乘务员的工作和休息时间是否符合规定的时间标准；

（7）换乘站的列车到发密度是否均衡。

2. 列车运行图的指标计算

在检查并确认列车运行图完全满足规定的要求后，还应计算列车运行图的各项指标：

（1）开行列车数和折返列车数。凡列车在运营线路上行驶一个单程，无论列车交路长短，均按一列计算。开行列车数按列车种类和上下行分别计算，图定回空列车按客运列车统计。各折返站分别统计折返列车数。

（2）输送能力

$$\text{输送能力} = \text{载客列车数} \times \text{列车定员(人)} \tag{2-4}$$

（3）高峰小时运用列车数。高峰小时运用列车数按早高峰和晚高峰分别计算。

（4）单程行驶时间。单程行驶时间是指列车在运营线路正线上从起点站发车到终点站到达这一个单程的行驶时间，不包含起点站和终点站的停站及折返时间。上下行不相同时可取两者的平均值。

$$\text{单程行驶时间} = \sum \text{区间运行时间} + \sum \text{中间站停站时间（min）} \tag{2-5}$$

（5）旅行速度。旅行速度是列车在运营线路正线上从起点站发车到终点站到达计各中间站停站时间的运行速度。

$$\text{旅行速度} = \frac{\text{线路运营长度}}{\text{单程行驶时间}}(\text{km/h}) \tag{2-6}$$

（6）实际最高运行速度。实际最高运行速度是指统计周期内列车在区间实际运行时的最高时速。该速度一般低于列车设计最高运行速度。

（7）全周转时间。全周转时间是指列车在运营线路正线上从起点站发车到终点站，经终点站折返后返回，又回至起点站后折返至发车状态的这一全过程所运行的时间。

$$\text{计划全周转时间} = \text{单程行驶时间} \times 2 + \text{始发站折返时间} + \text{终到站折返时间（min）} \tag{2-7}$$

其中，始发站折返时间指从列车到达始发站的时刻起，经过停站、上下客作业、折返后，至列车从始发站发出时刻结束。终到站折返时间同理。环线的折返时间按始发站的停站时间考虑。

（8）满载率。满载率是指全部运用车辆运送乘客时的平均满载程度。

（9）全日车辆总走行公里。全日车辆总走行公里是指轨道交通车辆为运送乘客在运营线路上所走行的里程。它包括图定的车辆空驶里程和出于某种原因列车在中途清客或列车在少数车站通过后仍继续载客的车辆空驶里程。

（10）车辆日均走行公里（又称为日车公里）。车辆日均走行公里是指每一运用车辆每日平均走行公里数。

（五）实行新列车运行图前的准备工作

列车运行图编制完成后，为了进一步评价列车运行图的编制质量，除计算列车运行图的各项指标外，还应与现行列车运行图进行比较，分析各项指标提高或降低的主要原因。列车运行图审批通过后，为了保证新列车运行图能够正确和顺利地实施，必须在实施新列车运行图前做好以下准备工作：

（1）确定实行新列车运行图的日期，发布实施新列车运行图的命令。

（2）印刷并分发列车时刻表。

（3）拟订保证实现新列车运行图的技术组织措施。

（4）组织学习，使职工了解、熟悉新列车运行图的要求。

（5）根据新列车运行图的规定，组织各站、车辆基地修订有关作业流程。

（6）做好车辆和司乘人员的调配工作。

（7）将新列车运行图相关信息对社会提前公布。

学习任务5 车辆运用计划的编制

教学目标

理解运用车、备用车等概念。

掌握车辆配备计划和车辆运用计划的编制方法。

会计算运用车数、确定维修车和备用车数。

建议学时

建议学时为2学时。

车辆部门在正常运营结束后，必须对车辆进行检查，并根据车辆的修程和状况，向车辆基地的运转部门提供目前车辆的检修情况以及可供使用的车辆配备计划。

车辆基地运转部门根据车辆部门提供的车辆配备计划，综合列车运行图所需的上线车辆的数量和上线时间，编制车辆运用计划，并在运营开始前通知行车调度员。

一、车辆配备计划的编制

车辆配备计划是在一定类型的设备和行车组织方法条件下，为了完成全日行车计划而制订的车辆保有数安排计划。

为完成乘客运送任务，轨道交通系统必须设置车辆基地，配属一定数量的车辆。车辆按运用上的不同，分为运用车、维修车和备用车三大类。

（一）运用车数的确定

运用车是指为完成日常运输任务而配备的技术状态良好的车辆。运用车数按下式计算确定

$$N_{运用}=\frac{n_{高峰}\theta_{列}m}{3600}(辆) \tag{2-8}$$

式中 $N_{运用}$——运用车数，辆；

$n_{高峰}$——高峰小时开行列车数，对；

$\theta_{列}$——全周转时间，s；

m——列车编组辆数，辆。

（二）维修车数的确定

维修车是指处于检修状态的车辆。车辆经过一段时间的运营后，各个部件会产生磨耗、变形或损坏，为了保证车辆技术状态良好、设备齐全和延长车辆使用寿命，必须定期对车辆进行维修。目前，国内城市轨道交通实行计划维修和故障维修相结合的车辆检修制度。车辆检修制度是确定车辆基地建设规模、计算维修车数量和配属车数的依据。合理的车辆检修制度对减少维修车等非运用车数、降低城市轨道交通建设投资与运营成本具有重要意义。

运营单位应按照《地铁设计规范》和 GB/T 7928《地铁车辆通用技术条件》的要求，根据车辆实际技术状态、走行里程、使用时间确定检修周期，制订检修规程，可采用日检、双周检、月检、年检（定修）、架修或大修等。不同的检修修程有不同的检修周期，在实行预防性计划检修制度时，车辆定期检修通常按车辆检修周期中运用时间和走行公里先达到者执行。车辆的检修修程和检修周期根据车辆各部件使用寿命和车辆运用环境等因素综合考虑确定，表 2 - 12 是某地铁线路车辆检修修程的规定。

表 2 - 12　　某地铁线路车辆检修修程表

检修修程	检修时间	走行公里（万公里）	检修停时（日）
双周检	2 周	0.4	0.5
双月检	2 月	2	2
定修	1 年	10	10
架修	5 年	50	25
大修	10 年	100	40

维修车的数量取决于运用车的配属数、检修周期与检修停时等因素。检修周期与检修停时对维修车数量的影响可用检修系数反映。

维修车数的计算公式如下

$$N_{维修} = N_{运用}\alpha_{检修}(辆) \tag{2 - 9}$$

$$\alpha_{检修} = \frac{\sum T_i^{检修}}{D_{年}} \tag{2 - 10}$$

式中 $N_{维修}$——维修车数，辆；

$\alpha_{检修}$——检修系数；

$\sum T_i^{检修}$——包括临修在内的各种检修修程年均检修停时，天；

$D_{年}$——年检修工作日，天。

（三）备用车数的确定

备用车是指为完成临时紧急运输任务或为预防运用车发生故障而储备的技术状态良好的车辆。备用车数一般控制在运用车数的 10%左右。

二、车辆运用计划的编制

车辆运用包括列车出入段、正线运行和列检等作业。车辆运用应按计划进行，车辆运用计划根据列车运行图和车辆配备计划进行编制，其主要内容有以下几方面。

（一）排定出入段顺序与时间

新列车运行图下达后，车辆基地应根据列车运行图的要求，排定运用车组的出段顺序、时间和担当车次，回段顺序、时间和返回方向。运用车组出段时间应分别明确乘务员出勤时间和运用车组出库、出段时间。

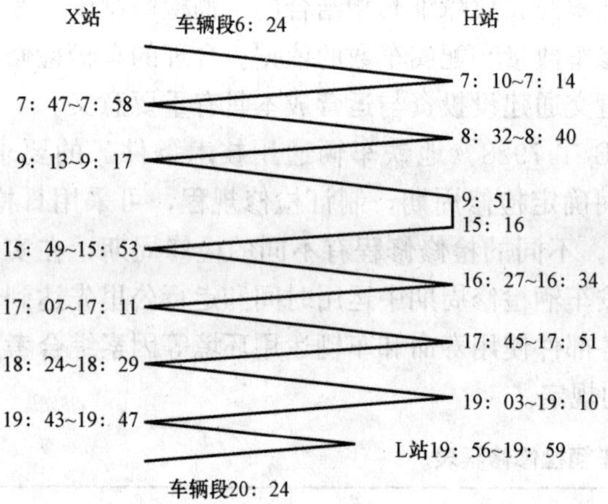

图 2-23　车辆周转图

（二）铺画车辆周转图

列车正线运行通常采用循环交路，根据列车运行图和车辆出入段顺序，车辆运用计划以车辆周转图的形式规定了全日对应各出入段顺序的运用车组在正线上往返运行的列车交路，运用车组在两端折返站的到、发时刻，以及运用车组出入段时间和顺序，如图 2-23 所示。

（三）确定对应各出段顺序的运用车

根据车辆的运用状态与检修计划，确定担当次日各出段顺序、列车交路的运用车（编号）与待发股道。在安排车辆运用时，应注意使运用车的走行公里在一定时期内大体均衡。

（四）配备乘务员

轨道交通的乘务制度通常是采用轮乘制。由于乘务员值乘的列车不固定，在编制车辆运用计划时，应对乘务员的出、退勤时间、地点和值乘列车车次以及工间休息和途中用餐等同步做出安排。安排乘务员的工作时，应注意乘务员的连续工作时间不得超劳。

复　习　思　考

1. 单项选择题

（1）城市轨道交通客流是指在单位时间内，城市轨道交通线路上乘客（　　）的总和。

A. 流量和流程　　　　B. 流程和流向

C. 流量和流向　　　　D. 流量、流程和流向

（2）根据客流时间分布特征的不同，城市轨道交通客流可以分为全日客流、（　　）和高峰小时客流。

A. 分时客流　　　　B. 全日分时客流

C. 分时最大断面客流　　　　D. 全日分时最大断面客流

（3）部分列车跨多站停车方式是指线路上开行（　　）。

A. 两类长交路列车　　　　B. 两类短交路列车

C. 长交路和短交路列车　　D. 两类长交路列车或两类短交路列车

（4）运输计划编制的基础是（　　）。

A. 车辆运用计划　　B. 客流计划

C. 全日行车计划　　D. 车辆配备计划

（5）目前，城市轨道交通系统中最常采用的列车交路是（　　）。

A. 长交路　　B. 衔接交路

C. 混合交路　　D. 长短交路

（6）列车运行图按（　　）的不同，可以分为连发运行图和追踪运行图。

A. 同方向列车运行速度　　B. 区间正线数目

C. 上下行方向列车数目　　D. 同方向列车运行方式

（7）在单线区段车站，自某一方向列车到达车站时起，至相对方向列车到达或通过车站时止的最小间隔时间，称为（　　）。

A. 追踪列车间隔时间　　B. 连发间隔时间

C. 会车间隔时间　　D. 不同时到达间隔时间

（8）铺画列车运行详图时，列车铺画的顺序按依次为（　　）。

A. 专用列车、客运列车、调试列车和空驶列车

B. 客运列车、专用列车、调试列车和空驶列车

C. 专用列车、客运列车、空驶列车和调试列车

D. 专用列车、客运列车、调试列车和空驶列车

（9）车辆运用计划是由（　　）编制的。

A. 车辆基地运转部门　　B. 车辆部门

C. 调度部门　　D. 车站

（10）由车辆部门采用牵引计算和实际试验相结合的方法查定（　　）。

A. 最小行车间隔　　B. 列车在折返站停留时间

C. 列车区间运行时分　　D. 车站间隔时间

2. 判断题

（1）诱增客流是指线路投入运营后，来源于自行车、常规公交等出行方式和因住宅区形成规模、商业活动繁荣所诱发的新增客流。（　　）

（2）当上、下行方向的最大断面客流不均衡程度较大时，在环形线路上由于可以在内、外环线路上安排不同的运力，避免了断面客流较小方向的运能浪费。（　　）

（3）较长的运营时间是城市轨道交通系统提高服务水平的体现。（　　）

（4）车辆配备计划是在一定类型的设备和行车组织方法条件下，为了完成全日行车计划而制订的不同运用状况车辆保有数安排计划。（　　）

（5）为了保证乘客乘坐的舒适度，在编制全日行车计划时，线路断面满载率不能超过100%。（　　）

（6）在编制全日行车计划时，对由全日分时最大断面客流量、列车定员数和线路断面满载率计算的全日分时开行列车数还需要进行检查和调整。（　　）

（7）非站站停车方案相对于站站停车方案可以压缩乘客的出行时间。（　　）

（8）列车区间运行时分是指列车在两个相邻车站之间的运行时间。（　　）

(9) 旅行速度是指列车在各区间运行（包括列车起停车附加时分）平均每小时走行的公里数。 (　　)

(10) 维修车是指技术状态不良的车辆。 (　　)

3. 简答题

(1) 城市轨道交通客流在时间分布和空间分布上有哪些特征?

(2) 影响列车编组方案、列车交路方案和列车停站方案比选的因素有哪些?

(3) 列车运行图的基本要素有哪些?

(4) 什么是运用车? 什么是备用车?

4. 实作题

(1) 某城市轨道交通线路如图 2-2 所示；该线路某小时段内站间到发客流量见表 2-13。请根据上述资料编制客流计划。

表 2-13　　线路某小时段内站间到发客流量表　　单位：人

发/到	A	B	C	D	E	F	G	H	计
A	0	7019	6098	7554	4878	9313	12 736	23 798	71 396
B	6942	0	1725	4620	3962	6848	7811	16 538	48 446
C	5661	1572	0	560	842	2285	2879	4762	18 561
D	7725	4128	597	0	458	1987	2822	4914	22 631
E	4668	3759	966	473	0	429	1279	3121	14 695
F	9302	7012	1988	2074	487	0	840	5685	27 382
G	12 573	9327	2450	2868	1345	1148	0	2133	31 844
H	22 680	14 753	4707	5184	2902	5258	2015	0	57 499
计	69 551	47 570	18 531	23 333	14 874	27 268	30 382	60 951	292 454

(2) 某城市轨道交通线路车辆定员数为 310 人，列车编车辆数为 6 辆，9：30～10：30 时段线路断面满载率为 60%，该小时最大客流断面乘客数量为 15 600 人，计算该小时应开行的列车数。

(3) 某城市轨道交通线路高峰小时开行列车数为 30 对，列车编组辆数为 6 辆，列车周转时间为 100min，目前架修车为 2 辆，定修车为 5 辆，双月检在检车为 6 辆，双周检在检车为 6 辆。确定该线路应如何配备车辆。

实 训 演 练

某地铁将开通试运营，在此之前需要进行模拟试运营演练。请根据提供的相关运行数据，铺画一张 4h 试运营的列车运行图。

(1) 材料准备：空白的列车运行图（米格纸）、笔、尺子。

(2) 列车运行图要求：车站 10 个、地铁运营时间 4 小时（10：00～14：00）、一分格运行图（米格纸每格为 1min）。

(3) 运行数据：

1) 各次列车由车辆基地出发，运行至 A 站投入上行的运营服务，运行至 J 站后进行折返作业，之后投入下行的运营服务；上行各站依次为：A 站—B 站—C 站—D 站—E 站—F 站—G 站—H 站—I 站—J 站。

2）首班车：第一列车 A 站发车点为 10：00，后继列车逐步到达 A 站投入运营服务。

3）首列回段车：第一列回段列车 J 站发车点为 14：00。

4）详细列车运行数据见表 2 - 14。

表 2 - 14　　列车运行数据表

运营时间	4h（10：00～14：00）
列车区间运行时间 （上下行同一站间区间运行时分一致）	车辆基地—A 站间：7min C 站—D 站间：115s F 站—G 站间：135s I 站—J 站间：110s 其余站间区间运行时间为 100s
列车在站停站时间	45s
列车在折返站纯折返时间 （纯折返时间指列车从折返站一侧站台动车开始折返作业至列车折返完毕返回折返站另一侧站台为止）	4min30s
列车运行间隔	4min

（4）提示：根据列车运行数据表，需要先计算列车正线运行周期及所需上线列车数目。

学习模块三

列 车 运 行 组 织

案例引入

2011年9月16日西安地铁二号线顺利运营开通。西安地铁二号线首通段运营线路长19.869km，包含17个车站，其中7个联锁设备站、11个非联锁设备站。目前，西安地铁二号线运营时间为6：15～22：35，全天运营16h，最小运行周期97min，高峰期最小行车间隔6min56s，高峰上线14列车，全日开行258列次，最大载客能力36.41万人/日。2013年9月，一号线开通运营，客流量增长迅速。随着地铁建设的不断推进，三、四号线也将很快开通运营。西安地铁线路规划图如图3-1所示。

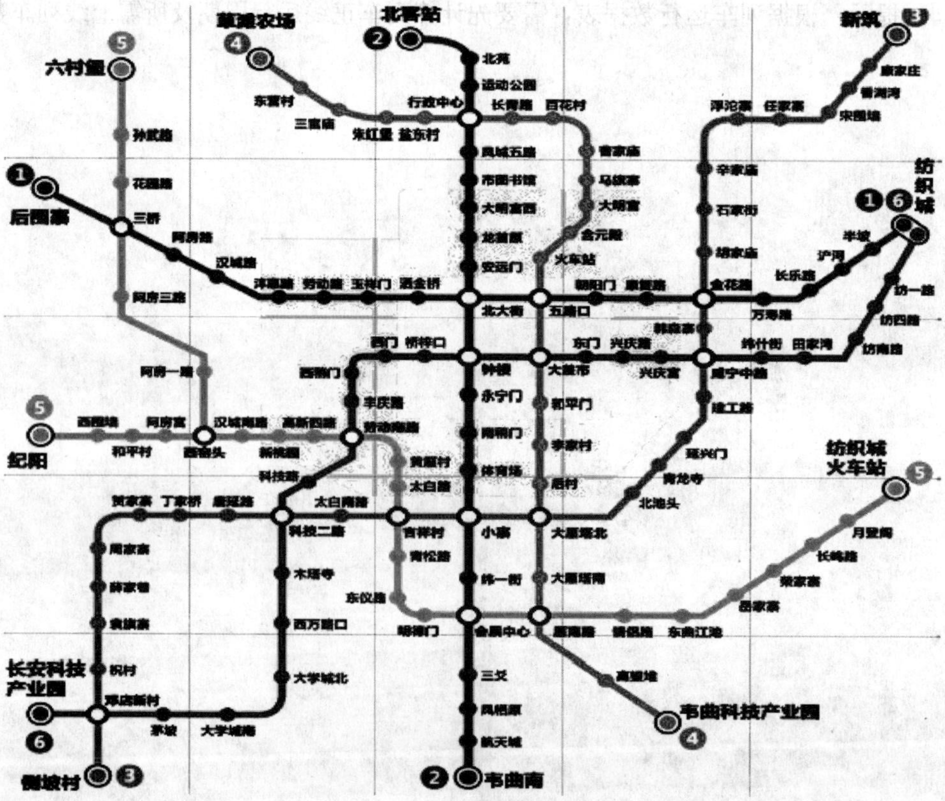

图3-1　西安地铁线路规划图

随着城市轨道交通系统快速发展，乘客快速出行需求的增加，在确保安全、准点、平稳的运营需求上，作为城市轨道交通的主体——地铁，如何组织行车，才能确保全日开行的上百列列车安全快捷准点呢？行车调度又是如何依靠设备及专业技能指挥数量如此之多的列车安全运行的呢？地铁列车之间的行车间隔又是靠什么来保证的呢？

模块导学

模块概述

列车运行组织是城市轨道交通企业日常运输生产工作的核心，是实现旅客运输的基础，也是行车组织工作的重要内容。在控制中心的统一指挥下，各工种严密配合，按照运输计划规定的任务，组织列车在线路上安全、合理、高速、有效地运行是列车运行组织工作的目标。本模块按照列车运行组织的内容设计了行车闭塞法认知、列车自动控制系统、行车调度工作、正常情况下的列车运行组织、非正常情况下的列车运行组织、工程车的开行六个学习任务。

技能点

能按作业程序办理电话闭塞；

会填写路票；

能熟练运用列车运行调整的方法，能熟练操作行车调度设备进行列车监控，熟悉简单的ATS系统操作，会拟订及发布调度命令；

能模拟处理ATS系统故障、ATP轨旁设备故障、ATP车载设备故障等情况；

能组织列车反方向运行、列车退行、推进运行；

能操作中央ATS或车站LOW或者IBP盘办理应急扣车；

能组织开行救援列车；

能组织开行工程车。

知识点

行车闭塞法（移动闭塞，电话闭塞）；

ATP、ATO、ATS系统功能，行车指挥体系；

行车调度工作的主要内容（运营前的检查核对工作，运营中的调度监督与调整，运营后的收尾工作），调度命令的内容，调度命令的拟定与发布，行车调度工作分析的内容，行车工作考核指标；

列车运行组织方式（行车指挥自动化、调度集中、调度监督下列车正线运行组织），ATC设备故障时的列车运行组织，车站联锁设备故障时的列车运行组织，列车反方向运行、列车退行、列车推进运行的组织办法，开行救援列车，应急扣车组织；

工程车开行的相关规定。

学习任务

学习任务1 行车闭塞法认知

教学目标

理解行车闭塞法的概念，掌握行车闭塞法的分类。

了解传统自动闭塞及其行车凭证。

理解移动闭塞的概念及特点，掌握移动闭塞三要素。

熟知电话闭塞的基本要求及使用时机，会填制路票。

建议学时

建议学时为4学时。

一、行车闭塞法概述

（一）行车闭塞法的概念

行车安全是列车运行组织的基础和前提。为避免列车在区间发生正面冲突或追尾等事故，城市轨道交通运营部门必须通过设备或人工控制，按照一定的行车组织方法，使连续发出的列车间保持一定的间隔距离。这种为了保证列车在区间运行的安全而采取的行车组织方法称为行车闭塞法，简称闭塞。

行车闭塞法有时间间隔法和空间间隔法两种。

（1）时间间隔法。在同一个区间，按照规定的时间间隔，依次从车站发出同方向运行的列车，使前后运行的同方向列车彼此间隔开来的行车方法。

（2）空间间隔法。把线路划分为若干个闭塞区间（区间或闭塞分区），每个闭塞区间内同一时间只准许一列列车运行，使前行列车和后续列车之间必须保持一定空间距离的行车方法。

采用时间间隔法行车时，后续列车不能确切地得到前行列车的运行状况，所以不能保证列车在区间内的运行安全，实际上是一种不确切的空间间隔法，原则上已不再使用该方法，只有在特殊情况下采用。我国目前采用的基本行车方法为空间间隔法。

（二）闭塞区间的划分

采用空间间隔法首先要对线路划分闭塞区间，城市轨道交通线路上采用的闭塞方式不同，闭塞区间的划分也不相同。

采用站间闭塞时，单线上以两个车站的进站信号机机柱的中心线为车站与区间的分界线；双线或多线上，分别以各线路的进站信号机机柱或站界标的中心线为车站与区间的分界线。两相邻车站之间的线路称为站间区间，站间区间的划分如图3-2和图3-3所示。

采用大区间闭塞时，并非所有的车站都是闭塞区间的分界点，通常根据作业需要将某些大站（或重要车站）设置为闭塞区车站，其他车站则为大区间内的闭塞分区分界点。两相邻闭塞区车站之间的线路称为大区间，大区间及闭塞分区的划分如图3-4所示。

采用移动闭塞时，线路上没有固定的闭塞分区，是以同方向保持最小运行间隔的前行列车尾部和追踪列车头部为活动闭塞区间的分界线，闭塞区间的划分如图 3-5 所示。

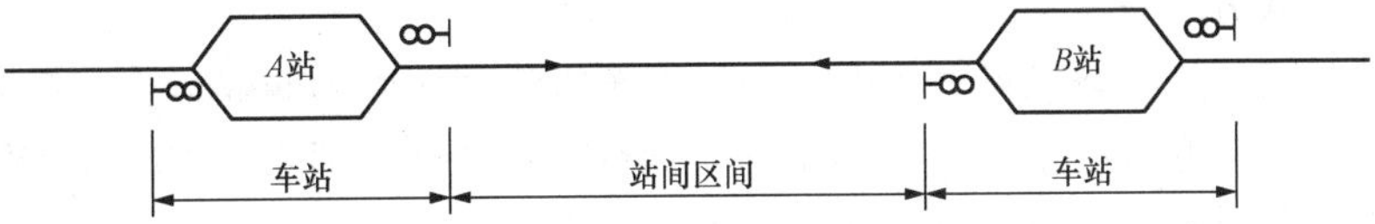

图 3-2　单线线路闭塞区间的划分

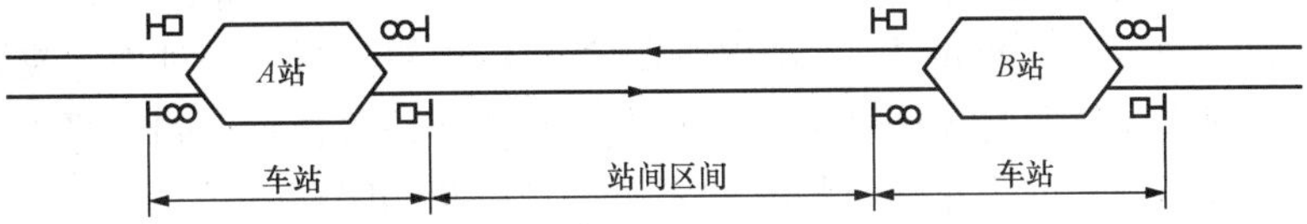

图 3-3　双线线路闭塞区间的划分

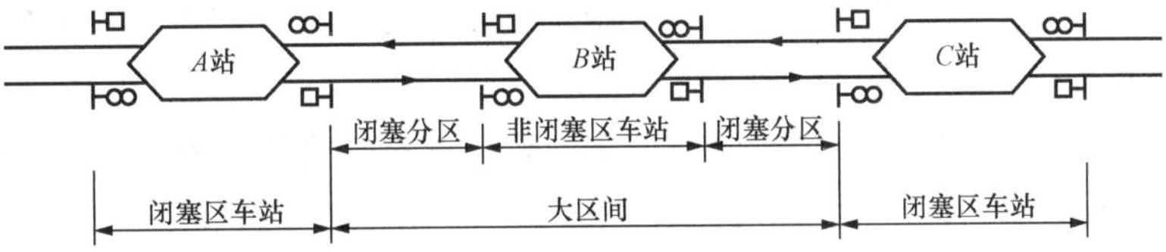

图 3-4　双线线路闭塞分区的划分

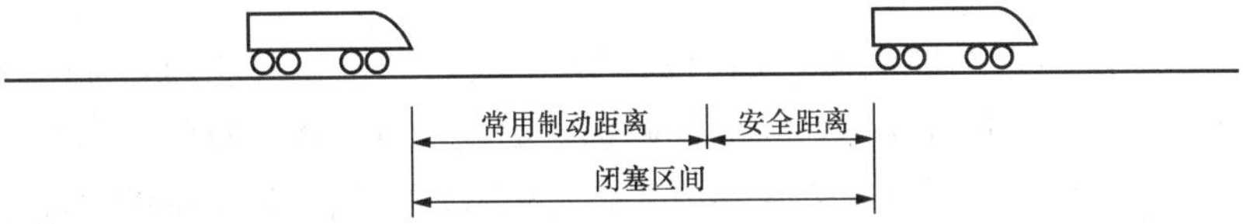

图 3-5　移动闭塞线路闭塞分区的划分

区间与站内的划分，是行车组织工作的一项重要内容，也是划定责任范围的依据。列车进入不同闭塞区间时必须获得相应的凭证或准许。正常情况下列车占用闭塞区间的行车凭证为出站信号机或通过信号机的进行信号或列车速度码，非正常情况下还可能采用路票或调度命令等形式。

（三）行车闭塞法的分类

从各种不同的角度划分，行车闭塞法可以有各种不同的分类。按照行车闭塞制式实现方式的不同，一般可分为站间闭塞和自动闭塞两大类。原则上在同一线路上同一时间内应采用同一种类型的行车闭塞法。

1. 站间闭塞

站间闭塞就是列车以站间区间为间隔运行，两站间同一时间只能运行一列车。站间闭塞按照采取的技术手段不同，主要有电话闭塞、半自动闭塞和自动站间闭塞。

（1）电话闭塞。电话闭塞是在城市轨道交通系统基本闭塞设备不能正常使用的情况下，人工通过电话联系办理闭塞、人工确认列车到达、人工电话联系恢复闭塞，列车凭路票发车的最终代用闭塞法。

（2）半自动闭塞。半自动闭塞是一种列车以站间区间为间隔运行，由人工办理闭塞手续、人工确认列车到达和人工恢复闭塞，列车凭信号显示的进行信号发车，发车后出站信号机自动关闭的闭塞方式。

（3）自动站间闭塞。自动站间闭塞是一种列车以站间区间为间隔运行，但装备了区间占用检查设备，可自动办理闭塞、自动确认列车到达和自动恢复闭塞，列车凭信号显示的进行信号发车，发车后出站信号机自动关闭的闭塞方式。

2. 自动闭塞

自动闭塞就是将站间区间划分为若干个闭塞分区，并装备有闭塞分区占用检查设备，列车以闭塞分区为间隔运行，两相邻车站间能实现列车的追踪运行，办理发车进路时自动办理闭塞手续，根据列车运行及有关闭塞分间的状态自动变换信号显示，列车可以凭信号机显示行车，也可以凭机车信号或列车运行控制的车载信号行车的闭塞方式。

从保证列车运行安全的技术手段的角度来看，自动闭塞可分为两大类，传统的自动闭塞和装备列车运行自动控制（ATC）系统的自动闭塞。

（1）传统自动闭塞。传统自动闭塞一般设有地面通过信号机，装备有机车信号。其特点是：自动办理闭塞手续，利用微机联锁或电气集中联锁设备转换道岔、排列进路、开放信号、自动变换信号显示；列车凭信号（或凭证）行车，站间能实现列车追踪。主要有三显示自动闭塞、四显示自动闭塞和多信息自动闭塞。

传统自动闭塞通常称为自动闭塞，为了和装备列车运行自动控制系统的自动闭塞区分，故称为传统自动闭塞，它属于固定闭塞范畴。目前一般用于市郊铁路及早期修建的地铁系统等。

（2）装备列车运行自动控制系统的自动闭塞。随着列车运行自动控制（ATC）系统，简称列控系统的出现，保证列车按照空间间隔运行的技术方法逐步靠控制列车运行速度的方式来实现，该系统在城市轨道交通系统里有了广泛的应用。从实现闭塞的手段来看，装备列控系统的自动闭塞目前主要有三类，即固定闭塞、准移动闭塞（含虚拟闭塞）和移动闭塞。

1）固定闭塞（图 3-6）。该制式下列控系统采取的是分级速度控制，列车运行的间隔是若干个闭塞分区，闭塞分区数依划分的速度级别而定。其特点为：闭塞分区以轨道电路或记轴器来划分，具有列车定位和轨道占用检查功能；追踪列车追踪的目标点是前行列车所占闭塞分区的始端，后行列车从最高速度开始制动的计算点为要求开始减速的闭塞分区的始端，因为这两个端点是线路上的固定点，空间间隔的长度也是固定的，故称之为固定闭塞。

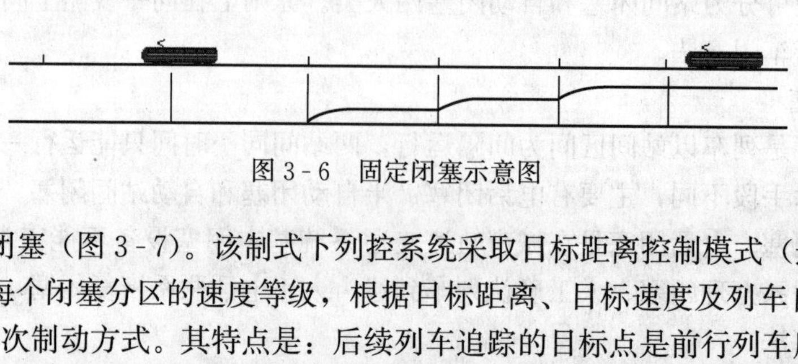

图 3-6　固定闭塞示意图

2）准移动闭塞（图 3-7）。该制式下列控系统采取目标距离控制模式（连续式一次速度控制），不设定每个闭塞分区的速度等级，根据目标距离、目标速度及列车自身性能确定制动曲线，采用一次制动方式。其特点是：后续列车追踪的目标点是前行列车所占闭塞分区的始端，目标点相对固定，在同一闭塞分区内不依前行列车的走行而变化，而制动的起始点是随线路参数和列车本身性能而变化的，从而空间间隔的长度是不固定的，由于要与移动闭塞区分，所以称之为准移动闭塞。

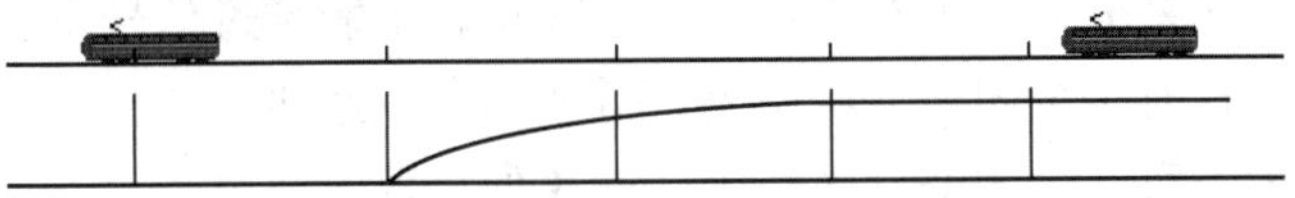

图 3-7　准移动闭塞示意图

3）虚拟闭塞。虚拟闭塞是准移动闭塞的一种特殊方式，它不设轨道占用检查设备，采用无线定位方式来实现轨道占用检查和列车定位。闭塞分区在物理上不存在，但在系统逻辑上存在闭塞分区和信号机的概念。其特点是：从操作和管理都等效于准移动闭塞，只是闭塞分区和信号机只在逻辑上存在，是虚拟的。虚拟闭塞的方式中，当虚拟闭塞系统和列车的性能比较稳定的情况下就可以将闭塞分区划分的很短，当短到一定程度时，就类似与移动闭塞。

4）移动闭塞（图 3-8）。该方式的列控系统采用目标距离控制模式（连续式一次速度控制），移动闭塞追踪的目标点是前行列车尾部（当然会留有安全距离），后行列车从最高速开始制动的计算点是根据目标距离、目标速度及列车自身性能计算决定的，目标点和制动点都是不断变化的。其特点是：列车间隔控制（闭塞）由列车运行自动完成，每个轨道电路区段不设通过信号机，列车凭车载 ATP 系统显示的信息行车。移动闭塞可实现较小的列车间隔，保证行车安全，大大提高线路的通过能力，具体的实现方式将在后续内容中详细介绍。

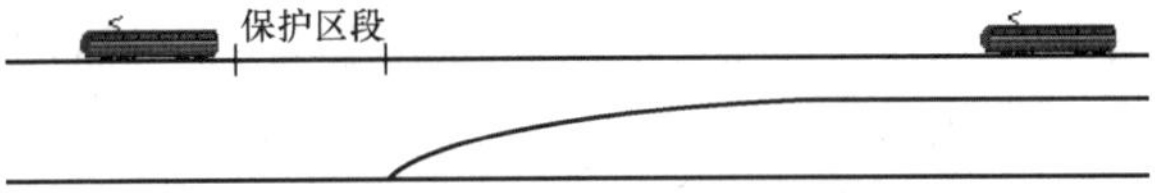

图 3-8　移动闭塞示意图

装备列车自动运行控制系统的自动闭塞广泛应用于地铁、轻轨等城市轨道交通系统。

二、传统自动闭塞

传统自动闭塞是用信号机将线路分为若干闭塞分区，列车以闭塞分区为间隔按追踪方式运行，区间线路设有轨道电路，当闭塞分区有车占用或钢轨折断时，都能使防护该闭塞分区的信号机自动地显示停车信号，通过这样的方式使列车在区间的运行有了可靠的安全保障。

（一）传统自动闭塞的类型

传统自动闭塞按信号显示制度的不同可分为三显示自动闭塞、四显示自动闭塞和多信息自动闭塞。

1. 三显示自动闭塞

三显示自动闭塞是指通过信号机有三种显示，能预告列车前方两个闭塞分区状态的自动闭塞。

红色灯光：前方闭塞分区有列车占用，必须停车，不能越过信号机。

黄色灯光：前方仅有 1 个闭塞分区空闲，减速通过。

绿色灯光：前方至少有 2 个闭塞分区空闲，按规定速度通过。

三显示自动闭塞分两个速度等级，黄色灯光是注意信号，可以越过黄灯后开始制动，一个闭塞分区的长度满足从规定速度到零的制动距离。

2. 四显示自动闭塞

四显示自动闭塞是指通过信号机有四种显示，能预告列车前方三个闭塞分区状态的自动闭塞。

红色灯光：前方闭塞分区有列车占用，必须停车，不能越过信号机。

黄色灯光：前方仅有 1 个闭塞分区空闲，低速列车减速通过。

绿黄色灯光：前方有 2 个闭塞分区空闲，高速列车减速通过。

绿色灯光：前方至少有 3 个闭塞分区空闲，按规定速度通过。

四显示自动闭塞分三个速度等级，绿黄灯是警惕信号，可以越过绿黄灯后开始减速，黄灯是限速信号，必须减至规定的限速值，两个闭塞分区的长度满足从规定速度到零的制动距离。

3. 多信息自动闭塞

多信息自动闭塞是指对四显示及以上自动闭塞的统称，多于四显示时，地面信号机往往不具备显示的条件，而以机车信号为主。

（二）列车进入闭塞分区的行车凭证

在三显示自动闭塞区段，列车进入闭塞分区的行车凭证为出站或通过信号机的黄色灯光或绿色灯光；在四显示区段，列车进入闭塞分区的凭证是出站或通过信号机的黄色灯光、绿黄色灯光或绿色灯光。

三、移动闭塞

移动闭塞（Moving Block，简称 MB）是相对于固定闭塞而言的，是一种采用先进的通信、计算机、控制技术相结合的列车控制技术，所以国际上习惯称之为基于通信的列车控制系统 CBTC（Communication Based Train Control）。移动闭塞是全球轨道交通界公认的最先进的信号系统，目前国际上已有不少城市采用这种技术，我国武汉轨道交通 1 号线，广州地铁 3 号线也采用了移动闭塞，采用移动闭塞方式是城市轨道交通发展的一种趋势。

（一）移动闭塞的概念

移动闭塞最显著的特点是取消了以通过信号机分隔的固定闭塞分区，而是将线路分成了若干个通过数据库预先定义的线路单元，每个单元长度为几米到几十米之间。移动闭塞分区即由一定数量的线路单元组成，单元的数目可随列车的速度和位置而变化，分区的长度也是动态变化的。前后两列车均采用移动式的定位方式，列车间的最小运行间隔距离由列车在线路上的实际运行位置和运行状态确定，闭塞分区随着列车的行驶，不断地向前移动和调整，所以称为移动闭塞。

移动闭塞系统采用车地双向通信，将前方列车的移动信息经由车地通信系统安全地传给后续列车，后续列车的追踪目标点为前行列车尾部。移动闭塞列车间隔是按后续列车在当前速度下所需的制动距离，加上安全余量计算和控制的，确保不追尾。移动列车的行车凭证是后续列车收到的经由车地通信系统传过来的移动授权，该授权包括前方列车的速度和距离，以及前方的线路坡度、曲线等线路信息，列车根据移动授权方能继续前行。由于移动授权是随前行列车的运行不断由车地通信系统传给后续列车的，因此移动闭塞分区是不固定的。

小链接

移动闭塞系统主要包括无线数据通信网、车载设备、区域控制器和控制中心等。地面和车载设备通过“数据通信网络”连接起来，构成系统的核心。图 3-9 为典型的 CBTC 系统结构图。

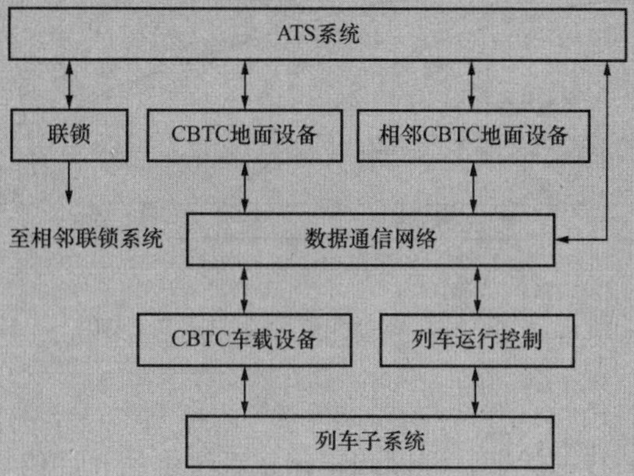

图 3-9　典型的 CBTC 系统结构图

（二）移动闭塞的基本要素

移动闭塞技术中，闭塞分区仅仅是保证列车安全运行的逻辑间隔，与实际线路并无物理上的对应关系。因此，移动闭塞在设计和实现上与固定闭塞有比较大的区别。其中列车定位（Train Positioning）、安全距离（Safety Distance）和目标点（Target Point）是移动闭塞技术中最重要的三个概念，称之为移动闭塞的三个基本要素。

1. 列车定位

列车定位是实现移动闭塞的前提条件。在固定闭塞和准移动闭塞中主要是用轨道电路或记轴装置做列车占用检查，能粗略的进行列车定位，所以列车追踪的目标点不能非常精确至前行列车的尾部。在移动闭塞中没有轨道电路等设备作为闭塞分区列车占用检查，被控制的对象基本上处于动态变化过程中，只有准确了解列车的具体位置，才能使后行列车的追踪点更加精确，缩小追踪间隔，所以列车定位技术在移动闭塞中是至关重要的，没有准确的列车定位，就没有移动闭塞。

列车定位的主要作用是为保证安全的列车间隔提供依据。用移动闭塞系统可以对在线的每一列车计算出距离前行列车尾部或进站停车点的距离，从而对列车实施有效的速度控制。

列车定位由地面设备和车载设备共同完成，目前得到广泛应用的列车定位技术主要有测速定位法、查询—应答器法、交叉感应线圈法、卫星定位法。另外还有多普勒雷达法、无线扩频列车定位法、惯性列车定位法、航位推算系统定位法、漏泄波导法、漏泄电缆法等。

2. 安全距离

安全距离是移动闭塞设计的理论基础和安全依据。如图 3-10 所示，“安全距离”是指后续追踪列车的命令停车点与前方障碍物之间的一个固定距离，是附加在列车常用制动距离上的一段安全富余量。障碍物可以是确定了的前行列车的尾部的位置或者无道岔表示（道岔故障）的道岔位置或者车站范围内规定的停车点。列车行驶过程中，追踪列车和前行列车始终保持一个常用制动距离加上一个安全距离的移动闭塞间隔，可以确保在最不利条件下，追踪列车和前行列车不发生碰撞。安全距离与线路状况、列车性能等因素有关。在系统设计阶段，通常规定了系统能使用的最小安全距离。实际运用中，在满足运营时间间隔的前提下，采用比理论计算值大的安全距离，提高系统运行的安全性。

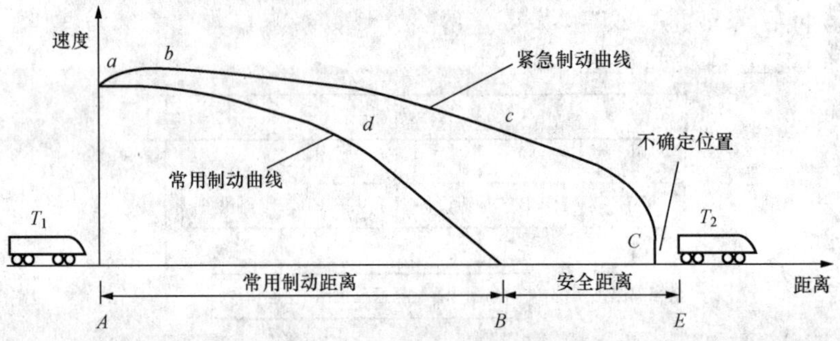

图 3-10　移动闭塞安全距离示意图

3. 目标点

目标点是列车运行的行车凭证，如同固定闭塞系统中的允许信号。列车只有获得了目标点，才能够向前移动。目标点通常是设在列车前方一定距离的某个位置，表明列车可以安全运行至该点，但不能超过该点。移动闭塞系统正是通过不断前移列车的目标点，引导列车在线路上安全运行。

（三）移动闭塞系统的特点

1. 移动闭塞系统的组成

移动闭塞系统主要包括无线数据通信网、车载设备、区域控制器和控制中心等（图 3-11）。

无线数据通信是移动闭塞实现的基础。通过可靠的无线数据通信网，列车将位置、车次、列车长度、实际速度、制动潜能和运行状况等信息以无线的方式发送给区域控制器；区域控制器追踪列车并通过无线传输方式向列车发送移动授权。同时列车将采集到的数据（如机车信息、车辆信息、现场状况和位置信息等）通过无线数据通信网发送给区域控制器，以协助完成运行决策；也对接收到的命令进行确认并执行。

2. 移动闭塞系统的特点

与传统的固定闭塞系统相比，移动闭塞系统具备以下特点：

（1）线路没有固定划分的闭塞分区，列车间隔是动态的，并随前一列车的移动而移动。

（2）列车间隔是按后续列车在当前速度下所需的制动距离，加上安全余量计算和控制的，确保不追尾。

（3）制动的起点和终点是动态的，轨旁设备的数量与列车运行间隔关系不大。

（4）可实现较小的列车运行间隔。

（5）采用地—车双向数据传输，信息量大，易于实现无人驾驶。

四、电话闭塞

（一）电话闭塞的基本要求

当基本闭塞设备不能正常使用时，行车调度员发布调度命令停止基本闭塞法，采用电话闭塞法组织行车，列车驾驶员以人工驾驶模式驾驶列车运行。采用电话闭塞法行车时，由于没有机械、电气设备控制，全凭制度约束来保证行车安全，因此办理手续必须严格，在作业

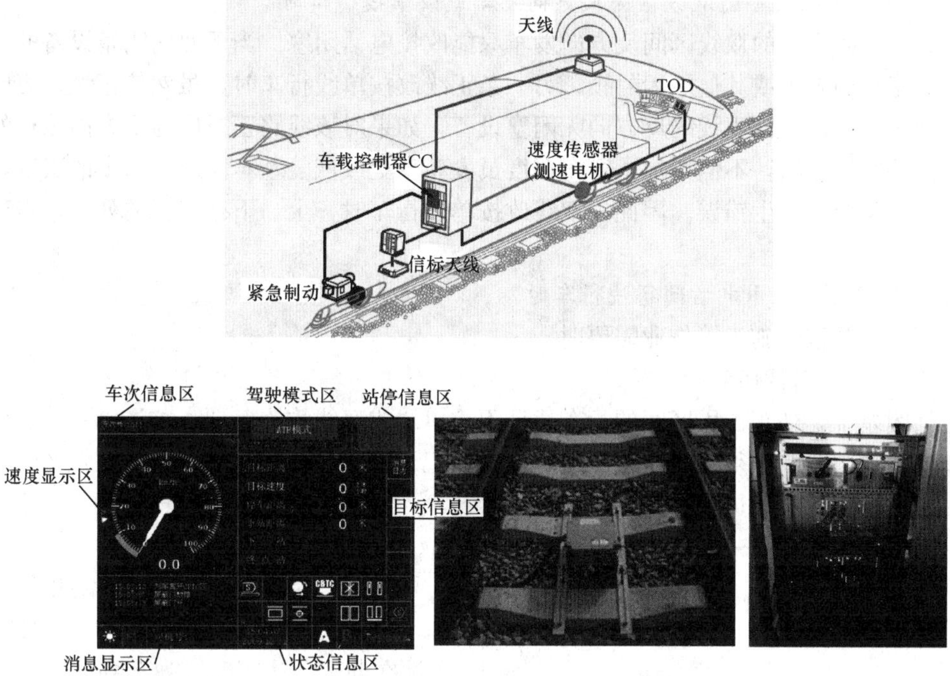

TOD　　动态信标　　车载CC机柜

图 3-11　移动闭塞部分设备图

中应满足以下要求：

(1) 为保证同一区间在同一时间内不会用两种闭塞法，在停用基本闭塞法改按电话闭塞法或恢复基本闭塞法时，均须行车调度员下达调度命令后方准采用。

(2) 行车调度员发布停止基本闭塞法，改用电话闭塞法组织行车命令前，应确认电话闭塞区段内全部列车到站停稳，且电话闭塞区段内所有区间空闲。

(3) 行车调度员确认设备已恢复正常并测试完毕后，方可取消电话闭塞。行车调度员应先向车站发布取消电话闭塞的调度命令，再向列车驾驶员发布取消电话闭塞的调度命令。

(4) 车站间或车站与车辆基地之间以电话记录号码作为确认闭塞区间空闲的凭证。

(5) 行车值班员应准确填写路票，确认无误并加盖站名印后，交由列车驾驶员作为列车占用区间的行车凭证，一个区间只允许一列车运行。

(6) 列车以行车值班员或指定胜任人员的手信号作为发车凭证。

(7) 行车值班员应将承认闭塞、列车出清站线、取消闭塞等情况记入《行车日志》。

(二) 电话闭塞的使用时机

当遇有下列情况时，需改用电话闭塞法行车。

1. 基本闭塞设备不能使用时

(1) 自动闭塞设备发生故障或停电，包括区间两架及其以上信号机故障或灯光熄灭。

(2) 移动闭塞一个或多个联锁区联锁设备故障时。

(3) 移动闭塞下，中央及车站工作站上一个或多个联锁区均无法对线路运行车辆进行监控时。

(4) 地铁系统正线与车辆基地信号接口故障时。

2. 无双向闭塞设备的双线区间反方向发车或改单线行车时

无双向闭塞设备的双线区间反方向发车只能改按电话闭塞。当无双向闭塞设备的双线区间的一条正线因施工或其他原因封锁，另一条正线改按单线行车时，虽然该正线正方向闭塞设备能使用，但由于该正线的反方向无闭塞设备，如果对该线路正方向与反方向运行的列车采用不同的闭塞方法，不但增加了行车调度员发布变更或恢复基本闭塞法命令的次数，而且车站办理时又容易发生错误。因此，双线改按单线行车时，上、下行运行的列车均需改用电话闭塞。

3. 其他情况需采用电话闭塞法行车时

如调试、救援、施工等作业需要时。

（三）列车占用区间的行车凭证

电话闭塞下，列车占用区间的行车凭证不论单线或双线均为路票。如图 3-12 所示为路票的基本样式。路票必须包含路票的编号、电话记录号、列车车次、路票的有效区间、车站行车专用章、行车值班员签字。

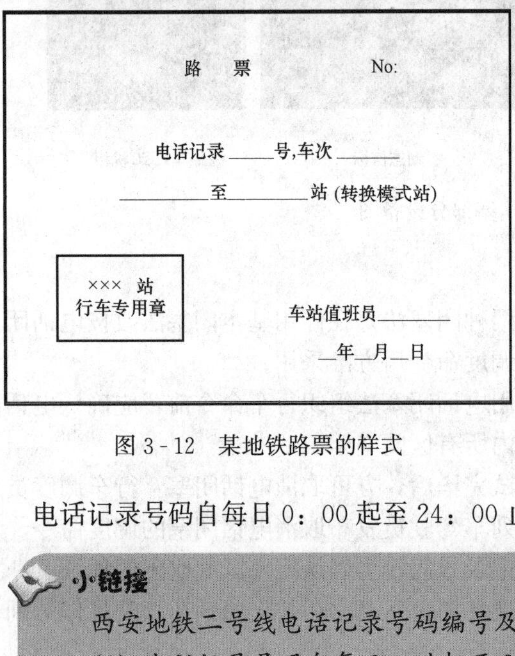
路　票　　No:

电话记录 ____号,车次 ______

________至________站 (转换模式站)

××× 站
行车专用章

车站值班员______

__年__月__日

图 3-12　某地铁路票的样式

1. 电话记录号码

电话记录号码是采用电话闭塞法行车时，区间两端站办理行车闭塞事项的记录。车站在办理承认闭塞、列车到达、取消闭塞等行车事项时应发出电话记录，同时编写电话记录号码，并登记在《行车日志》上。改用电话闭塞法行车后，车站发首列车时，路票中的电话记录号码为闭塞区间前方站同意闭塞的电话记录号码；发第二列及以后列车时，路票中的电话记录号码为前行列车到达闭塞区间前方站后前方车站报点的电话记录号码。

电话记录号码自每日 0：00 起至 24：00 止，按日循环编号，编号方法由运营部门规定。

小链接

西安地铁二号线电话记录号码编号及使用规定如下：

（1）电话记录号码自每日 0 时起至 24 时止，按日循环编号。

（2）电话记录号码由五位数字组成，前两位为车辆基地及车站编号（00～17），后三位为序列号。

（3）上行/出车辆基地使用双数序列号，下行/入车辆基地使用单数序列号。

（4）电话记录号码每站一组，由车站编制。

（5）各车站在相邻站同意、取消闭塞时必须使用本站的电话记录号码。

（6）同一天内（每天 0 时起至 24 时止）电话记录号码一经发出，无论生效与否不得重复使用。

2. 路票使用的要求

路票应由车站值班员或值班站长亲自填写。填写后的路票，车站值班员应根据《行车日志》的记录进行认真检查。确认无误并加盖行车专用章后，方可送交列车驾驶员。

路票不得在未得到电话记录号码前预先填写，也不能在进路准备妥当之前填写。路票已交列车驾驶员，因特殊原因停止发车时，应及时收回路票。填写的路票，字迹应清楚，不得涂改；当填写后发现错误时，应在路票上划“×”注销，重新填写。路票的交接地点为列车驾驶员所在驾驶室旁的站台上，路票的交接必须由车站值班员指定的行车人员负责。

学习任务2　列车自动控制系统认知

教学目标

了解ATC系统的构成。

理解ATP的工作原理。

掌握ATP、ATO、ATS系统的主要功能。

建议学时

建议学时为4学时。

一、列车自动控制系统概述

列车自动控制（ATC，Automatic Train Control）系统简称列控系统，是城市轨道交通信号系统最重要的组成部分，可实现行车指挥和列车运行的自动化。它综合多学科的先进技术，能最大限度地保证列车运行安全，提高运输效率，同时减轻运营人员的劳动强度，能最大限度地发挥城市轨道交通系统的通过能力。

（一）列车自动控制系统构成

ATC系统中，列车通过获取的地面信息和命令控制运行速度，并调整与前行列车之间必须保持的距离。ATC系统的这些功能主要靠三个子系统的协作来完成，这三个子系统分别是列车自动防护（ATP，Automatic Train Protection）系统、列车自动运行（ATO，Automatic Train Operation）系统、列车自动监控（ATS，Automatic Train Supervision）系统。

三个子系统既相互独立又相互联系，实现完整的列车自动控制功能，确保列车安全、快速、有序地运行。ATC系统设备分布于控制中心（OCC），车站、轨旁及列车上。列车自动控制系统（ATC）结构如图3-13所示。

控制中心是以计算机为主体的设备，在OCC内装有分布式计算机系统、中心数据传输系统、信息管理系统等。每一个控制中心有一套计算机系统进行全部数据处理及行车指挥，这种结构保证了故障—安全（故障导向安全）及可靠性。控制中心还包括相应的数据传输设备，和下属车站及运行中的列车实现双向数据传递。在整个系统中，数据传输是至关重要的，数据传输系统是轨道与列车、列车与轨道之间以及各站间、车站与控制中心的闭环式车地信息交换系统。

在中心计算机系统中存有被控制区域的各种数据，如线路坡度与曲线、线路允许速度、轨道电路状态、信号机位置及显示状态、应答器位置及工作状态等；还包括运行中的列车的各种数据，如列车制动效果等。中心计算机参考各种固定数据，同时依据车站分机传送到中

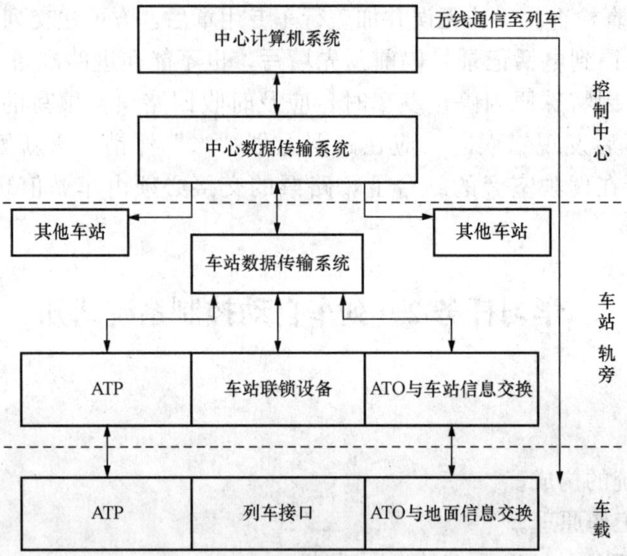

图 3-13 列车自动控制系统（ATC）框架结构图

心计算机的数据（列车位置等）计算出行车指挥指令，通过数据传输设备传送到车载计算机中，指挥列车自动运行。

（二）ATC 系统的等级及类别

目前城市轨道交通系统所采用的 ATC 系统大致可分为两种级别，主要是根据线路行车间隔的要求来选择。若线路客流量很大，最大通过能力大于 30 对/h，应选用完整的 ATC 系统，实现行车指挥和列车运行的双重自动化。对于通过能力小于 30 对/h 的线路，根据国内外的运营经验宜采用 ATS 和 ATP 功能完整的 ATC 系统，不选用 ATO，可以实现行车指挥自动化及列车的超速防护，运营费用会降低较多。

按照闭塞制式的不同，ATC 系统可分为固定闭塞式 ATC 系统、准移动闭塞式 ATC 系统和移动闭塞式 ATC 系统。

小链接

城市轨道交通 ATC 系统国内外应用状况见表 3-1。

表 3-1　城市轨道交通 ATC 系统国内外应用状况

闭塞制式	供货商	国内应用	国外应用
固定闭塞	中国通号集团	大连市快轨 3 号线 北京地铁八通线	
	西屋	北京地铁 1 号线、13 号线	新加坡地铁 1 号线
	GRS	上海地铁 1 号线	纽约地铁
	西门子	上海新闵线	欧洲城轨交通
准移动闭塞	西门子	广州地铁 1、2 号线 深圳地铁 1 号线 南京地铁 1 号线	

续表

闭塞制式	供货商	国内应用	国外应用
准移动闭塞	阿尔斯通	上海地铁 3 号线 香港机场快速线	法国巴黎南北线
	US&S	上海地铁 2 号线 天津滨海线	美国洛杉矶绿线 韩国汉城地铁
	西屋	北京地铁 5 号线 天津地铁 1 号线	英国伦敦 Jubilee 西班牙马德里地铁
移动闭塞	阿尔卡特	武汉轻轨 1 号线（环线） 广州地铁 3 号线（环线） 港九铁路西线（环线）	温哥华 1、2 号线（环线） 肯尼迪机场轻轨（环线）
	西门子	广州地铁 4 号线	巴黎地铁 14 号线（环线）
	阿尔斯通		新加坡东北线

二、ATP 系统

ATP 系统是 ATC 的安全系统，是对列车运行自动实施列车追踪间隔和超速防护控制技术的总称。该系统主要依据故障—安全的原则设计，负责全部列车的运行安全，是列车安全运行的保障。通过车载 ATP 系统和轨旁 ATP 系统间的信息传输，来实现列车间安全间距的监控、速度控制、列车的自动防护、安全开关门的监督和进路的安全监控等功能。

（一）ATP 系统的组成及工作原理

ATP 系统总体来说由轨旁设备和车载设备两部分组成。轨旁设备主要由轨旁单元和其相关的发送（接收）设备组成，ATP 系统一般是分区域进行控制的，根据系统所能控制的范围来决定。每一个区域内都有轨旁单元和发送（接收）设备，各区域的 ATP 轨旁单元通过总线连接。车载设备由车载单元、测速装置和接收（发送）装置组成，车载单元一般由计算机通道组成，采用故障—安全检测器保证列车运行安全。

ATP 车载设备根据地面设备提供的信号动态信息、列车动态信息、线路静态参数、临时限速信息等生成速度距离控制曲线，控制列车运行。具体的作用过程如图 3 - 14 所示。

线路上前后运行的列车中，对列车 B 而言，列车 A 的尾部（或规定停车点）就是危险点，前行的列车 A 经车载 ATP 设备将本车的实际位置通过通信系统传给轨旁的移动闭塞处理器，并将此信息处理生成后续列车的运行权限，传给后续列车 B 的 ATP 车载设备，列车 B 可计算出到危险点的最大允许速度。列车 A 向前运动，则列车 B 的安全停车点（车站停车点不属于安全停车点）也随之变化，列车 B 实时计算到停车点的速度——距离曲线，如果列车实际速度高于最大允许速度，那系统就先报警，若在规定时间内未将速度降到允许速度以下，则实施紧急制动。

（二）ATP 系统的主要功能

ATP 系统的功能可以分为 ATP 轨旁功能、ATP 传输功能、ATP 车载功能。完整的 ATP 系统功能由这三部分结合来实现。ATP 轨旁功能主要负责列车安全间隔和生成报文，完成对列车的移动授权许可的发布和报文的准备，报文包括安全、非安全和信号信息。ATP 传输功能负责发出报文信号，包括报文和 ATP 车载设备所需的其他数据。ATP 车载功能负责列车安全运行，并提供信号系统和驾驶员间的接口。具体可以实现的列车安全控制功能如下。

1. 防护区段和安全性停车点防护

安全性停车点是基于危险点定义的（图 3 - 14），危险点是丝毫不能超越的点，如果超越，就可能发生危险，例如列车追尾。因此对危险点有必要定义一个防护区段，即图中的安全距离。该防护区段的长度由区段的运行条件和前后列车性能所决定，必须保证后续列车在最不利的情况下最迟能够在防护区段的末端（危险点之前）停下来。图中的停车点是防护区段的起始点，由 ATP 负责监督并计算出到安全性停车点的速度—距离曲线，以使列车在该点能够停下，不利条件下在防护区（图中的安全距离）内停车也可以保证前后列车的安全。

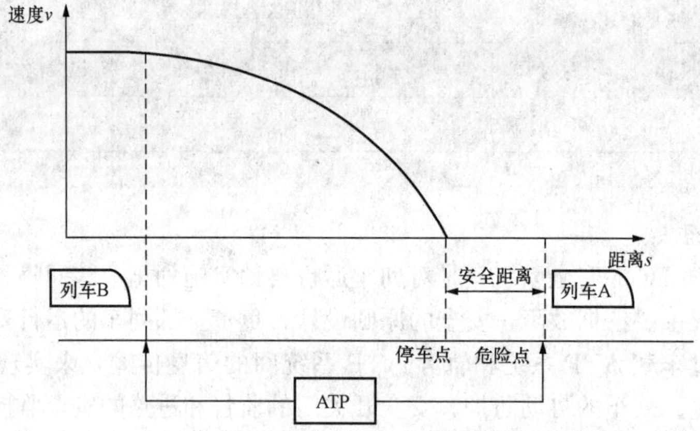

图 3 - 14　ATP 工作原理

2. 列车自动防护

ATP 的速度限制有两种。一种是固定速度限制，如取决于线路参数的区间最大允许速度、线路设计的停车点以及列车自身性能的最大允许速度；另一种是临时限制速度，如线路施工、维修时的临时限制速度和由运行环境或突发事件所造成的临时限速等。这两种限速值可实时通过报文发送给车载 ATP，车载 ATP 监督列车不得超越这些限制速度，ATP 超速的触发点一般比 ATP 限速值高 3km/h。例如某个区间 ATP 限速为 30km/h，则其超速触发点为 33km/h，一旦超速，列车会自动发出警告。如果在规定时间内列车未将速度降到限制速度允许的速度以下，ATP 便会实施紧急制动，并加以记录。

3. 测速与测距

ATP 系统利用装在轮轴上的测速传感器来测量列车的即时速度，并在驾驶室显示出来。

距离测量为 ATP 单元的重要功能提供依据（如速度检查、开门位置判断）。为保证列车能够准确地在停车点停车，ATP 系统必须能够计算出从当前位置到目标距离点的精确距离，以便计算出最大允许速度。此外，通过连续地测定行驶距离，ATP 系统能够随时准确地确定列车的位置。

4. 紧急制动

紧急制动功能保证列车接收到紧急制动报文时在最短距离内停车。紧急制动发生的情况主要有两种：

第一种情况是当列车运行速度超过最大允许速度值时，如果在规定时间内列车未将速度降到限制速度允许的速度以下，ATP 便会实施紧急制动，并加以记录。

第二种情况是当安全限制被侵犯的情况下，通过按压设在车站站台的紧急停车按钮，紧急停车的报文信息由 ATP 轨旁单元发送至列车，车载单元收到报文后启动紧急制动，直到列车停稳。

一旦启用紧急制动，不能中途释放制动，一定要在停稳之后才能重新启动，系统同时会将情况记录下来，以备事故分析和查验。

5. 运行方向监督

该作用是监督列车在“反方向”运行中的任何移动，如果此方向的移动距离超过规定值，那么就会实施紧急制动。方向监督启动时，在驾驶控制中不考虑选用的方向（“前行”、“反向”或“中间位置”）。不论列车的移动是由牵引动力引起的，或是在无动力时由斜坡引起的滑动，也不论移动是故意的还是偶然的，只要列车“反方向”移动，列车的后部可能越过下一列保护列车的危险点，那么列车将占用为下一列车提供安全距离的轨道单元，驾驶方向的监督就是限制这种占用的扩展。

6. 车门监控

车门控制是 ATP 重要的安全措施之一。车载 ATP 设备能防止列车在站外开门和站内开错门。另外，它还防止列车在开门状态下启动。只有在下列条件同时满足时，车载 ATP 才给出开门命令：列车是静止的；列车停在车站的停车范围内；轨旁 ATP 设备允许开门。只有在 ATP 系统检查了所有安全条件且均已满足时，才允许车门开启并发出指示命令。如果检测到列车在移动而车门没有锁在关闭状态，车门监督功能会实施紧急制动；或者列车移动超过一定的距离而车门结点没有接收到“车门全部关闭”的信号时，车门监督也将对列车实施紧急制动。

7. 列车自动折返监控及改换驾驶室功能

在列车折返时，要求驾驶员改换驾驶室。ATP 车载设备必须考虑到使用不同驾驶室操作，并保存相关信息，改换驾驶室引起的列车前部和后部的互换，ATP 车载设备能相应地调整位置信息。当列车停在站台，采用自动折返模式在终点站折返时，ATP 车载单元通过速度曲线连续对列车的运行进行监督。

除此之外，ATP 系统还有一些其他的功能，如基本的通信功能、驾驶员人机接口（MMI）功能、向 ATO 系统传输数据功能、设备监督功能、故障信息和紧急制动记录功能、ATP 服务/自诊断功能等等。

三、ATO 系统

ATO 系统是自动实行列车加速、调速、停车和车门开闭、提示等控制技术的总称。主要用来实现“地对车控制”，即通过地面传输的信息实现对列车驱动、制动、折返的控制，根据控制中心的指令完成某些对列车实施的动作，使列车按最佳工况安全、平稳地运行。ATP 系统是列车运行必不可少的安全保障，ATO 系统则是提高列车运行水平（准点、平稳、节能）的技术措施。ATO 并不是故障一安全系统，它的功能是要依靠 ATC 各子系统的协调共同完成的。ATO 设备没有安全相关功能，因此 ATO 总是运行在 ATP 的安全监督下，它的运行速度始终低于 ATP 的防护速度，主要目的是模拟最佳驾驶员的驾驶，实现正常情况下高质量的自动驾驶，且它的运行任务是由ATS根据需求实时给出的，缺少ATP和ATS系统，ATO将无法正常工作。

（一）ATO系统的结构特点

ATO系统采用的基本模块与ATP系统相同，由轨旁设备和车载设备组成，通过轨旁和列车的信息交换实现列车自动运行。

ATO轨旁设备通常兼用ATP轨旁设备，在车载设备和ATS之间传递信息，ATO的主要部件在列车上，以实现自动驾驶，系统结构如图3-15所示。ATO和ATP采用相同的轨旁和车载设备之间的连续式通信系统，从轨旁设备传输到车载设备的信息有：来自ATP轨旁设备的信息通过ATP车载设备传至ATO车载设备，计算自动驾驶曲线；从ATS到车载ATO的旅行时间和停站时间。从ATO车载设备传输到轨旁设备的信息有：传至ATS的列车数据（如驾驶模式、车次号、目的地等）；传至ATP轨旁设备的站台屏蔽门的开/关信息。

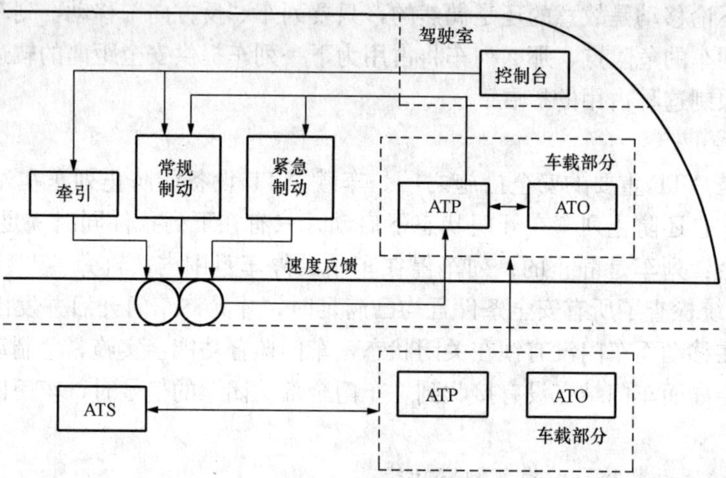

图3-15　ATO系统结构图

（二）ATO系统的主要功能

ATO系统主要通过车载ATO系统完成站间自动运行、列车速度调节和进站定点停车，并接受控制中心（OCC）的运行调度命令，实现列车的运行自动调整。

1. 列车自动运行

这是ATO系统的最主要功能，在ATP的监护下实施，可实现区间自动运行、车站自动发车以及区间内临时停车。

（1）自动调整列车运行速度。ATO车载控制器通过比较实际列车运行速度及ATP给出的最大允许速度及目标速度，并根据线路的实际情况，自动控制列车的牵引及制动，使列车在区间内的每个区段始终控制速度（ATP计算出来的限制速度减去5km/h）运行，并尽可能减少牵引、惰行和制动之间的转换。

（2）从车站自动发车。列车在站停站时间由ATS控制，时间到了之后将信息传送给ATP，ATP系统判断发车安全条件符合后，ATO系统给出启动显示，列车驾驶员按下启动按钮，ATO系统使列车从制动停车状态转为驱动状态。ATO通过预设的数据提供牵引控制，该牵引控制可使列车平稳加速。

(3) 区间内临时停车。由 ATP 系统给出目标点位置（例如前方有车）及制动曲线，并将数据传送给 ATO 系统车载单元，ATO 系统得到速度信息后自动启动列车制动器，使列车停稳在目标点前方，此时车门还是由 ATP 系统锁住的。一旦前方停车目的地、速度信息改为进行码后，ATO 系统使列车自动启动。

2. 目标制动及定位停车

对运行的列车而言，车站的定位停车是最重要的作业之一，对于设置站台屏蔽门的城市轨道交通系统，定位停车尤其重要。

当停车特征被启动后，ATO 系统基于列车速度、预先决定的制动率和距停止点的距离计算出一个制动曲线，采用最合适的减速度（制动率）使列车准确、平稳地停在规定的停车点。与列车定位系统相配合，可使停车位置的误差达到 0.5m 以下。假如列车超过了停车点，ATP 准许后退一定距离。如果超过后退速度限制值，向列车驾驶员发出声音和视觉报警。

定位停车控制一般采用距离控制方式，所谓距离控制方式是把车站停车点作为停车目标点，根据制动开始点到定位停车点之间的距离以及列车速度、列车重量、天气情况、空走时间、线路条件等计算出制动模式。然后在定位停车点的附近进行阶段缓解，以不断修正停车位置的误差，来保证定点停车。

一般应在车站内设有地面标志器（图 3-16），当列车接近车站时，它首先检出离停车点 350m 的最外方的标志器，从而启动车站制动曲线并点亮列车驾驶员操作台上的程序停车表示灯，列车通过离停车点 150m 中间标志器和离停车点 25m 的内方标志器时分别更新制动曲线，当列车对位天线检出 8m 标志时，再次更新制动曲线，一旦车辆对位天线直接位于地面对位线圈，控制列车精确定位停车，这时地面向列车发送对位信息，车辆检出此信号时，ATO 将设定常用全制动并启动开门程序，当车门打开，程序停车表示灯将熄灭。如果跳停生效，则列车在该站不停车，跳停表示灯点亮，程序停车表示灯不亮，标识器的输入将不起作用，列车根据 ATP/ATS 速度命令运行。

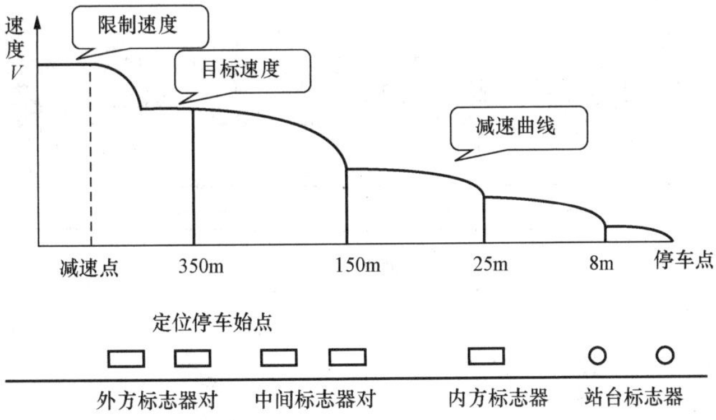

图 3-16 定位停车示意图

3. 车门和站台屏蔽门开闭控制功能

ATO 和 ATP 系统均涉及该项功能，由 ATP 系统监督开门条件，负责车门开放授权。

当列车停于定位停车的允许精度范围时，列车的定位天线连向站台定位发送器和接收器，站台定位发送器向车辆定位接收器发送列车停站信号，ATO 子系统确认列车到达指定的定位区域后，将该信号传给 ATP 子系统，以保证列车制动。当 ATP 子系统检查完开门条件，给出允许车辆开门命令后，ATO 选择合适一侧的车门并提供开门命令，打开哪一侧车门的信息包含在线路数据库里。车门关闭由驾驶员或者停站时间的到达来触发。

有了车门打开信号后，车辆定位发送器发送屏蔽门信号，当站台定位接收器收到此信号，通过调节屏蔽门继电器将与列车车门位置与数量都相对的屏蔽门打开，屏蔽门和车门的开门时间应在小于 1s 的时间内同步启动，关闭时间应大致相同。

当列车空车运行时，到达车站时，ATO 会接收到来自 ATS 的阻止车门打开的信息。

4. 无人自动折返

无人自动折返是一种特殊情况下的驾驶模式，由 ATO 控制并受 ATP 的监督。在这种驾驶模式下无需列车驾驶员控制，而且列车上的全部控制台将被锁闭。ATC 轨旁设备提供所需的数据以驾驶列车进入折返轨，列车将自动回到出发站台。列车一到出发站台，ATC 车载设备就会退出自动折返模式。

此外，ATO 系统还具备列车速度控制、列车自动调整以及 PTI 支持等其他功能。

四、ATS 系统

（一）ATS 系统概述

ATS 系统是一种基于计算机网络的、智能化的自动控制系统，是在 ATP、ATO 系统的支持下根据列车时刻表为列车运行自动设定进路，指挥行车，实施列车运行管理等技术的总称，是整个城市轨道交通系统的运营核心。

ATS 由一个位于控制中心（OCC）负责远程监控的中央 ATS 和位于车站、车辆基地的进行区域控制的本地 ATS 组成，中央 ATS 与本地 ATS 之间通过通信设备不停地交换信息，如图 3 - 17 所示。

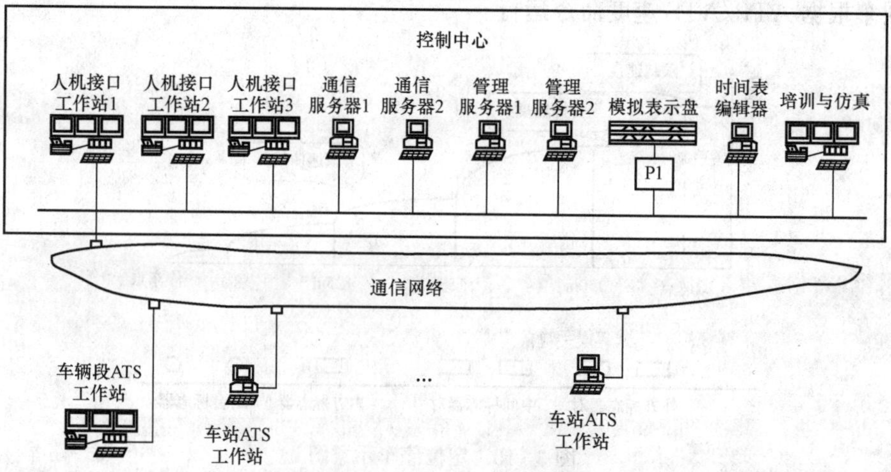

图 3 - 17　ATS 系统的结构图

同一 ATS 系统一般监控一条运营线路，也可监控多条运营线路，多线共用时可实现相关线路的统一指挥，并且也有利于实现资源的共享。监控多条运营线路时，应保证各条线路具有独立运营或混合运营的能力。

（二）ATS系统的主要功能

ATS系统在ATP、ATO系统的支持下完成对列车的自动监控，主要完成监督列车状态、产生列车时刻表、自动调整列车运行时刻和保证列车按时刻表正点运行、生成运行报告和统计报告、向旅客向导系统提供信息等功能，采用软件方法实现联网、通信及列车运行管理自动化。

1. 自动进路控制功能

控制中心能对列车进路、信号机、道岔实现集中控制，系统根据联锁表、当日列车运行图及列车位置，自动生成输出进路控制命令，传送至车站联锁设备设置列车进路。该功能主要包括自动办理正线各种进路并控制办理的时机，自动控制列车驶入、离开正线的时机，自动控制车站列车停车时间及发车时机，必要时通过办理控制权转移手续，可将控制权转移至车站。

调度员必要时可以人工控制，包括人工建立及取消正线各种进路等。人工控制命令在执行前均由中心计算机检查其合理性，并给出提示。

2. 列车移动监督功能

列车移动监督实际上是用计算机再现列车的运行，系统通过跟踪列车对轨道区间的占用情况和区间内道岔的实际位置自动完成对控制区段内列车身份的确认，并对由现场传来的列车识别号进行校核，以将所有运营列车的实际位置通知监控人员。列车的移动监督主要由以下几个步骤实现。

（1）列车初始化。系统在列车投入运营之前对该列车进行身份确认和登记。处于发车转换轨中的列车通过车地通信系统（TWC）将该列车的有关数据发往控制中心（OCC），控制中心（OCC）将运行时刻表中下一列列车的车次号赋予该列车。对于脱离正常运营线路进入车辆基地或维修厂的列车将停止跟踪，并从运行时刻表中删除该车次号。

（2）列车号移动。列车在系统中的移动导致轨道电路占用状态的变化。ATS系统采集轨道显示、道岔、进路、列车运行等数据，通过列车跟踪算法推算出列车的运动状态，列车识别号自动地跟随列车移动而移动。

（3）正确列车识别。主要依靠PTI（列车自动识别）来完成，PTI功能可改善ATS系统的列车跟踪算法精度。当列车在车站停靠时，车载信息通过车地通信系统发往控制中心。ATS系统确认接收数据与系统跟踪的列车号数据的一致性，以确保对列车的正确跟踪。

3. 运行图管理功能

一般ATS系统具有10种以上基本运行图，通过调用这些基本运行图并在进行必要的参数设置以后，监控人员可很方便地获得当天的实施运行图。列车运行后获得的实绩运行图由系统实时记录保存，需要时可输出查看，所有基本运行图和实施运行图均可由监控人员进行修改和维护。运行图是系统运行的依据与核心。运行图管理主要包括以下子功能：

（1）基本数据和分部时刻表数据的显示。基本数据包括列车在区间的运行时分，车站停车时间，列车折返运行时间及折返停站时间的最大值、最小值以及默认值，可供调度人员选择；分部时刻表数据包括每天运营的开始车站及开始时间；每个运营间隔的开始、结束时间以及间隔时间；有关折返车站白天、晚上停放的列车数量。

（2）运行图编辑和修改。系统提供编辑、修改基本运行图的功能，有关工作人员可以根据上述基本数据的输入，对运行图进行编辑修改。对于已经存在的运行图，操作员可以进行复制、修改和存储，并可以增加或删减实绩运行图中已经存在的列车。

（3）运行图记录、显示和打印。列车在每一车站的到、发时刻均作为数据库的一条记录，并可在此基础上生成列车的实绩运行图，计划和实绩运行图均可在系统中联机显示并打印。

（4）运行记录访问。管理人员可通过检索所有的运营记录数据，对系统的运营状况加以分析、比照，以制订更为合理有效的运行计划。

4. 列车运行调整功能

列车运行偏离运行图时，可利用系统进行列车运行调整。调整的方法有自动列车运行调整和人工列车运行调整。

（1）自动列车运行调整。列车运行早、晚点在一定范围内时，ATS系统可根据使用的列车运行图对图定列车自动进行调整，通过控制列车的停站时间和列车运行等级来实现。自动运行调整主要根据列车偏离运行时刻表的程度大小自动决定所采用的调整策略，由于车辆性能、线路条件和停站时间等的约束，当误差较大时往往不能一次性调整到位，这时系统会采取弹性的调整策略，通过调整前后多列车的运行状态，逐步取消当前列车运行的偏差。

（2）人工列车运行调整。若运行偏差较大或有特殊原因（调停或专用列车等）的需要，系统允许行车调度员人工介入调整列车的运行。行车调度员可以关闭自动调整功能，在系统设定的最大值与最小值范围内，人工设置列车的区间运行时分和停站时分，或者让列车不停站通过某些车站等。当列车已达到调整目的时，恢复自动调整功能。

5. ATS中央故障时的降级处理功能

ATS中央故障，中央集中监控功能实现不了时，系统具备降级处理的功能。可以由调度员人工介入设置进路，并对列车的运行进行调整；也可以放权给车站ATS，由车站ATS完成自动进路控制或者根据列车识别号自动信号控制，人工进行进路控制。

6. 旅客服务向导功能

系统可根据现行时刻表设定的信息和运行中的列车交通状况，通过旅客服务向导系统向乘客提供自动、实时、可视及广播告示。例如在每个车站的旅客信息显示牌中显示相关列车的到发站时间和目的地，并能根据需要显示特定的警告信息，如图3-18所示。

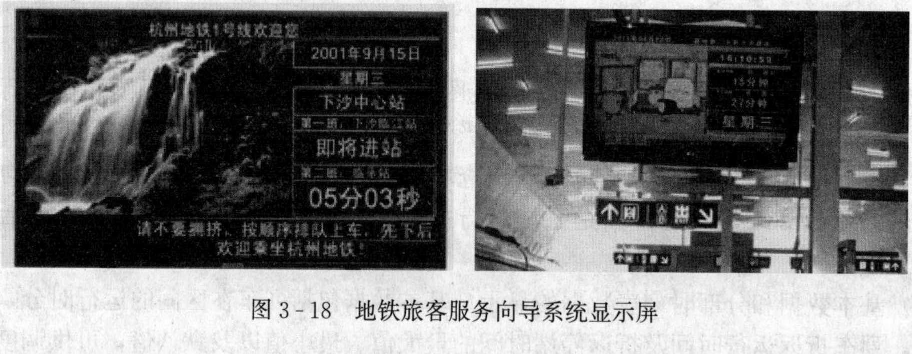

图3-18　地铁旅客服务向导系统显示屏

7. 仿真与培训功能

系统仿真是通过仿真手段，离线模拟列车的在线运行，是一种必不可少的运行模式。它与在线控制模式几乎完全相同，针对操作人员对各种不同情况下的列车运行方式和系统运行状态进行的操作做出响应，也可对所编制的运行计划和控制算法进行测试；唯一的差别是列车定位信息不是实际获取，而是随车次号的设置而出现。仿真模拟运行能够模拟在线控制中的所有功能，但它与现场之间没有任何表示信息和控制命令的信息交换。主要用于培训行车人员的正常操作和事故演习，提高行车人员的实际操作技能，积累运行经验，提高运行分析和意外突发事故处理能力。

8. 提供运行报告的功能

ATS 系统数据库可提供以下报告或记录：列车信息管理，车辆运行时间和运营里程；正点率统计；交通状态记录；操作人员操作记录；重大、突发事件记录；设备故障等。ATS 所记录的数据都有备份，通过选择，可回放或查询，同时能提供分析报告。

（三）ATS 系统的主要运行模式

ATS 系统是城市轨道交通系统的指挥中枢，其系统的可靠性和高可用性对保证整个交通系统的运营效率至关重要。当系统中的某些单元出现故障或运营过程中出现异常情况时，系统必须具备相应的应对策略。ATS 系统采用高可靠性的软件和硬件并采取冗余手段来保证系统的可靠性。此外，系统还应具备从高级的自动运行进路设置调整模式到低级的完全人工运营模式降级运行的功能。中心发生故障转化为车站现地控制，车站发生故障不会影响到中心系统工作，即使在最恶劣的情况下，ATS 系统也可通过人工来指挥运营。

通常，ATS 系统可在以下几种不同的模式下运行。

1. 正线上的列车运行模式

（1）ATS 自动监控模式。这是正常情况下使用优先级最高的模式，也是自动化程度最高的模式。ATS 系统自动监控在线列车的运行，自动根据计划和时刻表向联锁设备下达列车进路命令、自动设置进路，列车在 ATP 的安全保护下自动运行，ATS 还完成自动列车调整功能。

（2）降级的自动监控模式。该模式下，系统仍自动完成所有进路的自动排列和自动调度功能，但不具备自动运行调整功能，运营列车将一直使用预先设置的运行等级和站停时间运行。

（3）车站现地控制模式。在中央 ATS 故障或经车站值班员申请、中央调度员同意放权后，车站联锁和车站 ATS 系统结合实现车站和中央两级控制权的转换，改由车站现地级控制。由车站 ATS 完成自动进路排列或根据列车识别号进行自动信号控制。车站行车值班员可直接操纵车站联锁设备，行车调度员通过通信调度系统与列车驾驶员、车站行车值班员保持联系。

（4）完全人工模式。此模式下，ATS 系统不能执行自动功能，由列车调度员负责进路设置、站停及运行控制等。通过发出有关行车命令对全线列车进行人工干预。

在任何情况下，人工控制都具有最高的控制优先级，以保证在系统故障时调度人员可随时进行人工干预。

2. 列车出入场及车辆基地内运行模式

车辆基地调度员根据当日列车运行图编制车辆运用计划和场内行车计划，并传至控制中心；列车出入场及场内作业均由车辆基地信号值班员按车辆运用计划设置并排列相应的进路。

学习任务3　行 车 调 度 指 挥

教学目标

了解地铁行车指挥体系。

了解城市轨道交通行车调度指挥方式。

熟悉行车调度工作的基本任务和要求。

熟知行车调度员工作内容和方法。

能正确运用人工列车运行调整措施。

能正确拟订和发布调度命令。

了解调度工作分析的主要内容。

建议学时

建议学时为4学时。

一、调度指挥体系

城市轨道交通系统是技术密集型的公共交通系统，要达到安全、高效、有序地运营，需要有统一的领导与指挥。运输调度指挥系统是轨道交通企业日常运输组织的指挥中枢，实行集中领导、统一指挥的原则，担负组织行车、提高运输服务质量、确保运输安全的重要责任，对完成运输生产经营任务，提高轨道交通运输企业效益起着重要作用。

列车运行调度指挥是整个运输生产活动的核心组成部分，城市轨道交通系统中，通常由运营控制中心（OCC）担任系统的列车运行指挥工作。

列车运行调度的管理层次宜分为一级和二级两个指挥层级，二级服从一级指挥；一级指挥为运营控制中心值班主任、行车调度员、电力调度员、环控调度员和维修调度员等；二级指挥为行车值班员、车辆基地调度员等。各岗位人员应根据职责开展工作，并服从运营控制中心值班主任协调和指挥。

小链接

西安地铁行车指挥执行层次如图3-19所示。

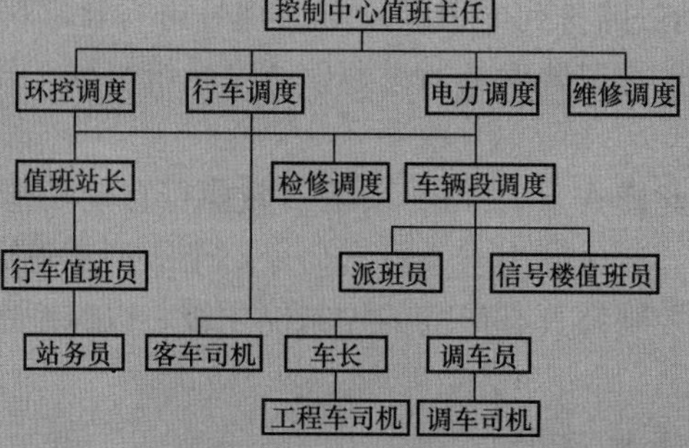

图3-19　西安地铁行车指挥执行层次

深圳地铁行车指挥执行层次如图 3-20 所示。

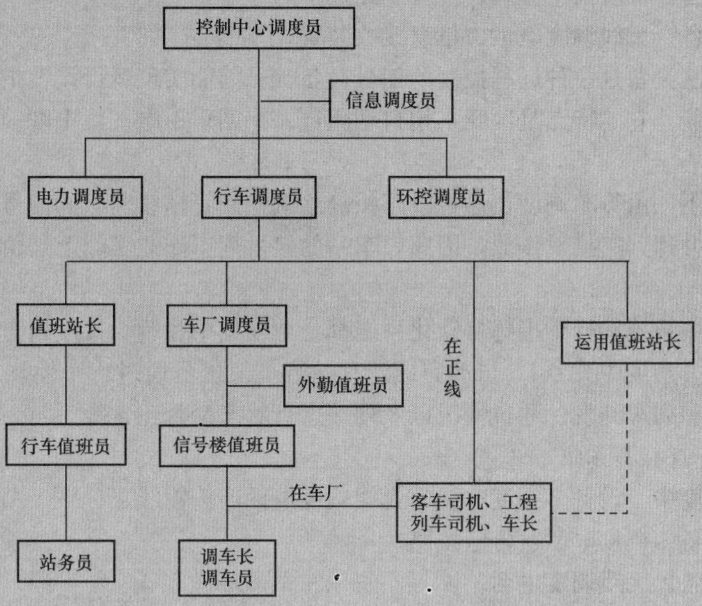

图 3-20　深圳地铁行车指挥执行层次

二、行车调度指挥方式

城市轨道交通系统的行车调度指挥方式主要与采用的行车调度设备类型有关。随着科学技术的发展，城市轨道交通系统运行控制设备正逐步向自动化、远程化、计算机化发展，出现了行车指挥自动化控制系统，在线路设备等级不同时也采用电子调度集中系统或者人工调度指挥系统。

（一）行车指挥自动化控制系统（CATS）

目前 ATC 系统已被城市轨道交通系统广泛采用，CATS 是中央控制中的一个实时调度指挥系统，一般由调度控制和数据传输电子计算机、工作站、显示盘、绘图仪等构成，电子计算机按双机热备配置。

CATS 的主要功能包括列车运行显示及人工控制功能；能发出控制需求信息，并从轨道线路上及信号设备上接受信息；行车调度员可人工或自动地将调度指挥信息（如停站时间、运行等级）传递至各集中站 ATC 设备；实现了列车的动态显示，如列车位置、车站到发时分、车次号等；能储存多套列车运行图，如基本运行图、双休日运行图、客流组织运行图，并按照当前使用的运行图调整；监督列车运行，调整列车发车时刻，控制列车停站时分和终点站列车折返方式；自动进行列车运行调整，自动绘制实绩列车运行图和生成各种运行报告。

中央 ATS 能根据当前使用的列车运行图及列车运行实际情况，自动办理与实时控制车站上的列车接发作业，即自动完成与接发列车有关的列车进路排列和发车表示器显示控制，因此，接发列车作业实际上是由中央 ATS 自动完成的。

（二）电子调度集中系统

（1）调度控制中心设备。调度集中总机、运行显示屏、运行图自动绘制仪等。

（2）车站设备。调度集中分机、传输线路。

（3）机车设备。无线调度电话、信息接收装置。

调度集中控制设备是一种远程控制的信号设备，目前能实现运行调度指挥的遥信和遥控两大远程控制功能。它的特点是区间采用自动闭塞，车站采用电气集中联锁，并利用电缆引接到指挥控制中心。

在这种情况下，由行车调度员通过进路控制终端控制管辖线路上的信号机、道岔，直接排列列车进路，办理列车接发作业，因此，车站的接发列车作业实际上是由行车调度员集中办理。

电子调度集中系统和行车指挥自动化系统都是调度集中控制，接发列车作业实际上是由行车调度员集中办理或中央 ATS 自动完成，车站行车值班员通过行车控制台监视列车进路排列、信号显示和列车到发、通过情况以及列车运行状态是否正常等。

（三）人工调度指挥系统

（1）控制调度中心设备。调度电话、无线调度电话、传输线路。

（2）车站设备。调度电话、传输线路。

（3）列车设备。无线调度电话。

该系统主要由行车调度员通过调度电话向车站值班员直接发布指令，由车站值班员排列接发列车进路，通过与车站值班员的联系，调度员掌握列车到达、出发信息，下达列车运行调整调度命令。调度员通过无线调度电话呼叫列车驾驶员，发布调度指令，指挥列车运行。列车运行图由行车调度员手工绘制。这种方式通常在线路开通初期，设施设备尚未到位等特殊情况下才使用。

三、行车调度工作组织

行车调度工作是指采用基本列车运行控制方式和基本行车闭塞法进行列车运行组织，行车调度员是列车运行的组织者和指挥者。下面简要介绍一条正线在行车指挥自动化模式下的行车调度工作组织过程。在一个运营周期内行车调度工作主要包括运营前的准备工作、运营中的调度指挥、运营结束后的收尾及施工前的准备工作等环节。

（一）运营前的准备工作

1. 运营前检查、核对工作

（1）每天运营前行车调度员根据《正线施工作业一览表》检查前天晚上的所有维修施工及调试作业是否完毕及销点，线路巡视工作是否完成，确认线路出清。

（2）检查 ATS 系统状况。每日运营前 ATS 需具备的条件：中央工作站表示正确且一致；所有集中站处于中控状态；方向开关、道岔位置及信号表示正确；确认各终端站折返的主用模式；确认系统的调整方式；消除告警窗内所有无效告警；建立并确认当日所用的计划时刻表。

（3）运营开始前规定时间（各地铁公司根据设备情况时间标准规定有所不同），行车调度员通知各联锁站的行车值班员试验道岔，值班主任、行车调度员观看 ATS 的人机接口 MMI 及行车调度员模拟屏的显示。联锁站试验完毕，行车调度员收回控制权。值班主任、行车调度员使用 MMI 试验进路、道岔的操作，使有关道岔处于正确位置并符合行车条件。

(4) 根据运营计划，与车辆基地调度员核对运行图，当日运用车列数应符合运营计划的要求。出场列车需具备的条件：列车无线电话和车厢广播设备使用功能良好，车载 ATC 设备日检正常、铅封良好，车辆设备良好。同时行车调度员需按车辆基地调度提供的当日上线列车及备用车编辑无线调度台动态组以便调度。

(5) 检查行车值班人员到岗情况，站台是否有异物侵入限界，行车设备是否正常，备品是否齐全、完好，确保各车站及信号楼须按规定做好各项运营准备工作，如检查 CCTV、广播、电话等行车调度设备是否正常。

(6) 检查与确认接触网系统、消防环控系统、通信信号系统等与运营有关的设备状况良好。

(7) 核对时间。行车调度员、电调在开始运营前与各站（含车辆基地）、各变电所（站）核对日期和钟表时间（对表），以控制中心 ATS 系统时间为准（ATS 钟点应与北京时间校对）；行车调度员与车辆基地派班员核对钟表时间、服务号和注意事项。列车驾驶员须在出乘报到时校对钟表时间。

2. 列车出场作业

列车按照 CATS 系统所确定的列车出段径路，进入运营系统的车站。列车经出段线（入段线）出段，列车驾驶员凭出段信号机显示的绿色灯光开出车辆基地。列车在出入段无码区按 RM 方式限速运行，行至转换轨停车，待设置好车次号及接收到速度码后，以 ATO（或 ATP 监控的人工驾驶）方式投入线路运营。遇特殊情况时，列车可以凭行车调度员下达的命令投入运营。

（二）运营中的调度指挥

列车进入正线运营后，行车调度员的工作职责就是时刻关注列车运行状态，充分使用各项调度指挥设备，组织指挥列车按照计划运行图安全、准点运行，尽量均衡在线列车的运行间隔。主要的工作是进行列车运行监督和必要情况下的人工干预调整。

1. 列车运行监督

行车调度员要监督与列车运行相关的所有系统设备的状态、列车运行状态、车站与车辆基地工作情况。在行车指挥自动化情况下，系统在选择了当日使用列车运行图后，能实现列车进路自动排列和列车运行自动调整，在调度监督情况下，由车站值班员排列列车进路、开闭出站信号，行车调度员通过显示盘，监督线路上各车站信号机开闭显示、区间闭塞情况和列车运行状态，组织指挥列车运行。

2. 列车运行调整

当列车实际运行与计划运行图出现偏差时，行车调度员需要通过发布调度命令实现对列车运行的调整。

(1) 列车运行调整的原则：

1) 坚持按图行车，提高列车正点率。列车运行正点率是运输质量和组织管理水平的综合反映，也是社会舆论的关注点之一。所以在调度指挥中一定要严格按图行车，提高正点率，尤其是首班车和末班车。

2) 单一指挥。在列车运行调整中，行车各有关部门必须服从所在区段的行车调度员的统一指挥，对列车运行调整的各种指示和指令必须通过行车调度员实现，禁止令出多口或多头指挥，保证调度命令的严肃性和权威性。

3）安全生产。列车运行调整要坚持安全生产的原则，防止因指挥不当造成事故隐患。遇到突发事件要冷静、正确、及时处理，平时工作中注意积累，提高应变能力，发布调度命令要正确、完整、清晰。

4）按列车等级进行调整。列车运行秩序混乱要进行运行调整时，对不能按列车运行图运行的列车，应按照列车等级顺序进行调整，一般列车的等级顺序为：专用列车、客运列车、空驶列车、调试列车、其他列车。

（2）列车运行调整的方式。列车运行调整时，基本的方式有自动列车运行调整和人工列车运行调整两种。

1）自动列车运行调整（ATR）。行车指挥自动化时，把 ATR 功能激活，实现列车自动调整。当发生早点时，可通过扣车使列车在下一站正点开出；当发生晚点时，可组织驾驶员充分利用线路允许速度赶点以压缩区间运行时分、指示车站组织好乘客上下车以压缩客车停站时分、联锁站及时取消运营停车点、折返站做好客车折返作业压缩折返时间。

2）人工列车运行调整（MTR）。采用行车指挥自动化情况下，偏离误差较大时，可由调度员人工介入。或者对个别列车（早点、专用列车等）根据需要，可以关闭 ATR 功能，改用人工介入，行车调度员通过工作站终端键盘输入各种控制命令，控制管辖区域的信号机，道岔以及排列列车进路，进行列车运行组织，当列车调整达到目的时，则关闭 MTR，恢复 ATR 控制。人工调度系统下，行车调度员通过显示盘，监督线路上各车站信号机开闭显示、区间闭塞情况和列车运行状态，当列车运行出现偏离时，通过与车站、驾驶员联系人工对列车进行调整。

（3）列车运行调整的基本方法。为了实现按图行车，行车调度员要努力组织列车正点运行，组织列车正点始发是列车正点运行的基础。对始发列车，行车调度员应在列车出库、列车折返和客流异动等各方面进行具体掌握，以组织列车正点始发。

在始发站列车正点始发的情况下，由于途中运缓、作业延误或设备故障等原因，难免会出现列车运行晚点的情况。行车调度员应根据实际情况，及时采取有效的调整措施，尽可能使晚点列车恢复正点运行或缩短晚点时间。

所以，列车运行调整的主要方法不外乎组织列车始发正点和组织列车运行正点两大类，具体调整方法如下：

1）始发站提前或推迟发出列车。

2）改变列车区间运行时间（加速或减速）。根据列车的速度和位置，可以预测列车到达下一站的时间。如果预测的到站时间晚于计划到站时间，可以修改列车的 ATO 设备发送命令，提高 ATO 运行等级以缩短站间运行时间，从而及时消除可能出现的晚点。城市轨道交通 ATC 系统一般有 4 个或 6 个运行等级加上滑行模式可供选择。改变区间运行时间就是通过改变列车运行等级、设置最大速度和加速度实现的。

3）增加/压缩中间站的停站时间。通过车站 ATS 适时发送命令，控制站内列车的停站时间。若列车晚点，可使列车提前出发（但也必须受车站最小停站时间的约束）；若列车早点则延长列车停站时间。这种方法可以在一定范围内调整列车正点运行。

4）组织列车不停车通过某些车站。列车不停车通过可分为列车载客通过和列车放空通过两种情况。列车载客通过车站又称为跳停，应严格控制列车载客通过车站，仅因车辆、设备故障、发生事故或车站因乘客滞留造成人多拥挤等原因引起运行秩序紊乱或特殊需要，方准列车载客通过车站，末班车不能载客通过车站。在组织列车通过车站时，行车调度员应提前下达命令。列车驾驶员和车站有关人员应对乘客做好宣传解释工作，以防乘客恐慌。车站应维持秩序，严密组织好乘客乘降，确保乘客安全。

5）变更列车运行交路，组织列车在有条件的中间站折返。主要是在遇到某些突发事件，导致线路局部中断运营时，调度员可根据线路条件，采取小交路折返的方式，保证非故障区段的运营。在客流量较大而运用列车数不足时，也可采用该措施。

6）组织列车反方向运行。在双线线路上，如一个方向列车密度较大，另一个方向列车密度较小，为恢复正点运行，可利用有道岔车站的渡线，将列车转到列车密度较小的线路上反方向运行。

7）扣车。当一条线路的列车由于车辆、设备故障或其他原因不能正常运行，造成换乘站站台上乘客拥挤时，行车调度员可采取扣车措施，即将另一条线路的列车扣在换乘站附近的各个车站，以缓解换乘站的压力。扣车时间一般应控制在 10min 内，如果堵塞线路的列车在短时间内不能恢复正常运行，可组织扣下的列车在换乘站通过。

8）调整列车运行行车间隔。线路上一旦某次列车发生晚点的情况，列车的延时会随之增加。这是因为一列车延时增长，等待这趟列车的乘客也随之越来越多，会使这次列车在各个车站的停站时间随之增长。如果行车密度大的城市轨道交通系统列车发生延误，那么随着列车的运行，延误将会迅速蔓延。列车之间的运行是相互影响的，这不但会使这列晚点列车越来越拥挤，并且会使整个列车运行陷入混乱状态。为了防止上述现象的发生，行车调度员可调整列车发车间隔，调整的对象是所有在线列车，将在线运行列车调整到等间隔运行状态，其主要思路就是晚点危害的“分散化解”。

此外，当换乘站由于客流剧增造成作业困难时，行车调度员可根据列车的运行情况，适当调整列车运行时间间隔，尽量避免各线列车同时到达换乘站。

9）抽线停运列车。因线路故障或车辆故障，线路已经出现堵塞时，行车调度员可以采取抽掉运行线，让一些列车停运的方式，缓解拥堵压力，主要在始发站、终点站使用。对中途运行的列车也可组织进入中间站存车线或回车辆基地检修。在运行图上即表示为“抽线”，也就是撤销该运行线。

10）采用灵活的车站折返方式。列车在终点站折返时，通常采用站后折返方式，这种折返方式折返时间较长。为了缩短折返时间，可采用站前折返方式压缩列车折返时间。但列车折返会占用区间线路，影响后续列车运行，同时会导致上下行客流在终点站交会，需要车站和列车驾驶员做好乘客引导工作。

行车调度员对列车运行调整方法的选择，取决于列车运行的具体情况。而在实际工作中，往往又可以是几种列车运行调整方法结合运用。

（三）运营结束至夜间施工组织

按照《运营时刻表》的要求组织客车回车辆基地；根据施工计划向车辆基地、相关车站发布书面调度命令；组织工程车/调试列车出车辆基地；组织停电、挂地线。

组织符合条件的施工请点；督促施工按时销点；组织拆地线、送电；组织符合条件的工程车/调试列车回车辆基地；完成施工统计及做运营前检查工作。

四、行车调度命令

（一）调度命令的概念

行车组织工作必须贯彻安全生产的方针，坚持高度集中、统一领导的原则，发扬协作精神。车务、车辆、维修等部门要主动配合，紧密联系，协同动作，不断提高效率，安全、准时、高效地完成客运服务工作。

在组织列车运行的过程中，行车调度员按规定对行车有关人员发布的一些要求其配合完成某些工作的严肃性和强制性的指令，称为调度命令。调度命令是实行集中领导、统一指挥的具体体现和保证之一。在发布调度命令前，行车调度员应详细了解现场实际情况，听取有关人员的汇报，按有关规定发布调度命令，各有关行车人员接到调度命令后，必须严格执行。

（二）调度命令的分类

调度命令有书面命令和口头命令两种。口头命令与书面命令虽然形式不同，但具有相同的严肃性，均需做到规范发令、严格执行。

无论口头命令或是书面命令，调度命令的内容都应包括命令号、受令人处所、受令人、受令内容、发布日期及时间、发令人姓名及复诵人姓名。

(1) 书面命令。一般至少有两个受令对象，有时还需送达列车驾驶员，较长时间影响行车的命令通常为书面命令。

在录音设备故障停用时，遇救援列车、反方向行车及 ATP 切除运行均需发布书面命令。调度命令样式见表 3-2。书面命令必须填写《调度命令登记簿》，见表 3-3。

表 3-2　　调度命令样式

受令处所		日期	命令号码	行车调度员姓名（代号）	发令时间
命令内容					

表 3-3　　调度命令登记簿

日期	命令				复诵人姓名	接受命令人签名	行车调度员姓名	阅读时刻（签名）
	发令时间	号码	受令处所	内容				

(2) 口头命令。一般情况下，为单个受令对象（一般为列车驾驶员）直接发布的短期性指令用口头命令下达。

在无线录音设备正常时，行车调度员发布的行车命令均以口头命令下达。

在日常调度指挥中，某些情况下行车调度员以口头通知下达，口头通知无需给命令号，只下达通知内容及受通知人。

（三）调度命令的发布

1. 调度命令发布的要求

行车调度工作必须严格执行单一指挥的原则，所以凡指挥列车运行的命令和口头通知只能由行车调度员发布，有关行车人员必须执行，不得违反。发布调度命令应按“一拟、二签、三发布、四复诵核对、五下达命令号码和时间”的程序办理。具体要求如下：

（1）调度命令必须由列车调度员发布，发布前应详细了解现场情况，听取有关人员意见。

（2）命令应该一事一令，不得一令多用。先拟后发，书面命令在书写时应简明扼要、用语准确，遇有不正确的字应圈掉后重新书写，发令时应口齿清晰、语速中等。

（3）受令处所若为沿线各站，应根据标准填记车站全称或采用标准缩写站名。

（4）发令人、受令人、复诵人、复核人必须填记全名。

（5）命令中空缺的内容应正确填写，做到不随意涂改，命令内容与固定格式中虚体字相吻合时把虚体字描实，不需要的虚体字内容用横线划掉。

（6）下达命令时，命令号每天顺序循环使用，每一个循环不得漏号、跳号、重号使用，发令日期、发令时间按实际发令时间填写，并如实记录在调度命令登记簿上，不随意涂改。如涂改，应由发令人盖章确认，各级调度命令的保存期限一般为一年。

（7）在日常执行中如无法及时把调度命令交付列车驾驶员，应适时完成补交手续。

小链接

某地铁调度命令号码使用规定：

（1）值班主任：101～199。

（2）行车调度：201～299。

（3）车辆基地调度：301～399。

（4）电力调度：

变电所倒闸命令：401～499。

接触网倒闸命令：501～599。

电力施工作业令：601～699。

2. 需发布调度命令的情况

一般情况下，城市轨道交通运营过程中在出现以下情况时，行车调度员应及时下达调度命令：

（1）区间发生重大、大事故，对开入其邻线的列车。

（2）列车反方向运行。

（3）变更行车闭塞法。

（4）线路限速时（临时限速除外）。

（5）封锁区间、开通区间、向封锁区间开行救援列车。

（6）列车清客、区间下人。

（7）临时加开或停运列车。

（8）后端驾驶列车。

（9）载客通过，开行工程列车、调试列车。

（10）行车调度员认为有必要的其他情况。

小链接

某地铁《行车组织规则》规定，指挥列车运行的命令和口头指示只能由行车调度员发布。车辆基地内不影响正线运行及接发列车的命令可由车辆基地调度发布。发布命令前应详细了解现场情况，听取有关人员意见。

（1）发布口头命令的内容有：

1）临时加开或停开列车（包括电客车、工程车及救援列车）。

2）电客车推进运行、退行，工程车退行。

3）停站电客车临时变通过。

4）改变列车驾驶模式时。

5）列车中途清客。

6）变更列车进路。

7）变更列车运行交路。

8）变更闭塞方式。

（2）发布书面命令的内容有：（特殊情况下可先用口头命令，事后补发书面命令）。

1）线路限速或取消限速。

2）封锁、开通线路。

3）行车调度员认为有必要记录的命令。

3. 调度命令的传达

行车调度员发布命令时，在车辆基地由派班员负责传达，在正线由车站值班站长（行车值班员）负责传达。

行车调度员向列车驾驶员发布调度命令时，当列车驾驶员未离基地/场前，应发给车辆基地/停车场运转值班室，由其负责转达。由车站或车辆基地传达给列车驾驶员或其他有关人员的书面命令应盖有车站（车辆基地）行车专用章。当列车已出场/基地，应由行车调度员向列车驾驶员直接发布。

行车调度员应使用无线通信系统向列车驾驶员、行车值班员发布书面命令或口头命令（在通信记录装置故障时，只可以使用书面命令）。有关人员必须复诵正确，调度命令内容可执行的条件具备后，行车调度员才可发布授权执行命令。

小链接

某地铁《行车组织规则》规定：

（1）行车调度员发布调度命令时，在车辆基地由派班员、车辆基地调度员（信号楼值班员）负责传达，在正线（辅助线）由车站值班站长（行车值班员）负责传达，传达给列车驾驶员或其他有关人员的书面命令必须加盖行车专用章。

（2）同时向几个单位或部门发布调度命令时，行车调度员应指定其中一人复诵，其他人核对，确保无误。

（四）常用调度命令格式

为使行车调度命令发布规范化、用语标准化，调度命令内容更加准确、简练、清晰、完整，从而提高工作效率，确保生产安全，各轨道交通企业均对常用的行车调度命令格式和用语进行统一规定，目的是强化发布调度命令标准化作业，保证行车安全。

1. 书面命令格式示例

以国内部分城市轨道交通系统为例，常用的调度命令格式规定如下（不用的字句划销）。

（1）救援命令。

1）加开救援列车命令（表 3-4）。

表 3-4　　加开救援列车命令

受令处所	×××站～××站（车厂信号楼、派班室），××站（车厂）交××××次列车驾驶员	日期	命令号码	行车调度员姓名（代号）	发令时间
		×××	×××	×××	××
命令内容	（1）因××××次在××站上/下行线（××站～××站上或下行线××km+××m）故障请求救援，准××站（车辆基地）～××站上/下行线加开××次到××站上/下行线（××站～××站上或下行线××km+××m）担任救援工作，连挂××××次后，推送到××线（车辆基地）【或返程××站～××站上/下行线开××次到××线（车辆基地）】； （2）××次由××××次（××+××）担任，在××站清客担任救援； （3）注意防护信号和安全； （4）××次到××站上/下行站台待令				

2）封锁区间命令（表 3-5）。

表 3-5　　封锁区间命令

受令处所	××站～××站，××站交××次列车驾驶员	日期	命令号码	行车调度员姓名（代号）	发令时间
		×××	×××	×××	××
命令内容	（1）自发令时起，××站至××站上/下行正线线路封锁； （2）准××次进入该封锁线路进行救援工作				

3）解封区间的命令（表 3-6）。

表 3-6　　解封区间的命令

受令处所	××站～××站，××站交××次列车驾驶员	日期	命令号码	行车调度员姓名（代号）	发令时间
		×××	×××	×××	××
命令内容	自发令时起，前发×××号令取消，××站至××站上/下行正线线路开通				

（2）区间限速/取消限速命令：

1）限速命令（表 3-7）。

表 3-7　限速命令

<table>
<tr><td rowspan="2">受令处所</td><td rowspan="2">车厂派班室、车厂调度、××站～××站，车厂派班室交各次列车列车驾驶员（××站交××××次列车驾驶员）</td><td>日期</td><td>命令号码</td><td>行车调度员姓名（代号）</td><td>发令时间</td></tr>
<tr><td>×××</td><td>×××</td><td>×××</td><td>××</td></tr>
<tr><td>命令内容</td><td colspan="5">（1）根据×××的要求，自发令时起至另有通知时止，××站至××站上/下行线（××km+××m～××km+××m，轨道区段×××），限速××km/h；
（2）各次列车列车驾驶员加强瞭望，注意安全，出现问题及时采取措施，及时与行车调度员联系</td></tr>
</table>

2）取消限速命令（表 3-8）。

表 3-8　取消限速命令

<table>
<tr><td rowspan="2">受令处所</td><td rowspan="2">车厂派班室、车厂调度、××站～××站，车厂派班室交各次列车列车驾驶员</td><td>日期</td><td>命令号码</td><td>行车调度员姓名（代号）</td><td>发令时间</td></tr>
<tr><td>×××</td><td>×××</td><td>×××</td><td>××</td></tr>
<tr><td>命令内容</td><td colspan="5">自发令时起，前发×××号令取消，××站至××站上/下行线（××km+××m～××km+××m，轨道区段×××）限速取消，恢复正常速度运行</td></tr>
</table>

（3）采用/停止站间电话联系法行车的命令：

1）采用站间电话联系法行车命令（表 3-9）。

表 3-9　采用站间电话联系法行车命令

<table>
<tr><td rowspan="2">受令处所</td><td rowspan="2">××站～××站，××站交××××次列车驾驶员</td><td>日期</td><td>命令号码</td><td>行车调度员姓名（代号）</td><td>发令时间</td></tr>
<tr><td>×××</td><td>×××</td><td>×××</td><td>××</td></tr>
<tr><td>命令内容</td><td colspan="5">因××站联锁设备故障，自发令时起，××站至××站上/下行正线实行站间电话联系法组织行车</td></tr>
</table>

2）停止使用站间电话联系法行车命令（表 3-10）。

表 3-10　停止使用站间电话联系法行车命令

<table>
<tr><td rowspan="2">受令处所</td><td rowspan="2">××站～站，××站交××××次列车驾驶员</td><td>日期</td><td>命令号码</td><td>行车调度员姓名（代号）</td><td>发令时间</td></tr>
<tr><td>×××</td><td>×××</td><td>×××</td><td>××</td></tr>
<tr><td>命令内容</td><td colspan="5">自发令时起，前发×××号令取消，××站至××站恢复正常信号行车</td></tr>
</table>

（4）区间下人命令（表 3-11）。

表 3 - 11　　区间下人命令

<table>
<tr><td rowspan="2">受令处所</td><td rowspan="2">××站并交××××次列车驾驶员</td><td>日期</td><td>命令号码</td><td>行车调度员姓名（代号）</td><td>发令时间</td></tr>
<tr><td>×××</td><td>×××</td><td>×××</td><td>××</td></tr>
<tr><td>命令内容</td><td colspan="5">自××时起，准××单位人员×××，凭令登××××次列车，在××站至××站行区间抢修施工</td></tr>
</table>

（5）加开工程车命令（表 3 - 12）。

表 3 - 12　　加开工程车命令

<table>
<tr><td rowspan="2">受令处所</td><td rowspan="2">车辆基地信号楼、派班室、××站至××站、车辆基地派班室（××站）交××××列车驾驶员</td><td>日期</td><td>命令号码</td><td>行车调度员姓名（代号）</td><td>发令时间</td></tr>
<tr><td>×××</td><td>×××</td><td>×××</td><td>××</td></tr>
<tr><td>命令内容</td><td colspan="5">因××单位施工需要，准（车辆基地）××站至××站上/下行线加开×××次，返程××站至××站（车辆基地）开×××次，×××次由车辆基地×时×分开；×××次凭信号显示行车；×××次到××站上/下行站台待令</td></tr>
</table>

（6）开行调试列车的命令。

1）信号系统正常时调试命令（表 3 - 13）。

表 3 - 13　　信号系统正常时调试命令

<table>
<tr><td rowspan="2">受令处所</td><td rowspan="2">车厂信号楼、派班室、××车站，车厂派班室（××站）交××××次列车驾驶员</td><td>日期</td><td>命令号码</td><td>行车调度员姓名（代号）</td><td>发令时间</td></tr>
<tr><td>×××</td><td>×××</td><td>×××</td><td>××</td></tr>
<tr><td>命令内容</td><td colspan="5">（1）因××调试需要，准车厂至（××站）至××站上/下行正线加开××××次，××站至××站上/下行线加开××××/××××次、××××/××××次、———————，××站至××站（至车厂）开××××次；
（2）各次列车按信号显示及调试负责人的指示动车；
（3）××××次到××站上/下行站台待令</td></tr>
</table>

2）信号系统不正常的调试命令（表 3 - 14）。

表 3 - 14　　信号系统不正常的调试命令

<table>
<tr><td rowspan="2">受令处所</td><td rowspan="2">××站～××站，××站交××××次列车驾驶员</td><td>日期</td><td>命令号码</td><td>行车调度员姓名（代号）</td><td>发令时间</td></tr>
<tr><td>×××</td><td>×××</td><td>×××</td><td>××</td></tr>
<tr><td>命令内容</td><td colspan="5">（1）自发令时起，××站至××站上/下行正线线路封锁；
（2）准××××次进入该封锁线路并往返调试；
（3）××××次作业完毕到××站上/下行站台待令</td></tr>
</table>

注　车次按调试时刻表；若无时刻表时，封锁线路的调试，上、下行各给一个车次；不封锁线路的调试，先联络负责人，确定跑几个往返后编定车次。

（7）URM模式下列车反方向运行的命令（表3-15）。

表3-15　　URM模式下列车反方向运行的命令

受令处所	××站至××站、车辆基地派班室（××站）交××××列车驾驶员	日期	命令号码	行车调度员姓名（代号）	发令时间
		×××	×××	×××	××
命令内容	准××××列车在××站至××站间经上/下行线反方向运行至××站				

（8）其他命令。运行指挥中，如遇其他特殊情况时（即命令内容超出现有标准格式），命令内容应由调度员自拟，并将命令内容写在调度命令登记簿中。

2. 口头命令格式示例

例：列车清客命令。

适用情况：遇列车不能载客运营时，须令驾驶员广播清客，同时通知车站组织清客。

行车调度员命令："命令号×××，××××次×××号车，××站广播清客。"

驾驶员复诵："××××次明白，××站广播清客。"

五、行车调度工作分析

行车调度工作分析是通过对日常运输工作进行综合分析，肯定成绩、总结和推广先进工作经验，及时发现日常运输工作中存在的问题，查明原因，并针对问题对症下药，提出相应的解决措施。此外，还要通过分析研究，预见运输工作发展的趋势和可能出现的问题，减少运营损失。

（一）调度工作分析的种类

调度工作分析必须及时、准确，及时拟订措施、及时采取措施。调度工作分析可分为日常分析、定期分析和专题分析。

（1）日常分析。日常分析每天进行，于班工作或日工作终了时对日班计划的执行情况及日常运输中的先进经验和存在问题进行简要的分析，对运输中存在的问题应查明情况及原因。

（2）定期分析。定期分析有旬分析和月分析。在日常分析的基础上，收集和积累有关资料，建立必要的台账和报表，如运营日报、故障报告等，按时作出旬、月分析，总结经验，发现问题，并提出改进意见。

（3）专题分析。专题分析是运输工作在某一方面或某一指标有比较突出的变化，而且对运输生产产生较大影响时，分析人员深入现场调查研究，对某一方面或某一指标作出专题分析，并提出改进意见和措施，以改进运输工作。

（二）行车调度工作分析的内容

作为运营管理指挥中心，轨道交通控制中心每天均应对行车组织、客运组织及票务管理等方面进行总结分析，以适应及改善日后的工作。一般控制中心的运营调度工作分析主要包括运营日报；故障和延误报告；行车事故概况；客车、工程车、调试列车统计分析；运营技术分析等。

1. 列车开行统计分析

（1）列车统计分析。在每日运营结束后进行列车统计分析，主要内容包括计划开行列车数、实际开行列车数、救援列次、清客列次、下线列次、晚点列数和正点率。

（2）向派班员收取列车运营里程（列公里）。

（3）对晚点列车进行分析。分析列车晚点原因，包括车辆故障、线路故障、供电故障、通信故障、信号故障、客流过多、调度不当以及其他原因等。

2. 工程车/调试列车统计分析

工程车/调试列车统计分析主要内容为开行工程车/调试列车的计划、实际开行列数等。

3. 检修施工作业和统计分析

（1）对昨日正线、辅助线的检修计划件数和完成情况进行统计。

（2）对检修施工完成情况进行分析。

（三）几个重要指标

1. 列车运行图兑现率

列车运行图兑现率是指在统计期内，实际开行列车次数与列车运行图图定开行列车次数之比，实际开行的列车次数中不包括临时加开的列车次数。其计算方法为

$$A=\frac{N_1}{N_4}\times 100\%$$

式中　A——列车运行图兑现率；

N_1——实际开行列车次数，即完成列车运行图中规定的列车开行计划的列车数量，单位为列；

N_4——列车运行图图定开行列车次数，即列车运行图中规定的开行列车数量，单位为列。

2. 列车正点率

列车正点率是指在统计期内，正点列车次数与实际开行列车次数之比。其计算方法为

$$B=\frac{N_3}{N_1}\times 100\%$$

式中　B——列车正点率；

N_3——正点列车次数，即统计期内，在执行列车运行图过程中，列车终点到站时刻与列车运行图计划到站时刻相比误差小于2min的列车次数，单位为列。

需要说明的是，列车到、发和通过时刻应按下列规定确定。

到达时刻：以列车在站台规定位置停稳，不再移动为准。

出发时刻：以列车在车站（或车辆基地规定发车地点）启动不再停车时刻为准。

通过时刻：以列车最前部通过站台规定位置为准。

3. 平均满载率

平均满载率是指在单位时间内，车辆载客能力的平均利用效率。

$$平均满载率=\frac{日均客运量\times 平均运距}{输送能力\times 线路长度}\times 100\%$$

4. 清客列车

当运营列车发生清客时，需在车站将车上乘客清除至车站，该列车按清客列车统计。

5. 载客通过（放站）列车

由于运输需要，载客列车在运行中在某一站或某些站不停车通过，该列车按载客通过（放站）列车统计。

小链接

CoMET 和 MOPES

地铁运营绩效评价是地铁运营企业关注的重要问题之一，目前国际国内在地铁运营绩效评价方面都建立了精准的评价体系，所以各运营企业日常运营效果指标统计也日趋标准化。

国际地铁协会（Community of Metros，简称 CoMET）是一个国际性的地铁基准组织。它是世界上几个规模较大的地铁运营公司结合而成的组织，成为它的会员，必须在路网规模及客流量两方面都具备相当规模，一般要求每个成员的年客运量都在 5 亿人次以上。目前有 13 个成员，其中香港地铁是 CoMET 的最初发起成员之一，上海和北京则分别于 2005 年和 2008 年加入。

国际地铁协会（CoMET）的目的，就是要给各大地铁系统打分，确定打分的标准，然后低分者向高分者学习。CoMET 存在的核心就是建立衡量地铁运营效率的“关键绩效指数”系统，并因之建立有针对性的基准化分析方法。通过分析协会成员每年按照标准共同提供的运营数据后，CoMET 从五大方面对运营期的绩效进行测评：发展和学习、乘客、内部程序、安全、财务表现，这 5 大方面包括 36 项关键绩效指标。CoMET 的“关键绩效指数”系统极为完备，其中甚至还设定了专门的指标来衡量劳动力成本、城市的人口密度等外部因素。CoMET 评估指标体系见表 3-16。

MOPES 的全称是 Metro Operational Performance Evaluation System，意思是城市轨道交通运营绩效评估体系。MOPES 在 2009 年 3 月成立，由中国交通运输协会城市轨道交通专业委员会进行统一管理，各参加的地铁运营企业委派一名能够代表该企业的技术代表成立“绩效评估小组”，由技术秘书处来负责日常工作。

参加 MOPES 的运营企业条件是：第一，专业委员会的城市轨道交通运营单位；第二，至少运营一条线路；第三，运营里程超过 10 公里；第四，试运营时间在一年以上；第五，愿意提供绩效评估体系内的相关数据。目前北京、上海、广州、天津、重庆、南京、武汉、长春、深圳、大连、西安等城市的多家地铁运营企业参与 MOPES 体系。

MOPES 的目的是为加强轨道交通行业内部的密切联系、统一运营绩效评估指标和统计方式、树立绩效参照标杆、建立经验交流平台和组织开展专题攻关等。整个评价体系含基础指标 2 类 8 个，绩效指标 6 类 75 个。基础指标包括线网指标和车站指标，是基础设施的评价数据。绩效指标是指客流指标、运行指标、服务指标、安全指标、能耗指标和成本指标，指在一定基础设施的条件下，所反映运营效率的主要指标。这与 CoMET 确立的 5 大方面、36 项关键绩效指数极为相似，而且而更符合国内地铁运营的现状。

表 3 - 16　CoMET 评估指标体系

指标分类		指标名称	指标代码	单位
线网指标		网络运营长度	L13	公里
		网络运营长度增长率	L14	%
		网络车站总数	ST3	座
客流指标	客运量	网络日均客运量	PA6	万乘次/日
		网络客运量增长率	PA8	%
		网络出行量增长率	PA11	%
	周转量	网络日均客运周转量	PB2	万乘次公里/日
	换乘量	网络日均换乘客流量	PC2	万人次/日
		网络换乘系数	PC3	无
	运距/乘距	网络平均乘距	PD2	公里/人次
	强度/负荷	网络客运强度	PE3	万乘次/公里·日
		网络负荷强度	PE4	万乘次公里/公里·日
		网络出行强度	PE5	万人次/公里·日
运行指标	基础数据	单位运营长度的企业员工数	TA4-1	人/公里
		网络配属车辆数	TA6-1	列
			TA6-2	辆
		网络每公里配车数	TA7	列/公里
		列车驾驶员配备率	TA8	人/列
		列车驾驶员生产率	TA9	列公里/人·日
		全员生产率	TA10	人公里/人·日
	里程利用率	网络日均运营里程	TB4-1	万列公里/日
			TB4-2	万车公里/日
		网络里程利用率	TB5	%
	兑现率	网络日均开行列次	TC7	列次/日
		网络平均兑现率	TC5	%
	准点率	网络平均准点率	TD3	%
	列车服务可靠度	网络列车服务可靠度	5(含)～15min	万车公里/件
			15(含)～30min	
			30min 以上	
	清客频率	网络清客频率	TF2	万车公里/列次
成本指标		车公里成本	Co3	元/车公里
		人公里成本	Co4	元/人公里
		运营成本比	Co5	无
车站指标		平均站间距	ST4	公里

续表

指标分类		指标名称	指标代码	单位
客流指标	客运量	线路客运量增长率	PA3	%
	运距/乘距	线路平均运距	PD1	公里/乘次
	强度/负荷	线路客运强度	PE1	万乘次/(公里·日)
		线路负荷强度	PE2	万乘次公里/(公里·日)
运行指标	基础数据	线路每公里配车数	TA3	列/公里
	里程利用率	线路里程利用率	TB3	%
	兑现率	线路日均开行列次	TC6	列次/日
		列车运行图兑现率	TC4	%
	准点率	线路列车准点率	TD2	%

学习任务 4　正常情况下的列车运行组织

教学目标

理解行车指挥自动化、调度集中及调度监督三种列车运行组织方式各自可实现的功能。

掌握行车指挥自动化时列车正线运行、出入车辆基地作业和折返作业组织过程。

理解自动列车运行调整的原理。

熟知人工列车运行调整的方法。

建议学时

建议学时为 4 学时。

城市轨道交通行车组织是指利用城市轨道交通设施设备，根据列车运行图组织列车运行的活动，也就是采取各种技术手段保证列车运行系统、客运服务系统、检修保障系统的专业设施、设备正常、合理的运转，从而实现安全、舒适、快速、准时、便利地运送旅客，以达到乘客出行的需要。城市轨道交通行车组织不同于干线铁路，基本上只从事列车运行组织和接发列车两项作业，主要由控制中心和车站（车辆基地）两级部门完成。其中接发列车作业只在特殊情况下由车站（车辆基地）办理，这部分内容将在车站工作组织中介绍。列车运行组织主要由控制中心行车调度员和列车驾驶员完成，需要车站、车辆基地的协调配合。

列车运行组织的主要工作任务是保证列车在一个运行周期内正常运行。通常列车的一个运行周期是指列车按照列车运行图规定时间从车辆基地存车线出来进入正线并投入运营，一直到运营结束退出服务回到车辆基地进行整备，整备完毕后再次从车辆基地出来进入正线投入运营服务为止。可以说正常情况下列车的一个运行周期是 24h。在这一段过程当中，需要由行车调度员、车辆基地调度员、信号楼值班员、车站行车值班员、站台站务员、列车驾驶员等共同配合完成。此外，城市轨道交通列车运行组织阶段性比较强，主要分为运营前的准备、运营中的作业和运营结束后的作业三个阶段，不同的工作人员在不同的阶段有不同的任务，以下主要介绍行车调度员、车站和驾驶员的作业构成。

(1) 行车调度员。行车调度员在运营前主要进行设备检查、人员到岗检查等运营准备工作。运营期间主要是利用各种调度设备，组织指挥列车按照列车运行图的计划安全、准点的运行。运营结束后行车调度要对当天的行车工作进行分析、总结，主要是打印当日计划、实绩运行图，编写运营情况报告，进行客车统计分析等工作。

(2) 车站。正常情况下城市轨道交通车站的行车组织作业主要包括首末班车组织、运营期间的接发车作业等工作。

(3) 列车驾驶员。运营前列车驾驶员主要进行列车整备作业（如检查车体内外情况、车载电器、制动设备、无线电话等）；在运营期间主要是负责列车在正线运行作业、站台作业和折返作业；运营结束后，客车应进入车辆基地进行整备以确保第二天的正常运行。

根据信号系统设备所能提供的运行条件，目前的城市轨道交通系统列车运行组织的方式主要有三种：调度监控下的列车自动运行控制（行车指挥自动化）、调度集中下的列车运行控制（IATP 行车法）及调度监督下的半自动控制（区段行车法）。

一、行车指挥自动化时列车运行组织

行车指挥自动化是利用行车指挥自动化控制系统（CATS）实现自动指挥和自动运行监控，列车在 ATP 的保护下自动运行。行车指挥自动化是利用电子计算机控制调度集中设备，指挥列车运行的一种自动远程遥控设备。在行车指挥自动化时，装备了 ATC 的自动闭塞为基本闭塞法。

（一）行车指挥自动化可实现的功能

行车指挥自动化控制系统包括控制中心 ATS 设备、车站 ATS 设备和车载 ATS 设备三部分。控制中心 ATS 是一个实时控制系统，由调度控制和数据传输电子计算机、工作站、显示盘和绘图仪等构成，电子计算机按双机备份配置；车站 ATS 由列车与地面间数据传输设备和电气集中联锁或微机联锁设备等构成。车载 ATS 由列车与地面间数据传输设备等构成。

行车调度员通过显示盘与工作站显示器，准确掌握线路上列车运行和分布情况、区间和站内线路的占用情况，以及发车表示器的显示状态和道岔开通位置等，也可应用人工功能，通过工作站终端键盘输入各种控制命令，控制管辖线路上的发车表示器、道岔及排列列车进路，进行列车运行调整。

行车指挥自动化的主要功能有：

(1) 由基本列车运行图或计划列车运行图生成使用列车运行图，按照该运行图实现行车指挥。

(2) 可自动或人工控制管辖范围内各车站的发车表示器，道岔以及排列列车进路。

(3) 对正线运行列车实行自动跟踪，可显示各车站发车表示器开闭、进路占用和列车车次、列车运行状态等。

(4) 可自动或人工对列车进行运行调整。

(5) 可实现列车自动运行，也可人工驾驶。

(6) 提供中央及车站两级运行控制模式，并可根据需要进行控制权的转换。

(7) 自动绘制实绩列车运行图和生成运营统计报告。

（二）列车运行组织

在行车指挥自动化情况下，由计算机通过调度集中设备根据当日使用列车运行图实现列车进路自动排列和列车运行自动调整，指挥列车运行。该模式下列车占用区间的行车凭证为列车收到的速度码，凭发车表示器显示的稳定白色灯光发车。如发车表示器故障无显示，凭行车调度员的命令发车。追踪运行列车间的安全间隔由 ATP 系统自动实现。

1. 列车正线运行

列车运行中列车驾驶员应在前端驾驶室，且严禁打开车门。列车在运行中要掌握好各种速度，遵守《行车组织规则》中列车限速规定。

列车进站停车，当未到停车标停车时，列车驾驶员确认运行前方无异常后，迅速自行动车对位。

列车停车位置越出站台 1 个车门（各公司规定不同，有的为 2 个或 3 个）以下时，列车驾驶员后退对位停车或切除该车门开关后打开其他车门供乘客上下车。列车停车位置越出站台 1 个车门及以上时，报告行车调度员，按行车调度员的指示执行。如列车不开门继续运行到前方车站时，行车调度员应通知本站及前方站，车站对站台进行广播，做好乘客安抚工作。

列车在车站停稳后自动打开车门，列车驾驶员迅速打开驾驶室门，观察乘客上下车情况，根据 TDT 显示及《运营时刻表》规定的时间关车门，当车门关闭后，确认无夹人夹物后进入驾驶室凭车载信号或地面信号显示发车。

小链接

某地铁二号线电客车运行限速见表 3-17。

表 3-17　　某地铁二号线电客车运行限速表

序号	项目	限制速度				说明
		ATO	ATPM/iATPM	RM	NRM	
1	正线运行	设定速度	推荐速度	25	60	
2	电客车通过车站	设定速度	40	25	40	电客车头部离开头端墙的速度
3	电客车进站停车	设定速度	50	25	50	电客车头部进入尾端墙的速度
4	电客车运行推进	—	—	25	25	单列列车后部推前部为 25km/h，救援列车在被救援列车尾部推进时为 25km/h，在前端牵引运行时为 40km/h
5	电客车退行	—	—	—	25/35	因故在站间退回发车站时（推进/牵引）
6	引导信号	—	—	25	25	
7	电客车进入终点站	设定速度	35	25	30	
8	电客车载客在辅助线上运行	设定速度	25	25	25	
9	车辆基地	—	—	25	25	基地内线路为 5km/h，试车线除外。洗车时限速 3km/h

2. 列车折返作业

折返时的作业主要是到达列车驾驶员与折返列车驾驶员进行交接，并组织列车进行折返。列车在折返站进行折返有人工折返和自动折返两种方式。

(1) 行车调度员作业。列车折返的调车进路由行车调度员人工排列或中央 ATS 自动排列。在车站有数条折返线或渡线，即有不同的折返调车进路情况下，应在列车折返作业办法中规定优先采用的列车折返模式，明确列车折返优先经由的折返线或渡线。在办理列车折返作业时，如折返列车尚未起动，需临时变更列车折返模式，行车调度员在通知折返列车列车驾驶员后，变更列车折返调车进路。

在人工排列列车折返进路时，折返列车凭调车信号显示进入折返线或折返停车位置。在自动排列列车折返进路时，折返列车凭发车表示器的稳定白灯显示进入折返线或折返停车位置。列车停妥后，列车驾驶员应立即办理列车换向作业，然后凭道岔防护信号机的准许越过显示进入车站出发正线。

(2) 驾驶员作业。列车人工折返时，列车进出折返线的速度根据有关规定由列车驾驶员人工控制；在列车自动折返时，列车进出折返线的速度按接收到的速度码自动控制。

3. 列车出入车辆基地

因车辆基地（除试车线）没有安装轨旁 ATP 设备，且联锁设备为电气集中联锁或微机联锁，与 ATP 设备没有接口关系，列车在车辆基地（除试车线）范围内只能用 RM 模式运行，车载 ATP 提供 25km/h 的超速防护。

列车出车辆基地作业：

(1) 列车整备完毕。列车状态符合正线服务后，报告车辆基地信号楼值班员列车整备完毕。

(2) 确认出车辆基地信号开放，按该列车出车辆基地时刻以 RM 模式驾驶列车出库，整列离开库门前限速 5km/h。库大门前、平交道口应一度停车，确认线路状况良好后动车。

(3) 列车运行到转换轨一度停车，待显示屏收到速度码，ATO 灯亮后，列车驾驶员确认进入进路防护信号开放，以 ATO/SM 模式运行至车站。

列车入车辆基地作业：

(1) 运营列车结束服务到达回车辆基地的车站后，广播通知乘客下车。确认全部乘客下车后，按站务人员给的“好了”信号关门。

(2) 确认进路防护信号开放正确后，以 ATO 或 SM 模式驾驶列车至转换轨一度停车。联系信号楼值班员确认列车停放的股道和进路情况。

(3) 确认车辆基地信号黄灯好了后驾驶列车入车辆基地。

（三）列车运行调整

列车运行图规定了列车到达、出发、通过车站的时刻，各次列车均应严格按照列车运行图规定的时刻运行。然而实际列车运行是一个十分复杂的运输生产过程，它需要利用多种技术设备，同时要求与运输相关各部门、各工种、各项作业之间相互协调配合。因此，列车实际在车站的到达、出发或通过通常不可能完全按照列车运行图进行，而是以运行图规定的时刻为基准，在一定的范围内波动，表现为列车早晚点。这就需要及时进行列车运行调整，保证按图行车。行车指挥自动化下列车运行调整的方式有自动列车运行调整和人工列车运行调整两种。

1. 自动列车运行调整

在执行自动列车运行调整功能时，ATS系统根据使用列车运行图对早、晚点时间在一定范围内（通常为±90s）的图定列车自动进行列车运行调整。主要通过控制列车的停站时间和列车的运行等级来实现。列车运行等级的自动降低或升高可实现列车运行速度的自动控制。

列车运行等级的设置如下（以某种ATC为例），列车的初始等级设为2级：

（1）运行等级1。ATS限速等于ATP限速，列车在ATS限速正负2km/h范围内调速。

（2）运行等级2。ATS限速等于ATP限速，但经过惰行标志线圈后，在列车速度高于30km/h时，惰行进站停车；在列车速度低于30km/h时，提速至30km/h运行。

（3）运行等级3。除ATP限速为20km/h和30km/h外，ATS限速等于75%的ATP限速，例如，在ATP限速为65km/h时，ATS限速为48km/h。

（4）运行等级4。ATS限速等于65%的ATP限速。

针对列车运行偏离列车运行图的各种可能，ATS系统设置了太早、很早、早点和太晚、很晚、晚点，以及最大、最小停站时间参数，表3-18为某城市地铁ATS系统上述各参数的现行取值。系统计算列车实际到站时间与列车图定到站时间的差值，并将此差值与上述六种参数进行比较，根据比较结果确定列车运行调整方法。

表3-18　列车运行车调度员调整比较参数取值

参数	取值（s）	参数	取值（s）
太早	90	太晚	90
很早	60	很晚	60
早点	10	晚点	10
最大停站时间	60	最小停站时间	20

（1）在早于太早和晚于太晚时，系统不能进行自动列车运行调整。

（2）在早点与晚点之间时，系统不进行列车运行调整。

（3）在很早与早点之间时，列车运行等级不变，调整列车停站时间，停站时间改为图定停站时间加上早点时间，但调整后的列车停站时间不大于列车最大停站时间。

（4）在太早与很早之间时，列车降低一个运行等级，同时调整列车停站时间。

（5）在晚点与很晚之间时，列车运行等级不变，调整列车停站时间，停站时间改为图定停站时间减去晚点时间，但调整后的列车停站时间不小于列车最小停站时间。

（6）在很晚与太晚之间时，列车升高一个运行等级，同时调整列车停站时间。

2. 人工列车运行调整

凡列车早点早于太早、晚点晚于太晚或列车运行秩序较紊乱时，控制中心ATS可执行人工功能，由行车调度员进行人工列车运行调整，有两种途径。

（1）在不退出自动功能情况下执行人工功能进行列车运行调整。此时，人工功能优先于自动功能，但执行人工功能时设定的列车停站时间和列车运行等级仅对经过指定车站的指定列车一次有效。当指定列车经过指定车站后，系统将自动恢复对经过该站的后续列车进行自动列车运行调整。

(2) 列车运行秩序较紊乱时，应退出自动功能，进行人工列车运行调整，待列车运行基本恢复正常后，再进入列车运行调整的自动功能。

人工列车运行调整的主要措施有：

(1) 列车跳站停车。列车跳站停车的设置可由行车调度员在工作站上进行，也可由行车调度员命令列车驾驶员在当次列车上进行，前者称为中央设置，后者称为列车设置。

中央设置对允许跳停车站有所限制，并且不能设置一列车在两个车站连续跳停。列车设置对允许跳停车站没有限制，并且具有连续设置跳停功能。

在行车组织上，为保证一定的服务水平和行车安全，一般情况下不采取列车跳站停车措施；图定首、末班客运列车不办理列车跳站停车；同一车站不允许连续两列车跳停通过；除特殊情形外，客流较大车站不准列车跳停通过。

(2) 扣车。行车调度员实施扣车应在列车到达指定站台停稳，并在发车表示器闪光前完成。如多列车分别在各站进行扣车时，行车调度员应及时命令列车驾驶员在指定车站扣车。实施扣车后，如要终止列车停站，行车调度员应进行催发车。

(3) 设置列车等级。除系统自动调整列车运行等级外，行车调度员还可人工设置列车运行等级，即由初始设定的运行等级 2 改设为其他运行等级。列车运行等级的设置可由行车调度员在工作站上进行，也可由行车调度员命令驾驶员在当次列车上进行，行车调度员设置只对指定列车一次有效。

以某种 ATC 为例，具体设置方法如下：选择要设置的列车，右键单机列车图标，弹出图 3-21 (a) 所示窗口，左键单击运行等级，弹出如图 3-21 (b) 所示窗口，选择要请求的列车等级即可。

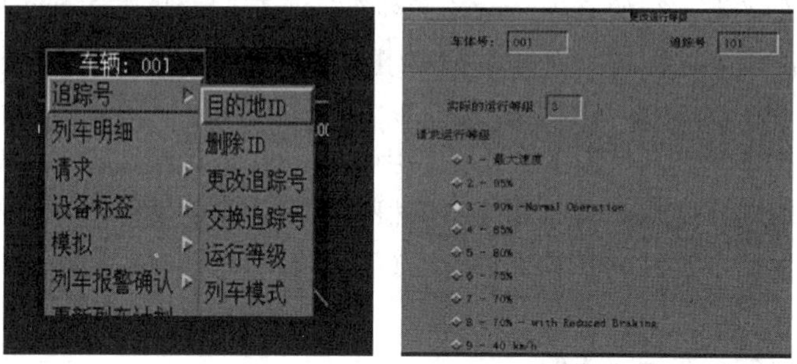

(a)　　(b)

图 3-21　某种 ATS 设置列车等级操作示意图

二、调度集中时的列车运行组织

调度集中是指挥列车运行的一种远程遥控设备，调度集中系统由调度集中总机、进路控制终端、显示盘与显示器、描绘仪、打印机和电气集中联锁设备等构成。

(一) 调度集中可实现的功能

在调度集中时，自动闭塞为基本闭塞法，在控制中心行车调度员的统一指挥下，利用行车设备对列车的到、发及折返作业进行人工控制和调整。调度集中可实现以下功能：

(1) 具备远程控制功能，能控制管辖范围内各车站的信号机、道岔以及排列列车进路。

(2) 可通过控制屏或显示器监视全线列车的运行状态、信号机开闭、进路占用、列车车次及列车运行状态等信息。

(3) 自动绘制实绩列车运行图。

(二) 列车运行组织

1. 列车正线运行

列车在正线上运行时，由行车调度员人工排列列车进路，指挥列车运行以及进行列车运行调整。行车调度员通过进路控制终端键盘输入各种控制命令，控制管辖线路上的信号机、道岔以及排列列车进路；通过显示盘与显示器，准确掌握线路上列车运行和分布情况、区间和站内线路的占用情况，以及信号机的显示状态和道岔开通位置等。

在调度集中情况下，列车进入区间的行车凭证为出站信号机的绿灯显示，如出站信号机故障，凭行车调度员的命令发车，追踪运行列车间的安全间隔由自动闭塞设备实现。

2. 列车折返作业

列车折返的调车进路由行车调度员人工排列进路，折返列车凭调车信号显示进入折返线或折返停车位置，列车进出折返线的速度根据有关规定由驾驶员人工控制。在车站有数条折返线或渡线，即有不同的折返调车进路情况下，应在列车折返作业办法中规定优先采用的列车折返模式，明确列车折返优先经由的折返线或渡线。在办理列车折返作业时，如折返列车尚未起动，需临时变更列车折返模式，行车调度员在通知折返列车驾驶员后，变更列车折返调车进路。

(三) 列车运行调整

列车运行调整工作由行车调度员负责，调整的目标就是实现按图行车，努力组织列车正点运行。

1. 组织列车正点始发

正点始发是列车正点运行的基础。对始发列车，行车调度员应在列车出车辆基地、列车折返交路和客流情况等各方面进行具体掌握和组织，以确保正点始发。

2. 途中晚点调整

在始发站列车正点始发的情况下，由于途中运缓、作业延误或设备故障等原因，难免出现列车运行晚点的情况。此时，行车调度员应根据列车运行的实际情况，按恢复正点和行车安全兼顾的原则，根据规定的列车等级进行运行调整，尽可能在最短时间内使晚点列车恢复正点运行。

三、调度监督时的列车运行组织

调度监督是指行车调度员能监督现场设备和列车运行状态，但不能直接进行控制的列车运行组织方式。

(一) 调度监督下半自动控制可实现的功能

在控制中心行车调度员的统一指挥下，由车站行车值班员操作车站微机联锁或电气集中联锁设备或临时信号设备控制列车运行。早期建成的城市轨道交通至今仍采用这种列车运行组织方式，一些新线由于信号系统尚未安装调试完毕，在过渡期采取这种方式进行列车运行组织。调度监督下的半自动控制可实现的功能如下：

(1) 利用车站信号控制系统具有的联锁功能，车站行车值班员可对进路排列、道岔转换、信号开放实行人工操作。

(2) 中央可实时反映进路占用、信号及道岔等的工作状态，对线路上的列车运行进行监视。

（3）中央可储存信号开放时刻、道岔动作、列车运行等各类运行资料，并可根据需要调用。

（4）车站可根据中央指令对列车运行进行调整。

（5）计算机自动绘制或人工绘制列车实绩运行图。

（二）列车运行调整

在列车晚点或列车运行秩序紊乱时，行车调度员应及时进行列车运行调整，尽快恢复按图行车。列车运行调整方法可参见调度集中时的列车运行组织，此处不再赘述。应该强调，在调度监督时，载客列车一般不安排跳站停车，如因特殊情况需要跳站停车，应经公司主管领导同意，由行车调度员发布调度命令执行。在调度监督过程中，如发现车站行车值班员或列车列车驾驶员有违章作业情况，行车调度员应及时下令纠正，确保行车安全。

学习任务 5　非正常情况下的列车运行组织

教学目标

能分析各种非正常情况对列车运行组织造成的影响。

熟知 ATS 系统故障时列车运行组织处理方法。

掌握 ATP 轨旁设备、车载设备故障时列车运行组织处理方法。

掌握 ATO 系统故障时列车运行组织处理方法。

熟知车站联锁设备故障时的行车处理方法。

能根据不同非正常情况，及时判断应采取的应急措施和办法，组织列车安全运行。

建议学时

建议学时为 6 学时。

城市轨道交通由于采用较先进的设备，自动化程度较高，正常情况时列车运行组织主要是利用设备监控列车运行。然而越先进的设备，由于平时很少遇到故障情况，一旦出现故障，则越考验各级行车人员的事故处理能力及应变能力。因此城市轨道交通系统非常重视非正常情况事故演练。本部分介绍城市轨道交通系统非正常情况列车运行组织的基本方法（以国内部分轨道交通系统设备为例）。

一、ATC 设备故障时的列车运行组织

ATC 系统是城市轨道交通实现列车运行自动化、调度指挥自动化的基础。

固定闭塞制式的 ATC 系统主要是基于传统轨道电路的自动闭塞方式，闭塞分区按线路条件经牵引计算来确定，一旦划定将固定不变。列车以闭塞分区为最小行车间隔，ATC 系统依据这一特点实现行车指挥和列车运行的自动控制。

移动闭塞制式的 ATC 系统主要利用列车和地面之间的双向数据通信设备，使地面设备可以得到每一列车连续的位置信息，并据此计算每一列车的运行权限，采用无线通信、地面交叉感应环线、波导等媒体动态更新发送给列车，列车根据接收到的运行权限和自身运行状态，计算出合理的运行速度曲线，实现精确的定点停车。

(一) ATS设备故障时的列车运行组织

1. 控制中心ATS故障

ATS系统的主要功能是监控列车运行，中央ATS能按照计划的列车运行图指挥列车运行、办理列车进路、控制发车时刻、及时收集和记录列车运行信息、跟踪列车位置和车次、绘制实绩列车运行图、并在控制中心的模拟盘上显示列车信息和线路情况等。中央ATS故障有两种情况：一是ATS系统功能故障，包括系统故障和传输网络故障等。二是ATS设备故障，即中央ATS无显示。

(1) 中央ATS系统功能故障。

1) ATS系统故障降级模式控制。当ATC系统检测到正常运行模式不能使用时，自发地转换为ATS系统的降级模式，实现降级模式下的控制。

在降级模式下，车—地双向通信能够正常工作，确保列车信息能正确地传递给联锁区域通信管理设备；ATP设备功能正常，并能够按照联锁区域通信管理设备发出的指令及时、准确地为列车准备进路和发送列车计算速度曲线所需的参数。

2) ATS系统故障情况车站级控制方式。当ATS系统的信息传输网络故障时，系统应自动地降级为ATS故障情况下的车站级现地控制方式。

进路控制：进路控制可采用将时刻表下载到车站ATS分机的方式来保持类似中央自动进路控制功能，也可采用各集中站的RTU从现场获取列车目的地号的方式实现自动排列进路。

列车运行控制：对于列车的运行控制，一般系统不能做到自动列车运行调整。这时系统按车载设备发出的区间走行时分默认值和轨旁ATP/ATO发出的停站时分默认值控制列车的运行；可在LCP（现地控制盘）上进行“扣车/终止扣车”，在车站现地工作站上人工进行“取消停车点”操作，人为改变列车的停站时间。

3) RTU故障时车站联锁设备控制。进路控制：当RTU故障时，可通过现地工作站人工排列进路，并可对联锁控制范围内的信号机、道岔和轨道区域做特殊的设置和操作。

列车运行控制：该控制方式下列车运行不能实现自动调整，列车在区间的运行时分和停站时分将根据预先储存的默认值仍在ATP的防护下自动运行，可通过“扣车”、“取消停车点”等操作人为改变列车的停站时间。

(2) 中央ATS设备无显示。中央ATS设备无显示时，行车调度员应授权给联锁站控制，由车站使用ATS工作站进行监控。

1) 进路排列。联锁站值班员首先应确认联锁工作站上的RTU（Remote Terminal Unit，ATS的远程控制单元）降级模式是否激活：当LOW工作站上的RTU降级模式激活时，保持原状态，联锁站不用操作，列车可自排进路及自动取消运营停车点。若LOW工作站上的RTU降级模式未激活时，则在LOW工作站上设置列车进路，各LOW工作站应在确认列车进站停稳后人工在LOW上取消运营停车点。

如果车站在LOW工作站上取消不了运营停车点时，应立即报告行车调度员，由行车调度员通知列车驾驶员，用RM模式驾驶列车出站，直至转换为ATO模式；当车站取消运营停车点而列车目标速度仍为零，且超过30s时，列车驾驶员应及时报告行车调度员，由行车调度员指示列车驾驶员开车。ATO驾驶恢复正常时，应向行车调度员报告。

2) 列车运行信息处理。ATS系统故障将会影响列车运行信息的记录，进一步影响列车运行图的自动绘制。故当 ATS 设备故障时，行车调度员通知列车驾驶员在 PTI（Position Train Identification，列车自动识别系统）显示屏终端上输入当时车次号，到换向运行时，输入新的列车识别号（即目的地码和车次号），直至行车调度员通知停止输入为止。各规定报点站向行车调度员报告各次列车的到开点，行车调度员以报点站为单位人工铺画列车运行图，至 ATS 设备恢复正常，收回控制权时止。

2. 车站 ATS 设备故障

行车调度员应授权联锁站控制，车站值班员将 IBP 盘上控制权限钥匙开关从 ATS 模式转换为 LOW 控制模式，车站值班员使用 LOW 进行监控。车站值班员使用 LOW 工作站人工办理列车进路，报点站向行车调度员报告各车次列车的到开点，行车调度员按照报点站的报点铺画列车运行图。

（二）ATP 设备故障时的列车运行组织

ATP 系统是确保列车运行安全的关键设备，由轨旁设备和车载设备组成。列车通过轨旁 ATP 设备接收运行于该区段的目标速度，保证列车在不超过此目标速度的情况下运行，从而保证前后列车之间的安全间隔距离。对于联锁车站，ATP 保证只有一条进路有效。ATP 系统同时还监督车门和站台屏蔽门的开启和关闭，保证操作安全。

1. ATP 轨旁设备故障

ATP 轨旁设备发生故障，则 ATO 车载设备接收不到有效的限速命令，不能按 ATO 或 SM 模式运行。

（1）如果是小范围的设备故障，行车调度员通知有关列车驾驶员以 RM 模式驾驶运行，越过故障区段后，根据车载提示转换为 ATO 模式运行。经过规定数量（通常为两个）轨道电路还未恢复 ATO 模式时，列车驾驶员报告行车调度员，行车调度员指示列车驾驶员以 RM 模式驾驶至前方车站或终点站。

（2）当 ATP 轨旁设备发生故障影响范围较大时，由控制中心值班主任决定该区段是否采用 URM（非限制人工驾驶）模式驾驶或自动站间闭塞模式。

2. ATP 车载设备故障

ATS 车载设备故障时，ATP 系统功能将无法输出，故障列车将接收不到 ATP 的限速命令，此时要解决列车驾驶模式的问题。

（1）驾驶员根据行车调度员命令人工驾驶限速运行，即以 URM 模式限速 40km/h（原线路限速在 40km/h 以下的，按原限速运行）驾驶列车至前方站。

（2）列车到达前方站（或在车站发生故障）仍不能修复时，由车站派行车人员（URM 监控员）上驾驶室添乘（列车配双列车驾驶员时，由另一列车驾驶员担任监控员），沿途协助驾驶员瞭望，监控速度表，超速时，立即按压紧急停车按钮。列车驾驶员以 URM 模式按规定的限制速度继续驾驶列车至前方终点站（根据情况可在中间有存车线的车站）退出服务。

（3）列车 URM 模式运行时，监控员协助驾驶员瞭望、监控速度表，提醒驾驶员控制速度，必要时立即按压紧急停车按钮；在有屏蔽门的车站，还须协助驾驶员开关屏蔽门。

（4）行车调度员随时注意 ATP 车载设备故障的列车运行情况，严格控制速度以确保列车与列车之间的最小间隔在一个区间及以上，遇到两列车进入同一区间时，应采取紧急措施扣停后面的列车。

(5) 如果列车在站台收不到ATP码时，列车驾驶员报告行车调度员，在得到行车调度员同意后方可使用RM模式动车。

小链接

某地铁公司规定：车站行车人员进驾驶室添乘监控的程序：

(1) 接受行车调度员的命令。

(2) 携带行车调度无线对讲机。

(3) 向列车驾驶员报告：URM监控（并报命令号）。

(4) 列车驾驶员在听到添乘人员的报告时，确认其身份和命令号后，记下其员工号，允许其进入驾驶室监控，并开车。

(三) ATO设备故障时的列车运行组织

ATO系统的主要功能是站间运行控制、保证列车按时刻表的时间并最大可能地以节能原则自动调整实际运行时分和在站内的停留时间、在车站的定位停车控制、车门控制及站台屏蔽门的开启等。

当ATO系统发生故障时，列车自动运行功能不能实现，此时改为SM人工驾驶，在ATP的监护下，按车内速度信号显示运行。若有备用车，行车调度员则安排ATO故障列车运行至终点站退出运营服务，改备用车替换运行。

车载ATO故障，车门与屏蔽门不能联动时，必要情况下行车调度员通知车站派站务员上驾驶室，协助驾驶员开关屏蔽门。

二、车站联锁系统设备故障时的列车运行组织

城市轨道交通企业大多数采用的是计算机联锁系统，由室内设备和室外设备组成。

室内设备主要有联锁计算机、接口设备及LOW局域操作员工作站。联锁计算机主要建立和解锁进路，接口设备用于接口处理，如驱动现场设备并采集信息等，LOW主要用来监督和控制信号机、道岔、进路及列车的运行。室外设备包括转辙机、信号机、轨道电路等，是一些终端控制设备，完成道岔的转换，信号的开放。

(一) 车站联锁设备故障时列车运行组织

当车站联锁设备故障，在中央MMI或车站LOW工作站上不能排列进路办理列车的接发，需要人工现场手摇道岔准备进路时，一般按照行车调度员的调度命令采用电话闭塞法组织列车运行。

采用电话闭塞时需要行车调度员下达调度命令，电话闭塞法组织行车的过程在车站接发列车作业中详细介绍。

(二) 轨道电路或计轴故障时列车运行组织

不同闭塞制式的ATC系统，实现自动控制的原理和方法有所不同。固定闭塞制式的ATC系统主要是基于传统轨道电路实现自动控制，计轴装置可作为备用设备；移动闭塞制式的ATC系统主要是基于列车和地面之间的双向数据通信设备实现自动控制的，列车位置检测可使用计轴设备，不再铺设轨道电路。

1. 区间轨道电路故障

区间轨道电路故障时，列车可在故障区段前停车，经列车驾驶员与行车调度员确认后，转换成限速人工驾驶模式（RM）后继续行车，在列车越过故障区段后再转换为ATP监控下的人工驾驶模式或ATO模式运行；在多个区间轨道电路故障时，改变行车闭塞方式，启用自动站间闭塞法或电话闭塞法组织行车，列车采用人工驾驶模式。

2. 车站道岔区段轨道电路故障

此类故障直接影响中央ATS自动和人工设置列车进路，行车调度员可授权给区域联锁工作站，进行车站级进路设置。

由车站值班员确认故障区段无列车，然后在现地工作站上对进路中故障区段道岔进行强制转换，将其转换至要求的位置并锁闭；在故障区段的道岔转换并锁闭后，可自动或人工办理进路。然后开放有关防护信号的引导信号。列车根据引导信号的显示，以人工驾驶模式运行，出清故障区段若干轨道电路区段后，列车转换为ATP监控的人工驾驶模式（SM），此时列车驾驶员可手动恢复ATO驾驶模式。

3. 计轴设备故障

（1）以计轴为备用设备的系统，当系统在正常模式下运行时计轴设备故障将产生报警，在以计轴设备定位列车的轨道图中故障区段显示红光带，但系统仍将正常运营。

（2）在CBTC系统中，当计轴器发生故障后，如果经过该故障区段的首列车为CBTC列车，则限速40km/h运行至下一站；如果经过该故障区段的首列车为非CBTC列车，则须凭行车调度员命令以RM模式运行至下一站。

当计轴设备出现干扰显示占用或故障预修复后，车站优先使用预复零操作。采用预复零可将某一区段的进入和出清轮对数清零，该进路经过列车占用、出清后进路解锁，设备恢复正常。

小链接

某地铁二号线《行车组织规则》（试行）关于车站对计轴设备预复零的规定：

进行预复零操作前，须经行车调度员同意，并执行以下规定：

(1) 如中央ATS设备正常，行车调度员和车站共同确认故障区段无列车占用后，由车站指定人员操作。

(2) 如中央ATS设备故障，行车调度员、相关车站、列车驾驶员共同确认本站及相邻区间（含邻站内）故障区段无车占用后，由车站指定人员操作。

特殊情况下可由信号专业人员向行车调度员申请进行直接复零操作。

三、特殊情况下的列车运行组织办法

（一）应急扣车

在发生紧急事件或者事故时，可执行紧急扣车；此外，如有大型活动的车站可能会产生阶段性的大客流，可根据情况执行扣车上客，但扣车时间按规定办理。列车一旦被停止，列车打开车门并在车站等待直至ATS调度员提供一个扣车释放请求。

（1）当行车调度员需扣车时，可在MMI上直接操作并通知驾驶员和车站，或指令车站操作或通知驾驶员。

（2）当车站需要扣车时，由车站值班站长（行车值班员）按压行车控制盘上的扣车按钮，并及时报告行车调度员，由行车调度员通知驾驶员，遇紧急情况按紧急停车按钮。

扣车原则上是“谁扣谁放”，只有在ATS故障时，对原在MMI扣停的列车，经行车调度员授权后由相关车站放行。如取消扣车作业时，行车调度员或车站行车值班员应确认列车已停稳方可操作。

（二）客车推进运行

在列车的尾部驾驶室操纵列车运行或者救援列车推送被救援列车运行为推进运行。当列车头端驾驶出现故障的情况，以及对故障列车实施救援时可以推进运行。推进运行时要遵守以下规定：

（1）客车推进运行，必须得到行车调度员的命令准许。

（2）推进运行时必须有引导员在前端驾驶室引导（当配备双列车驾驶员时，由另一列车驾驶员担任），无人引导时，禁止推进运行。

（3）当难以辨认信号时，禁止列车推进运行。

（4）在30‰及以上的下坡道推进运行时，禁止在该坡道上停车作业，并注意列车的运行安全。

（5）列车推进运行的限速要求按《行车组织规则》的规定执行。

小链接

某地铁二号线《行车组织规则》（试行）关于推进运行的速度要求：

单列车的推进运行限速25km/h，电客车连挂推进运行时，列车驾驶员需在后列车前端驾驶室（运行方向）驾驶，前列车前端驾驶室需有引导员引导，运行限速25km/h。

（三）列车退行

在非正常情况下，客车部分或全部车厢越过站台需退回站内办理乘降作业，或者列车从区间返回车站为退行，可以推进或牵引运行。

列车因事故或其他原因在区间不能正常行车时，为避免列车进行区间清客，行车调度员可以授权列车驾驶员将列车退行至最近的站台。

（1）列车因故在站间停车需要退行时，驾驶员必须报告行车调度员，行车调度员必须充分了解情况，在列车无法前进的情况下，下达准许列车退行的调度命令。在得到行车调度员的命令后，列车方可退行，行车调度员应及时通知有关车站。

（2）行车调度员在确认后方相邻区间没有列车占用，并将后续列车扣停在后方站，方可同意列车退行。

（3）列车退行进入车站时，车站接车人员应于头端墙处显示引导手信号，列车在头端墙外必须一度停车，确认引导手信号正确后方可进站。

（4）退行列车到达车站后，驾驶员应及时向行车调度员报告，同时根据行车调度员的命令处理。

（5）当ATS正常使用时，由行车调度员确认后方区间（相对原运行方向）无其他列车占用，并关闭相关联锁站所影响进路的起始信号机的自排或追踪功能，通知车站和列车驾驶员列车退行的安排。

（6）当ATS不能正常使用时，由行车调度员确认列车后方区间（相对原运行方向）无其他列车占用，并指令相关联锁站关闭所影响进路的起始信号机的自排或追踪功能，通知车站和列车驾驶员列车退行的安排。

（四）列车反方向运行

城市轨道交通系统中正常情况下规定上行方向列车在上行线运行，下行方向列车在下行线运行。根据需要当上行方向列车在下行线运行或者下行方向列车在上行线运行时，称为反方向运行。

由于环线行车、开行救援列车或者行车调度员进行运行调整等需要，可组织列车反方向运行。

（1）在具有反向 ATP 的轨道区段，反方向运行规定：

1）列车反方向运行前必须得到行车调度员的命令准许。

2）列车反方向运行时，在 MMI（LOW）上排列进路，列车根据 ATP 允许速度以 SM 模式运行，行车凭证为列车收到的速度码。

（2）在反向 ATP 故障或无反向 ATP 的轨道区段，反方向运行规定：

1）除降级运营时组织单线双方向运行或开行救援列车外，载客列车原则上不能反方向运行。

2）反方向运行时，按站间电话闭塞法组织行车。

（五）开行救援列车

列车出现故障且在规定的时间内未能排除时，驾驶员（车长）或行车值班员要向行车调度员请求救援。行车调度员及时向有关车站或车辆基地发布开行救援列车的命令，及时组织救援。如果救援列车采用运行中的客车时，必须清客，空车救援；故障列车在区间时还需发布封锁区间的命令；向封锁区间发出救援列车时，以行车调度员的命令作为进入该封锁区间的许可。

（1）为保证在救援中不发生因防护不当等原因造成救援列车与被救援列车相撞的事故，要严格遵守以下规定：

1）已申请救援的列车严禁动车，驾驶员（车长）应打开被救援列车两端的标志灯作为防护信号，并做好与救援列车的连挂准备工作。

2）申请救援的列车驾驶员在连挂之前可继续排除故障，但不能起动列车，如故障排除则报告行车调度员取消救援。

3）救援列车应距被救援列车规定距离外停车，听候救援负责人（被救援列车驾驶员）的指挥连挂。

4）在未接到开通封锁线路的调度命令前，不得将救援列车以外的其他列车开往该线路。

5）行车调度员发布救援列车进入封锁线路的调度命令前必须确保救援列车已经清客。

（2）救援列车前往救援时可选用正向牵引，也可采用推进运行方式；应做好救援故障列车前的准备工作

1）清客。救援列车必须在就近站台进行清客作业，故障列车停在站台或部分已进入站台，必须进行清客作业。

2）建立无线通信。救援列车、故障列车与行车调度员间建立无线通信，进行通话测试。

3）选择驾驶模式：如果使用正向牵引方式，完成清客作业后，驾驶员应前往另一端的驾驶室，得到行车调度员授权后，选用 ATP 限速下的人工驾驶模式前往故障列车现场，并在故障列车前不少于规定距离外停车，然后以调车方法与故障列车进行连挂。如果使用推进

运行方式，完成清客作业后，驾驶员应选用 ATP 监督下的人工驾驶模式前往故障列车现场；接近故障列车时必须得到行车调度员授权，选用 ATP 限速下的人工驾驶模式并停在故障列车前不少于规定距离处，然后进行挂接。

（3）救援列车与故障列车进行连挂作业：

1）救援列车驾驶员必须确定故障列车已将故障切除，方可进行连挂作业。

2）完成挂接后，救援列车、故障列车驾驶员必须将“列车连挂”开关扳到“通”位，并经相互确定后，进行制动系统测试。

3）得到行车调度员授权后，救援列车驾驶员可使用以下驾驶模式及指定速度将故障列车驶离正线：

使用正向牵引方式：救援列车驾驶员可使用 ATP 监督下的人工驾驶模式以不高于指定速度驾驶列车。

使用推进运行方式：救援列车驾驶员可使用 ATP 限速下的人工驾驶模式以不高于指定速度驾驶列车，在途中必须依据故障列车驾驶员指示驾驶，如在规定时间（如 5s）内得不到故障列车驾驶员指示，救援列车驾驶员必须停车。

小链接

一般遇到下列故障时，列车驾驶员应及时向行车调度员请求救援：

（1）列车无法建立头尾，处理无效时。

（2）施加牵引时，整列车无牵引电流，处理无效时。

（3）某一节车紧急制动、常用空气制动无法正常施加、缓解，处理无效时。

（4）空气制动无法完全缓解（司控台“制动不缓解”亮灯），且实施强迫缓解无效时。

（5）列车停于断电区，且处理无效时。

（6）列车发生严重故障有危及行车安全的可能，列车驾驶员认为必须进行救援时。

根据运营经验，为了减少救援对正常的行车和列车服务的影响，一般应优先采取后续列车将故障列车推送到停车线的方式进行救援，而不采用前方列车牵引进停车线的方式，主要原因有以下几点：

（1）在列车发生故障到决定救援时间（一般 6～7min）内，故障列车前方的列车已向前运行了 2 个区间或以上，后方列车已运行到后续车站并等待。采用后续列车推进救援可以减少列车运行的距离和时间。

（2）用牵引救援时，救援列车列车驾驶员需进行 3 次换端作业和重新启动列车，延长了救援时间；用推进方式救援时，只需故障列车列车驾驶员进行 1 次换端作业即可，有利于缩短救援时间。

（3）采用后续列车推进救援时，仅仅影响到一条线的行车；而采用前方列车牵引救援时，在牵引进入停车线时可能需要占用邻线，影响到邻线行车。

（六）恶劣天气时的列车运行组织办法

地面及高架车站在恶劣天气条件下的行车组织以确保行车安全为原则，车站严格执行恶劣天气下的组织预案，特别要强化站台组织、确保旅客人身安全。

1. 控制中心

（1）控制中心（OCC）根据气象预报的预警信息，立即向运营公司领导和有关部门、中心通报，当大雾、暴风、雨、雪、严寒等恶劣天气来临时，提供不同等级的预警、预报。根据各类天气的影响程度和相应级别向运营公司领导报告，经同意后指挥机构和现场处置机构自然成立。

（2）控制中心对现场恶劣气候条件下的防范措施进行检查、指导，及时向车站发布运营信息。

（3）控制中心执行指挥机构指令，对不具备安全运营条件的车站下达关闭命令，启动公交接驳方案；对具备运行条件的区段维持运营。

2. 车站

（1）值班站长在得到恶劣天气的信息后，应及时向全体员工发出信息通报，并对关键岗位提出安全工作要求，同时加强车站巡查工作。

（2）各岗位要按照分工加强对各自负责区域的检查和巡视，发现危及运营安全情况时，立即向控制中心（OCC）行车调度员、维修调度员汇报。车站值班站长要立即赶赴现场了解情况，并组织人员、物资进行先期处理。

（3）站务人员应提前出场接车，对接车线路、接触网、路轨状况及候车乘客密切观察，发现有危及行车及人身安全情况时，应及时采取措施（按下紧急停车按钮）将列车拦停。

3. 驾驶员

遇恶劣气候影响驾驶员瞭望或危及运营安全时，驾驶员立即向行车调度员汇报。特殊地段（出入基地、进站、曲间弯道）操纵列车应采取减速运行、加强瞭望等安全措施，确保列车运营正常。

小链接

某地铁《行车组织规则》中隧道内线路积水时的处理：

（1）巡道、巡检人员、列车驾驶员在作业中发现隧道线路积水时，立即报告行车调度员。

（2）行车调度员接到隧道线路积水的报告时，及时通知维调处理，并通知列车驾驶员在区段按规定速度运行。

（3）当积水浸到道床时，该区段限速 25km/h。

（4）当积水浸到轨腰时，该区段限速 15km/h。

（5）当积水漫过轨面时，该区段不得通过。

学习任务6　工程列车的开行

教学目标

了解工程车开行的依据。

能严格按照规定组织工程车开行。

建议学时

建议学时为2学时。

城市轨道交通行车设备由轨道、供电、机电、信号、通信等十多个专业设备构成。各专业设备都要按照检修周期与工作内容进行检修，以确保设备状态良好，从而保证行车安全。由于城市轨道交通系统发车间隔小、行车密度大，在运营时间内无法在运行图上开“天窗”进行施工维修，故施工作业都是利用运营结束后的非运营时间进行，于运营开始前规定时间结束。夜间施工是城市轨道交通系统生产活动的重要组成部分。由于检修工作都集中在同一时间和空间内，所以要求必须有严格的统一计划、统一指挥、统一领导的管理手段，协调好各部门的关系。

对于行车调度部门来说，既要按照批准的施工计划保证设备维修更换、线路扩建工程等夜间施工任务顺利完成，又要保证次日运营工作能正常进行，所以施工时的行车组织必须按有关规定严格执行。

一、工程车开行的依据

工程车主要包括钢轨打磨车、轨道起重车、接触网放线车、接触网架线作业车和平板吊车。

（1）按《施工行车通告》或日补充计划或临时补修计划的规定和要求执行，发布工程车开行的调度命令。

（2）临时的特殊情况按行车调度员命令执行。

二、工程车开行的有关规定

（一）工程车开行指挥的规定

（1）非运营时间，行车调度员负责工程车进路监控，与工程车列车驾驶员、车长的联络及与各站布置、落实工程车开行的有关事宜。

（2）负责与相关车站办理施工请点登记、审批和销点工作；工程车开车前发布好相关的书面调度命令。

（3）行车调度员在同意工程车开车前，必须在《线路施工作业登记表》上确认工程车运行的前方进路无施工作业，并在OCC联锁工作站上确认工程车运行的前方进路已准备好。

（4）工程车列车驾驶员在出车前，应仔细检查轨道平板车和内燃机车的连挂情况，连挂达不到规定要求，工程车不允许开行。

（5）在工程车出车辆基地前，工程车列车驾驶员要与行车调度员试验无线电的性能；工程车在运行中行车调度员要加强与列车驾驶员和车长的联系，掌握工程车运行计划，确认进路。

（6）行车调度员组织工程车正线运行时，应尽量避免分段行车；当前方施工作业未按时结束或因特殊情况须组织工程车分段运行时，应提前一个站扣停工程车，并使用调度电话，通知工程车列车驾驶员允许运行的起、止站，受令人必须要原文复诵。

（7）遇到以下情况时行车调度员提前通知车站接发工程车：向工程车列车驾驶员发布书面调度命令；当行车调度员使用无线电联系不到工程车列车驾驶员时，需通过车站拦停工程车询问情况；临时需要拦停工程车。

（二）工程车运行组织

（1）在正常情况下，工程车在正线运行时，应按闭塞方式组织运行，凭地面信号及调度命令行车。一个联锁区同一线路原则上只准有一列工程车运行，工程车之间至少应保证一个区间的间隔。同一联锁区必须开行多辆工程车或间隔不能满足时应由OCC值班主任同意。工程车在区间、非联锁站及无信号机的车站作业后折返时，凭调度命令行车。

（2）在特殊情况下，可根据控制中心行车调度员的调度命令，采用封锁区间运行的方法，但必须符合下列要求：

1）封锁区间的所有道岔均应保持锁闭，开通列车运行方向。

2）封锁区间内无其他施工、维修作业。

3）列车不准越出封锁区间范围运行。

4）列车必须按规定的时间离开封锁区间。

5）封锁区间两端须按规定设置防护设施。

工程车在有道岔车站进行转线调车作业时，驾驶员应在道岔区段防护信号机前规定的位置停车，使用无线手持台向车站行车值班员报告，说明车辆现在的位置、去向和行车相关的作业。车站行车值班员接到列车驾驶员的行车报告后，检查线路，办理相关的进路，开放信号，列车驾驶员按照相应的显示信号并确认道岔位置（道岔处于定位或反位）正确后进行转线调车作业。

在道岔区段防护信号出现故障时，工程车进入线路道岔区段，车站行车值班员必须在ATS工作站上将线路上道岔按工程车运行方向进行锁闭，列车驾驶员按车站行车值班员引导手信号进行相关的作业。

工程车列车驾驶员应注意工程车停车位置，尽量使工程车停在平直长坡道上；不能停在平直长坡道上的工程车，应注意做好防溜措施，必须在车辆两端放置防溜设施，防止车辆溜放。

工程车列车驾驶员应在出车前对车辆（含轨道平板车）的走行部位、连挂装置和制动装置进行性能检查，状态良好、合格后方能使用；在行车中工程车列车驾驶员应注意观察车辆的状态，确保施工作业过程中工程车的安全运行。

（3）工程车可以牵引运行，也可推进运行，各站按正常列车办理。工程车中车辆编挂作业由车长负责检查。工程车装载货物高度超过距轨面3800mm时，接触网必须停电。

（4）工程车进出正线的规定：

1）工程车必须在本线路最后一列客运列车之后运行，并保持数个（一般情况下4个站间距）站间区间的间隔，以保证运行安全。必须在正线第一列客车运营前60min（各运营公司根据自身情况规定时间）出清正线。

2）工程车在车站始发或停车后再开时，驾驶员要确认地面信号或按行车调度员的命令行车。

3）工程车在运行中驾驶员、车长通过电台加强与车站联系，掌握运行计划，确认运行进路。工程车列车驾驶员应随时注意出车前、行车过程中的车辆运行状态，发现问题及时报控制中心行车调度员。开行超长、超限、集重货物的工程列车时，车站必须派人在站台监督列车运行，发现危及安全时应及时显示停车信号并报告行车调度员。

4）工程车到达指定的施工作业区域后，行车调度员应根据施工计划及时发布书面命令封锁该作业区，并布置有关防护措施。待施工结束后，再开通有关线路，安排工程车回车辆基地。

5）工程车编挂有平板车时，因施工或装卸货物的需要，可以在中途站甩下作业，但要做好安全防护及防溜安全措施，返回时要挂走。平板车在区间原则上不准甩下作业。工程车在有坡度的线路上施工停靠时，不得进行分解、连挂等一系列作业。

6）工程车载有工具、物品和空载运行时，都不得侵入行车限界。工程车载有工具、物品时，应安放稳固，必须有防范工程车在行驶过程中工具和物品滑落的安全措施。工程车在区间装卸工具、物品时，施工负责人应指挥工程车停于指定的规定位置，不得主观随意停放，要确保工具、物品装卸的安全。

7）工程车在线路上行驶时，工程车列车驾驶员应注意瞭望前方线路情况，防止有施工工具、材料、物品和施工人员突然侵入行车限界，并注意前方道岔开行方向是否正确。工程车在线路行驶过程中，要平稳地走行，不得急停急动。

8）内燃机车在连挂轨道平板车时，轨道平板车不允许载人。工程车在运行过程中，车上人员应按相关的规定要求站好，不得妨碍列车驾驶员的瞭望视野。

9）工程车在线路上临时停放时，必须放置防滑、防溜装置，车辆两端要放置警示标志。

10）遇有线路、道岔等行车设备检修完工后，按规程规定使用工程车配合试运转作业时，要有施工负责人和专业工程技术人员在现场负责技术问题，由施工负责人指挥工程车运行。

（三）工程车运行的速度限制

工程车列车驾驶员必须掌握好运行速度，按规定速度操作运行。

各城市轨道交通企业关于工程车运行速度限制各不相同，大都是根据各自的具体情况而确定，并在《行车组织规则》中作出规定。某公司工程车运行速度规定见表 3-19。

表 3-19　　工程车运行速度表

序号	项目	机型	速度（km/h）	说明
1	正线	内燃机车	45	通过车站 40km/h，车辆基地 25km/h
2		接触网检修作业车	50	
		接触网架线作业车		
3		网轨检测车	75	
4		磨轨车	60	
5		平板车	45	

小链接

某地铁内燃机车、轨道车牵引定数见表 3-20。

表 3-20　　某地铁内燃机车、轨道车牵引定数表

序号	机型	坡度	牵引定数（t）					机车自重（t）	备注
			10km/h	20km/h	30km/h	40km/h	50km/h		
1	内燃机车 GCY450	5‰	850	380	230	150	100	50t	
		35‰	120	—	—	—	—		
2	内燃机车 GCY300	5‰	670	290	185	110	80	46t	
		35‰	90	—	—	—	—		

续表

序号	机型	坡度	牵引定数（t）					机车自重（t）	备注
			10km/h	20km/h	30km/h	40km/h	50km/h		
3	内燃机车 GCY230	5‰	670	250	155	85	50	40t	
		35‰	80	—	—	—	—		
4	网轨检测车 WGJ 型	5‰	—	—	—	—	—	40t	该车无牵引动力
		35‰	—	—	—	—	—		

复　习　思　考

1. 单项选择题

（1）所谓“移动闭塞”是指（　　）是不断向前移动和调整的。

A. 列车　　B. 站间区间　　C. 闭塞分区　　D. 信号

（2）移动闭塞系统设计的理论基础和安全依据是（　　）。

A. 安全距离　　B. 空间间隔　　C. 列车定位　　D. 目标点

（3）ATO 系统的自动驾驶功能必须在（　　）的监护下实施。

A. ATC　　B. ATS　　C. CTC　　D. ATP

（4）使用电话闭塞时，列车占用区间的行车凭证是（　　）。

A. 信号灯显示　　B. 目标点　　C. 路票　　D. 电话记录号码

（5）在道岔区段防护信号出现故障时，将道岔进行锁闭，列车驾驶员按（　　）进行相关的作业。

A. 机车信号　　B. 调度命令

C. 行车值班员引导手信号　　D. 地面信号

（6）城市轨道交通系统中，通常由（　　）担任系统的列车运行指挥工作。

A. 行车指挥控制中心　　B. 车站

C. 车辆基地　　D. 集中站

（7）在具有反向 ATP 的轨道区段，列车反方向运行时，根据 ATP 允许速度以 SM 模式运行，行车凭证为（　　）。

A. 路票　　B. 绿色色灯信号

C. 机车收到的速度码　　D. 白色色灯信号

（8）工程车在区间、非联锁站及无信号机的车站作业后折返时，凭（　　）行车。

A. 机车信号　　B. 调度命令　　C. 手信号　　D. 路票

2. 判断题

（1）采用移动闭塞方式是城市轨道交通发展的一种趋势，能显著提高线路的通过能力。（　　）

（2）ATO 系统是故障—安全系统。（　　）

(3) ATO 的车门控制功能是监督开门条件，负责车门开放授权。 ( )

(4) 同一 ATS 系统只能监控一条运营线路。 ( )

(5) 列车运行偏离运行图时，ATS 系统可以提供自动和人工两种列车运行调整方式。 ( )

(6) ATP 和 ATO 系统结构相似，都由轨旁设备和车载设备构成。 ( )

(7) 城市轨道交通运营的行车指挥工作原则为安全生产，高度集中，统一指挥，逐级负责。 ( )

(8) 行车指挥时，车站由值班站长，车辆基地由值班段长统一指挥。 ( )

(9) 城市轨道交通系统的行车调度控制方式主要与采用的行车调度设备类型有关。 ( )

(10) 列车运行秩序混乱要进行运行调整时，应按照列车等级顺序进行调整，一般列车的等级顺序为专运列车、旅客列车、回空列车、调试列车、其他列车。 ( )

(11) 采用行车指挥自动化，列车运行偏离误差较大时，可由调度员人工介入，关闭 ATR 功能。 ( )

(12) 一般至少有两个受令对象，有时还需送达列车驾驶员，较长时间影响行车的命令采用书面命令。 ( )

(13) 口头命令与书面命令相比内容相同，但没有书面命令严肃性强。 ( )

(14) 调度命令应按“一拟、二签、三发布、四复诵核对、五下达命令号码和时间”的程序办理。 ( )

(15) 行车调度员发布命令时，在车辆基地由派班员负责传达，在正线由车站值班站长（行值）负责传达。 ( )

(16) 运行图兑现率是指计划开行列车数与实际开行列车数之比，体现了基本运行图的完成情况。 ( )

(17) 车载 ATP 设备或联锁设备故障后采用降级行车组织办法时，一般采用 RM 驾驶模式。 ( )

(18) 列车驾驶员在运营期间主要是负责列车在正线运行作业、站台作业和折返作业。 ( )

(19) 行车指挥自动化时列车只能自动驾驶。 ( )

(20) 行车指挥自动化时，在车站有不同的折返调车进路情况下，应在列车折返作业办法中规定优先采用的列车折返模式，明确列车折返优先经由的折返线或渡线。 ( )

(21) 调度集中时具备远程控制功能，能控制管辖范围内各车站的信号机、道岔以及排列列车进路。 ( )

(22) 在调度监督情况下，由行车调度员排列列车进路、开闭出站信号。 ( )

(23) 站控下，当 LOW 工作站上的 RTU 降级模式激活时，保持原状态，联锁站不用操作，列车可自排进路及自动取消运营停车点。 ( )

(24) 当 ATP 轨旁设备发生故障影响范围较大时，可由控制中心值班主任决定改用 SM 模式驾驶或自动站间闭塞模式。 ( )

(25) 如果列车在站台收不到 ATP 码时，列车驾驶员报告行车调度员，在得到行车调度员同意后方可使用 RM 模式动车。 ( )

（26）单个区间轨道电路故障时，一般改变行车闭塞方式，启用自动站间闭塞法或电话联系法组织行车，列车采用人工驾驶模式。（　）

（27）扣车原则上是“谁扣谁放”，只有在 ATS 故障时，对原在 MMI 扣停的列车，经行车调度员授权后由相关车站放行。（　）

（28）当列车头端驾驶出现故障的情况以及对故障列车实施救援时可以推进运行。（　）

（29）在反向 ATP 故障或无反向 ATP 的轨道区段，反方向运行时，按站间自动闭塞法组织行车。（　）

（30）城市轨道交通施工作业是利用运营结束后的非运营时间进行，于运营开始前规定时间结束。（　）

（31）行车调度员组织工程车正线运行时，应尽量分段行车。（　）

（32）当行车调度员使用无线电联系不到列车驾驶员时，应提前通知车站接发工程车。（　）

（33）在正常情况下，工程车在正线运行时，应按闭塞方式组织运行，凭地面信号及调度命令行车。（　）

（34）当工程车在封锁区间内运行时，区间内道岔可根据条件转换。（　）

（35）工程车可以牵引运行，也可推进运行，各站按正常列车办理。（　）

3. 简答题

（1）简要对比分析传统自动闭塞、移动闭塞、电话闭塞下列车的行车凭证。

（2）移动闭塞与固定闭塞相比有哪些特点？

（3）列举电话闭塞使用的时机。

（4）ATP 系统、ATO 系统和 ATS 系统的主要功能有哪些？

（5）简要分析 ATO 系统如何实现定位停车功能。

（6）列车运行调整的主要方法有哪些？

（7）城市轨道交通系统的行车调度控制方式主要有哪些？分别能实现哪些功能？

（8）什么是调度命令？包含哪些内容？

（9）行车指挥自动化可实现哪些基本功能？

（10）轨旁 ATP 故障时应采取什么样的列车运行组织办法？

（11）车站联锁设备故障时如何组织列车运行？

（12）什么叫列车反方向运行？反方向运行有何规定？

（13）在特殊情况下，若工程车采用封锁区间运行的方法行车时，须符合哪些要求？

（14）工程车进出正线有何规定？

（15）举例说明工程车开行时运行速度有何限制。

实 训 演 练

实训项目：行车指挥自动化下列车运行组织演练

（1）实训设备要求：列车运行模拟系统、车站备品（行车日志、路票等）、行车电话等。

（2）实训组织：小组成员轮流担任行车调度员、值班站长、行车值班员、站务员等工种。

(3) 实训注意事项：演练前确认本工种岗位职责，严格按照相关规定行车，各工种间严密配合，相互协作。

(4) 实训内容：

1) 系统正常情况下列车运行组织模拟演练。

2) 全线改用电话闭塞法行车模拟演练。

3) 开行救援列车模拟演练。

学习模块四

车站和车辆基地行车作业组织

案例引入

地铁列车在线路上运行是由行车调度员组织进行，但列车在进出车站或在车辆基地内，则由车站人员或车辆基地调度组织接发列车。在信号系统正常时，列车根据地面信号显示动车，但在信号系统出现故障时，则需要人工来进行接发列车组织。每天地铁车站工作人员都需要接发几百列的地铁列车，车辆基地调度需要在早上组织列车从车辆基地进入正线，晚上再组织列车从正线回到车辆基地。

西安地铁每天早上 5：30 起，车辆基地调度将在车辆基地各股道停放的各列地铁列车逐一从车辆基地组织至地铁正线，晚上高峰期过后自 22：00 起由行车调度员组织列车回车辆基地，车辆基地调度再将这些列车逐一安排至各个股道存放检修；西安地铁各个车站日接发列车多达 258 列次，而广州地铁、北京地铁等运行间隔短的线路车站，日接发列车数量则更多。

那么，地铁车站工作人员及车辆基地调度是如何进行车站日常的接发列车作业及车辆基地内的行车组织呢？在故障及应急情况时，又如何显示人工手信号组织列车运行呢？

模块导学

模块概述

车站和车辆基地日常的工作是合理运用各种技术设备，按照列车运行图的要求进行列车的接发、调移、停放等作业，质量良好地完成运输任务，确保行车安全与乘客安全。车站和车辆基地行车组织工作在实现上述目标的过程中起着核心作用，它主要包括车站行车作业组织和车辆基地行车作业组织两部分。

车站行车组织工作应包括监督行车设备运转状态，收集信息并上报运营控制中心，执行行车调度员命令调整列车运行，与列车驾驶员执行联控措施。

技能点

会办理正常情况下控制中心、车辆基地和车站的接发列车作业；

会办理车站和车辆基地采用电话闭塞法时的接发列车作业；

会编制调车作业计划，会显示调车手信号；

能办理施工请点及销点；

会填写车站和车辆基地施工作业台账。

知识点

控制中心和车站接发列车作业组织；

车辆基地接发列车作业模式、有关规定，车辆基地特殊情况下接发列车有关规定；

调车作业的定义、分类、一般要求，调车工作的领导与指挥，调车作业计划，调车手信号；

列车折返作业的领导与指挥，列车折返作业进路办理模式，车站无联锁折返作业，临时变更折返作业；

车辆基地调车作业组织的要求及运行；

救援调车、尽头线调车、手推调车、越出站界调车规定、试车作业组织的有关规定；

施工作业的特点、管理模式和分类；

施工作业计划的申报与审批、编制原则、分类和范围；

施工人员的有关规定，轨行区的施工防护，施工请点及销点；

施工作业组织原则，日常行车方面施工管理，运营时间轨行区的设备抢修和非运营时间的轨行区设备检修施工。

学习任务

学习任务1 接发列车作业组织

教学目标

了解城市轨道交通车站和车辆基地接发列车作业的有关要求。

掌握城市轨道交通车站和车辆基地接发列车作业的程序。

能正确按规定办理车站和车辆基地接发列车作业。

建议学时

建议学时为 6 学时。

一、车站接发列车作业组织

目前，城市轨道交通的信号系统普遍具有 ATS 系统，列车以规定速度进站，车站不显示接车信号，车站原则上不办理接发车作业，控制中心和车站可对列车运行状况进行监视。只有当信号联锁故障，需要人工排列进路组织列车运行及列车退行等特殊情况时，车站接发列车人员应严格执行接发列车作业程序办理接发列车作业。

列车在车站到达、出发或通过所需占用的一段线路称为列车进路。列车进路的排列通常涉及道岔位置的转换，列车进路的防护则由设置在进路入口处的信号机担当。为了确保列车进路的安全，建立道岔、进路和信号机三者之间相互制约的联锁关系。

进路办理原则：

（1）各联锁区的进路由相关联锁站在 ATS/LOW 工作站上排列。

（2）准备进路时，必须严格按照由远至近（参照来车方向）的顺序分段进行排列。

（3）一个闭塞区间只允许一列列车占用。

（4）列车进入闭塞区间的凭证为闭塞区间分界点出站信号机的开放信号。

（5）闭塞区间分界点信号机开放的条件是列车运行前方闭塞区间空闲。

（6）各联锁站之间加强联系，严格确认进路空闲后，及时办理进路并开放信号。

（一）控制中心办理接发列车作业

采用自动闭塞，区间闭塞是自动办理的，但进路排列有下面两种情形。

（1）在行车指挥自动化时，控制中心 ATS 根据使用列车运行图及列车运行实际情况，自动办理与实时控制车站上的列车接发作业，即自动完成列车进路排列和发车表示器显示控制。在控制中心 ATS 自动功能故障时，列车进路由行车调度员人工排列。

（2）在调度集中时，由行车调度员通过进路控制终端控制管辖线路上的信号机、道岔，人工排列列车进路，办理列车接发作业。

在上面两种情况下，车站的接发列车作业是由中央 ATS 自动完成或行车调度员集中办理。车站行车值班员通过行车控制台监视列车进路排列、信号显示和列车到发、通过情况以及列车运行状态是否正常等。

（二）车站办理接发列车作业

城市轨道交通车站可以按照调度监督时和电话闭塞法时两种情况来办理接发列车作业，并且这两种情况均由车站行车值班员来办理。

1. 调度监督时的接发列车作业

在调度监督、双区间闭塞法行车时，由车站行车值班员排列列车进路、开闭出站信号。此外，当控制中心 ATS 的自动排列进路故障时，列车仍按自动闭塞法行车，此时将控制权下放给联锁站，由车站行车值班员办理接发列车作业（各联锁站在 ATS/LOW 工作站上人工排列本联锁区内的进路，且在各联锁站控制室需安排 2 名持“ATS/LOW 操作资格证”人员操作和监控 ATS/LOW 工作站，严格执行“一人操作，一人监控”制度），行车调度员通过显示盘，监督线路上各车站信号机开闭显示、区间闭塞情况和列车运行状态，组织指挥列车运行。

（1）接发列车作业的内容：

1）布置进路。在城市轨道交通系统接发列车的关键是正确及时地准备好列车进路。行车值班员必须亲自布置和确认进路准备妥当。布置准备进路时，应讲清两个内容“一是车次，二是列车占用的线路”。如果车站一端有两个及其以上列车运行方向或双线反方向行车时，还应讲清方向。

2）准备进路。准备进路与联锁设备有关。电气集中联锁和微机联锁均是进路式集中联锁，准备进路时，顺序按压进路始、终端按钮，道岔即自动转换并锁闭进路，进路一次性排列完毕。同时防护该进路的信号机自动开放。

城市轨道交通系统由于装备了列车自动控制系统（ATC 系统），ATC 系统中的 ATS 系统能根据列车运行图自动排列进路、开放信号。当中央 ATS 系统故障，可通过微机联锁区域操作员工作站（简称 LOW 工作站）人工排列进路。

3）开闭信号。集中联锁站当接发列车进路准备好了后，信号自动开放。

4）迎送列车。站台接发列车作业人员应在规定地点立岗迎送列车，注意列车运行状态，发现危及行车安全时，立即采取紧急措施。

(2)《行车日志》填写。行车日志分为上行和下行，下面以上行为例，说明行车日志的具体填写要求。

1）车次号由列车的服务号和行程号组成，正线车站接车的车次号由后方站告知，列车经过折返站后车次号会改变，改变的车次号由折返站告知列车发出的前方站。

2）到达列车的闭塞号码为本站同意后方站办理闭塞时所给的闭塞号码，同意邻站闭塞时分为本站同意后方站办理闭塞的时间，邻站发出时分为后方站列车尾部越过头端墙后向本站报告的时间，本站到达时分为列车到达本站停稳时的时间。

3）出发列车的闭塞号码为前方站同意本站闭塞时所给的闭塞号码，同意本站闭塞时分为前方站同意本站办理闭塞时的时间，本站发出时分为本站列车尾部越过头端墙时的时间，邻站出清时分为前方站列车尾部越过头端墙时的时间。

小链接

某地铁联锁站接发列车作业的程序如下：

(1) 接车作业的程序见表4-1。

表4-1 联锁站接车作业程序表

作业程序	作业程序及用语			说明事项
	行车值班员	LOW操作员（行车值班员）	站台站务员	
一、听取预告	1. 根据《行车日志》和LOW工作站显示，确认接车线路空闲 2. 听取发车站预告“××次预告”并复诵			
二、准备进路、开放信号	4. 确认接车进路防护信号开放正确后，复诵“进路防护信号好了”	3. 听取行车值班员“××次预告”后，在LOW工作站上排列列车进路，确认进路防护信号开放好后口呼“进路防护信号好了”		
	（办理发车作业程序）			（通过列车）
三、接车	5. 听取发车站报点，复诵并填写《行车日志》			
	6. 通知站台站务人员“××次开过来，准备接车”并听取汇报		7. 站台站务人员复诵“××次开过来，准备接车”，并立岗接车	
	9. 监视列车到达	10. 监视列车到达（通过）	8. 监视列车到达（通过）及注意站台乘客安全	

续表

作业程序	作业程序及用语			说明事项
	行车值班员	LOW操作员（行车值班员）	站台站务员	
三、接车	11. 向发车站报点："××次（×点）×分到（通过）并填写《行车日志》"			
	12. 向行车调度员报点"××次×点×分到（通过）"			

（2）发车作业程序见表4-2。

表4-2　　发车作业程序表

作业程序	作业程序及用语			说明事项
	行车值班员	LOW操作员（行车值班员）	站台站务员	
一、发车预告	1. 根据《行车日志》和LOW显示，确认发车线路空闲，向前一LOW工作站预告"××次预告" 2. 填写《行车日志》			
二、准备进路、开放信号	3. 听取前一发车站报点"××次×分开"并复诵，接到接车站准备好接车进路的通知，客车进站后排列发车进路 4. 通知LOW操作员"排列××次发车进路" 6. 确认发车进路好后，复诵"进路防护信号好了"	5. 听取行车值班员"排列××次发车进路"的命令后，排列发车进路。进路排列好后，口呼"进路防护信号好了"		
三、发车	7. 通知站台站务人员"××次发车进路好了"		8. 确认后三节车门关闭好后，向列车驾驶员显示"车门关闭好了"的手信号	
	11. 监视列车运行	10. 监视列车运行，直至列车出清联锁区	9. 监视列车运行及注意站台乘客安全	
四、报点	12. 向接车站报点："××次（×点）×分开" 13. 填写《行车日志》			
	14. 向行车调度员报点："××次×点×分开"			

2. 电话闭塞法接发列车

(1) 电话闭塞的内容。改用电话闭塞法行车，必须有行车调度员命令。在停止使用基本闭塞法，改用电话闭塞法行车时，控制权下放，实行车站控制，即由车站行车值班员办理接发列车。由于电话闭塞法行车时无设备控制，为了防止因疏忽向占用区间发车，造成同向列车尾追，要求行车值班员在接发列车作业过程中，严格按照规定的作业程序和要求进行，严把承认闭塞和填发路票两大关卡，以确保接发列车作业安全。电话闭塞法行车时，行车值班员办理接发列车作业的内容如下：

1) 办理闭塞。发车站向接车站请求闭塞。接车站确认接车区间空闲，接车进路准备妥当后，向发车站发出承认某次列车闭塞的电话记录号码，并填写《行车日志》。

所谓进路准备妥当是指接发列车进路空闲、有关道岔位置正确和影响接发列车进路的作业已经停止。闭塞办妥后，因故不能接车或发车时，应立即发出停车手信号进行防护，并由提出一方发出电话记录号码作为闭塞取消的依据，取消闭塞应及时向行车调度员报告。

2) 发出列车。发车站接到接车站承认闭塞的电话记录号码后，填写路票交给列车驾驶员，向列车驾驶员显示发车手信号。列车出发后，发车站向接车站和行车调度员报点，并填写《行车日志》。

3) 接入列车。接车站在列车停车位置向列车驾驶员显示停车手信号。列车整列到达停妥后，向列车驾驶员收取路票。

4) 闭塞解除。接车站在列车整列发出或进入折返线，以及接车进路准备妥当后，向发车站发出到达列车闭塞解除的电话记录号码，向行车调度员报点，并填写《行车日志》。

(2) 电话闭塞法的要求：

1) 电话记录。电话记录是采用电话闭塞法行车时，区间两端站办理行车闭塞事项的记录。车站在发出电话记录的同时还要编写电话记录号码，以明确办理的事项和责任。承认闭塞、列车到达、取消闭塞等行车事项应发出电话记录。电话记录应登记在《行车日志》上，以防遗漏。

电话记录号码自每日 0：00 起至 24：00 止，按日循环编号，编号方法由运营部门规定。

2) 路票的填写。发车时发车站须查明区间空闲，并取得接车站承认，在发车进路准备妥当后，方可填写路票。

路票应由车站行车值班员亲自填写。填写后的路票，车站值班员应根据《行车日志》的记录进行认真检查。确认无误并加盖行车专用章后，方可送交列车驾驶员。

路票不得在未得到电话记录号码前预先填写，也不能在进路准备妥当之前填写。路票已交列车驾驶员，因特殊原因停止发车时，应及时收回路票。填写的路票，字迹应清楚，不得涂改；当填写后发现错误时，应在路票上划“×”注销，重新填写。

3) 路票的交接。路票的交接地点为列车驾驶员所在驾驶室旁的站台上，路票的交接必须由行车值班员指定的车站人员负责。

4) 车站报点。接车站在列车到达并由车站出发后，应向相邻车站和行车调度员通报发车车次和时分。

(3) 人工排列进路的作业程序：

1) 作业人员进入轨行区必须请示行车调度员并得到行车调度员许可。

2) 车控室值班人员向准备进路人员布置任务。

3）站务员两人携带有关备品：信号灯/旗、手摇把、道岔钥匙、端墙门钥匙、钩锁器、扳手、对讲机、无线调度电台、手电筒、着荧光衣、戴手套。

4）人工准备进路必须从距列车最远的道岔开始，从远到近依次排列。

5）现场确认道岔，需要转向时应一人操作，一人防护、确认。操作者用工具按正确程序打开盖孔板（需先切断电源），手摇道岔，准备好进路，另一人确认道岔位置正确后加锁。

6）确认进路上各道岔的开通位置时，相互用对讲机联络，同时用手信号显示正确情况。

7）当上（下）行线路的进路准备妥当并出清线路后，报告站控室，再准备下（上）行线路进路。

8）行车值班员接到进路准备妥当、线路出清的汇报后，立即做好相应线路的接车或发车准备工作并报告行车调度员。

9）人工摇动道岔时须严格执行“六步曲”程序，执行互控、他控程序。

一看：看道岔开通位置是否正确，是否需要改变位置。

二开：切断电源，打开盖孔板及钩锁器的锁，拆下钩锁器。

三摇：摇道岔转向所需的位置，在听到“咔嚓”的落槽声后停止。

四确认：手指尖轨，“尖轨密贴开通叉位”并和另一人共同确认。

五加锁：另一人在确认道岔位置开通正确后，用钩锁器锁定道岔尖轨。

六汇报：向车控室汇报道岔开通位置。

（4）路票（图 4-1）。路票是在电话闭塞法行车时，根据区间空闲相邻两站所承认闭塞的电话记录号码而填发的行车凭证。

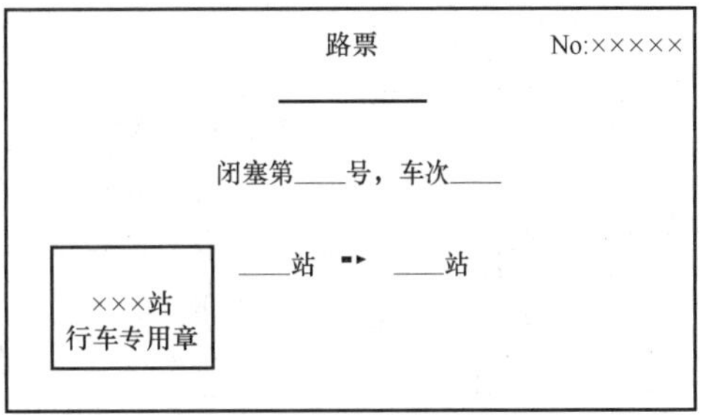
路票　No:×××××

闭塞第____号，车次____

____站 → ____站

×××站
行车专用章

图 4-1　路票

路票主要有六个要素，分别是：

1）电话记录号码：

电话记录号码以每站一组 100 个号码，按日循环使用。相邻站不能使用相同的号码。每个号码在一次循环中只准使用一次，号码一经发出无论生效与否，不得重复使用。

2）车次。

3）列车运行方向。

4）车站行车专用章。

5）车站行车值班员的签名。

6）日期。

路票使用规定：

1）路票是电话闭塞法行车时列车占用闭塞区段的行车凭证。路票根据区段空闲、相邻两站同意闭塞的闭塞号码而填发；列车驾驶员按路票行车。

2）路票由车站行车值班员填记，并加盖“行车专用章”，复查无误后方可递交列车驾驶员；路票填写不得增添字句及涂改，否则视为废票，须重新填写。

3）零点以前填写的路票零点以后发车时，无须更改日期。

4）列车反向运行时车站需在路票左上角加盖“反方向运行”专用章。

5）列车入车辆基地时应写明经出/入车辆基地线及接车股道；列车出车辆基地时应写明经出/入车辆基地线及发车股道。

小链接

某地铁电话闭塞法的接发列车作业程序如下：

（1）接车作业程序见表4-3。

表4-3 电话闭塞法接车作业程序表

程序	作业标准	
	车控室（行车值班员）	站台人员（站务员）
一、听取闭塞车请求	1. 听取后方站发车请求、复诵“××站××次请求闭塞”	
	2. 根据《行车日志》（或通过LOW、CCTV）、调度命令确认站内线路空闲和区间线路空闲（第一趟列车与行车调度员、发车站共同确认）	
	3. 根据《行车日志》确认后方站线路空闲和区间线路空闲（第一趟列车与行车调度员、后方站共同确认）	
二、检查及准备进路	4. 布置站台人员：“检查×道，准备××次×道（上行或下行线）接车进路”	5. 复诵“检查×道，准备××次×道（上行或下行线）接车进路”
	7. 听取汇报后，复诵“××次（×道，上行或下行线）接车进路好了（线路出清）”	6. 将进路上的道岔开通正确位置并加锁，向行车值班员报告“××次×道（上/下行线）接车进路好了（线路出清）”
三、同意闭塞	8. 通知发车站“电话记录××号×分同意××次闭塞”，填写《行车日志》，准备接车	
四、接车	9. 听取发车站的发车通知复诵：“××次××分开”，填写《行车日志》，并向前方站请求闭塞	
	10. 布置站台人员“××次开过来了，准备接车”	11. 复诵“××次开过来了，准备接车”。监视列车进站停车
	13. 复诵“××次到达”，填写《行车日志》，向行车调度员报点	12. 列车对位停车后，向行车值班员报“××次到达”
五、开通区间	14. 列车本站开出后，向发车站报点“电话记录××号××次××分开”。开通区间	

(2) 电话闭塞法发车作业程序见表4-4。

表4-4 电话闭塞法发车作业程序表

程序	作业标准	
	车控室（行车值班员）	站台人员（站务员）
一、请求闭塞	1. 根据《行车日志》、调度命令确认区间线路空闲（第一趟列车与行车调度员、接车站共同确认）	
	2. 向前方站请求闭塞："××次请求闭塞"	
二、准备发车进路	3. 布置站台人员："准备××次×道（上/下行线）发车进路"	4. 复诵"准备××次×道（上/下行线）发车进路"
	6. 听取汇报，复诵"××站××次×道（上/下行线）发车进路好了（线路出清）"	5. 将进路上的道岔开通正确位置并加锁，确认正确后，向行车值班员报告"××次×道（上/下行线）发车进路好了（线路出清）"
三、办理闭塞	7. 复诵："电话记录××号，同意××次闭塞"	
	8. 填写《行车日志》	
	9. 填写并检查路票，交接路票并互检	10. 交接路票并互检
	11. 指示站台人员向列车驾驶员交付路票后显示发车信号	12. 向列车驾驶员交付路票后，确认乘客上下完毕，列车车门关闭后向列车驾驶员显示发车信号
四、列车出发	14. 复诵"××次出发"，填写《行车日志》	13. 列车出清站台区后，向车控室报"××次出发"
	15. 列车出发后，向前方站（接车站）（行车调度员）报点，"××次××分开"。当列车尾部越过站台头端墙后，向后方站报点，"电话记录××号××次××分开"。开通区间	
五、开通区间	16. 复诵前方接车站"电话记录××号××次××分开"，填写行车日志，开通区间	

二、车辆基地接发列车作业组织

（一）车辆基地接发列车作业模式

1. 车辆基地接发列车模式

（1）使用两条联络线双向接发列车，即出段线与入段线都能接发列车，简称双线双向模式，此模式为基本模式。

（2）使用联络线中入段线或出段线单线双向接发列车，简称单线双向模式。此模式为备用模式，在非正常情况下接发列车时使用。

2. 双线改单线接发列车的使用时机

（1）由于接发列车咽喉道岔故障，导致一条线接发列车进路不能使用联锁设备办理时。

（2）由于岔区轨道电路故障影响接发列车咽喉道岔使用，导致一条线接发列车进路不能使用联锁设备办理时。

（3）由于供电设备故障部分区域停电，不能使用该线接发列车时。

（4）由于车辆基地内线路、道岔、信联闭设备、接触网等行车设备检修施工或其他施工作业，必须停用该线、施工封锁区域包括该线时。

（5）故障车辆迫停于车辆基地咽喉岔区压岔、压轨道绝缘节堵塞一条线时。

（6）联锁设备故障、失效无法使用，必须人工手摇道岔办理接发列车进路时，为降低作业难度、提高效率、保障安全，也应使用单线双向接发列车模式。

3. 双线改单线接发列车的使用方法

（1）申请。当出现双线改单线接发列车情况之一时，车辆基地调度员应向行车调度员申请改变原接发列车作业模式，使用单线双向接发列车模式。申请时应同时汇报以下情况：影响接发列车作业的原因、两站接发列车联锁设备能否正常使用、列车是否需要减速运行和其他必要的情况。行车调度员批准后向与车辆基地衔接的车站行车值班员及信号楼值班员下达改变接发列车作业模式的命令。命令应包括起始时间，更改后的接发列车作业模式，是否改用电话闭塞法行车等信息。如需要限速时，应同时给有关列车驾驶员下达限速命令。

（2）恢复。行车调度员在得到车辆基地调度员关于影响接发列车作业的行车设备故障修复、接触网恢复送电、接发列车咽喉畅通、封锁线路开通的报告后，应立即向与车辆基地衔接的车站行车值班员及信号楼值班员发布恢复使用双线双向接发列车模式和原行车闭塞法的命令。

（二）车辆基地接发列车工作有关规定

信号楼是行车指挥重地，必须双人上岗，以确保行车命令、信息及时传达和落实。办理列车出入段的进路是按列车“先到先办”的原则处理，在任何情况下行车调度员有优先处理的最终决定权。

车辆基地内应优先接发列车。发车前，信号楼值班员应检查确认进路、道岔位置正确，影响进路的调车作业已经停止后，按规定时间提前开放发车信号。接车前，应检查确认接车线路空闲，进路、道岔位置正确，影响进路的调车作业已经停止后方可开放接车信号。车辆基地接发列车应灵活运用股道，做到正点发车，不间断接车，减少转线作业。

办理接发列车作业时必须双人配合作业，一人执行，一人监护。进路一经排好，不可随意更改，若前方进路对行车造成危险，需要临时改变接发列车进路时，必须与列车驾驶员联系，并得到列车驾驶员列车停妥报告回应后，方可取消原来进路。确认危险排除后方可重新排列进路，排列进路时要严格遵守呼唤应答制度，做到排列进路准确无误后，通知列车驾驶员动车。

小链接

(1) 某地铁车辆基地设备正常时的接发列车作业程序规定如下：

1) 接车作业程序（表4-5)。

表4-5　车辆基地设备正常时接车作业程序

项目	作业程序		备注
	信号楼值班员1（执行)	信号楼值班员2（监护)	
一、听取发车预告	1. 听取发车站发车预告并复诵“××次预告”。并向信号楼值班员2传达	1. 复诵“××次预告”	中央级控制时此步骤可省略，按运行图和ATS列车运行状态进入下一步
	2. 确认入段线、接车线空闲。按照接车计划，确定该列车接入×道，填写《行车日志》，并通知信号楼值班员2：“××车进××道”	2. 复诵“××车进××道（A、B段)”，填写占线簿，在接车股道上输入车次号	
二、准备接车进路开放信号	3. 听取发车站开车报点并复诵“××次×分开”	3. 复诵“××次×分开”	中央级控制时此步骤可省略
	4. 填写《行车日志》		
	5. 指示信号楼值班员2开放信号“××车出（入）段线进×道停车，开放信号”，听取复诵无误后命令“执行”	4. 复诵“××车出（入）段线进×道停车，开放信号”，听到“执行”后操作	应确认是否需要洗车，应向信号楼值班员2讲明进路
三、接车	6. 监视显示屏复检、确认信号正确。回答：“×道接车信号好”。并与列车驾驶员进行联控	5. 开放进车辆基地信号时，手指、口呼，“XR、XC”，点压始端信号机按钮；“×道”，点压进路终端信号机点按钮。确认光带、信号显示正确后，报告：“×道接车信号好”	
		6. 监视列车进车辆基地情况	
	7. 回答“××车××道停妥，信号楼明白”	7. 通过控制显示屏确认列车整列进入接车线后。填写《线路占用登记表》	
四、列车到达	8. 向发车站发出“××次×分到”		中央级控制时此步骤可省略
	9. 填写《行车日志》		
	10. 向行车调度员报点		客车正常入车辆基地，向行车调度员报点可简化

2）车辆基地设备正常时的发车作业程序见表 4-6。

表 4-6　　车辆基地设备正常时的发车作业程序

项目	作业程序		备注
	信号楼值班员 1	信号楼值班员 2	
一、发车预告	1. 按照发车计划，落实列车驾驶员列车准备情况，根据《运营时刻表》、《施工行车通告》或行车调度员、值班主任命令，确认转换轨空闲。向接车站预告“××次预告”，并听取复诵		中央级控制时只需首列车征得行车调度员的发车授权。后续列车确认转换轨空闲后可直接办理发车
	2. 填写《行车日志》		
二、准备发车进路开放出场信号	3. 指示信号楼值班员 2：“××车×道向出（入）段线发车，开放信号”，听取复诵无误后命令“执行”	1. 复诵：“××车×道向出（入）段线发车，开放信号”，听到“执行”后操作	
	4. 通过显示屏确认信号正确，回答：“×道发车信号好”	2. 开放出车辆基地信号时，手指、口呼×道，点压始端信号机按钮；“出（入）段线”，按压进路终端信号机按钮，确认光带、信号正确后，报告：“×道发车信号好”	
三、指示发车	5. 通知列车驾驶员“××道（A、B段）至车辆基地×道发车信号好”		
	6. 确认列车起动，通知接车站“××次×分开”		中央级控制时此步骤可省略
	7. 填写《行车日志》	3. 监视列车出场情况	
	8. 答：“好”	4. 通过控制显示屏确认列车整列出清出（入）段线，口呼：“××车出车辆基地”。注销占线簿和股道车次	
四、报点	9. 向行车调度员报点		客车正常出车辆基地，向行车调度员报点可简化
	10. 复诵接车站报点“××次×分到”		中央级控制时此步骤可省略
	11. 填写《行车日志》		

（2）当车辆基地联锁设备故障时，改用电话闭塞法接发列车作业程序如下：

1）接车作业程序见表4-7。

表4-7　　电话闭塞法接车作业程序

项目	作业程序		备注
	信号楼值班员1	准备进路人员	
一、听取邻站闭塞	1. 听取发车站请求闭塞“××次闭塞”		须确认从出（入）段线进入车辆基地
	2. 根据《行车日志》，各种行车表示牌确认出（入）段线空闲		
	3. 根据《列车时刻表》、《施工行车通告》和临时调度指示，核对车次、时刻		
二、准备接车进路	4. 根据接车计划，确定接车股道		
	5. 布置准备进路人员检查线路“××车进×道，检查线路”	1. 复诵“××车进×道，检查线路”	
	6. 听取汇报后，回答“×道空闲”	2. 现场检查，确认接车线，进路空闲后向信号楼值班员汇报“×道空闲”	
	7. 布置准备进路人员“××车从出（入）段线进×道停车，准备进路”，并听取复诵无误后命令“执行”	3. 复诵“××车从出（入）段线进×道停车，准备进路”，听到命令“执行”后，现场准备进路	
		4. 准备进路，确认进路正确，对向道岔已加锁后，站在进路一端手指口呼“×道往×道开通”	准备进路时，通过对讲机与信号楼核对道岔位置
	8. 听取汇报后回答“好”	5. 向值班员报告“×道接车进路好”	
	9. 指示准备进路人员“检查出（入）段线往×道接车进路”，并听取复诵无误后命令“执行”	6. 复诵“检查出（入）段线往×道接车进路”，现场确认	
		7. 按准备接车进路程序再次确认进路正确	
	10. 听取汇报后回答“好”	8. 向值班员报告“出（入）段线往×道接车进路确认好”	
三、承认闭塞	11. 发出电话记录“×号×分同意××次闭塞”		
	12. 听取复诵无误，填写《行车日志》		
	13. 填写《车辆基地线路占用登记表》		

续表

项目	作业程序		备注
	信号楼值班员 1	准备进路人员	
四、引导接车	14. 听取发车站开车通知，复诵“××次×分开”		
	15. 填写《行车日志》		
	16. 主动呼叫列车驾驶员：“××车引导接车，进××道（A、B段），入场进路好。（人工引导时命令×××#）”		列车驾驶员注意确认道岔开通位置，人工引导现场不派引导员
五、列车到达开通区间	17. 接到“××车到达”，回答“好”。向发车站报点“××次×分到”	9. 列车进入停车线后，向信号楼值班员 1 汇报“××车到达”	
	18. 填写《行车日志》	10. 将道岔解锁	
	19. 向行车调度员报点		
说明	准备进路人员由信号楼值班员 2 担任。如应急台能使用时则在应急台排列进路，准备进路人员现场确认进路正确后开放机械引导信号接车		

2）发车作业程序见表 4-8。

表 4-8　　电话闭塞法发车作业程序

项目	作业程序		备注
	信号楼值班员 1	准备进路人员	
一、请求闭塞	1. 按照发车计划，落实列车驾驶员列车准备情况，根据《行车日志》，各种行车表示牌确认出（入）段线路空闲。按行车调度员命令或《运营时刻表》、《施工行车通告》确认开行车次		
	2. 向接车站请求闭塞“出（入）段线××次闭塞”		向接车站办理闭塞，讲明出入车辆基地线路
	3. 听取接车站承认闭塞的电话记录号码，复诵“××号×分同意××次闭塞”。填写《行车日志》		

续表

项目	作业程序		备注
	信号楼值班员1	准备进路人员	
二、准备发车进路	4. 布置发车人员“××车×道往出（入）段线发车，准备进路”，并听取复诵无误后命令“执行”	1. 复诵“××车×道往出（入）段线发车，准备进路”，听到“执行”命令后现场作业	
		2. 准备进路，确认进路正确，对向道岔已加锁后，站在进路一端手指口呼“×道往出（入）段线开通”	准备进路时，通过对讲机与信号楼核对道岔位置
	5. 听取汇报后，回答“好”	3. 向值班员报告“×道往出（入）段线发车进路好”	
	6. 再次指示发车人员“确认×道往出（入）段线发车进路”	4. 复诵“确认×道往出（入）段线发车进路”	
	7. 听取汇报后，回答“好”	5. 按准备进路程序再次确认正确后，向值班员报告“×道往出（入）段线发车进路确认好”	
三、填发行车许可证	8. 填写行车许可证，确认无误。利用录音装置良好的无线调度系统向列车驾驶员交付许可证		注意核对出车辆基地线路
四、发车	9. 指示发车“××车×道发车”		列车驾驶员注意确认道岔开通位置
	10. 列车鸣笛，向接车站报告“××次×分开”。填写《行车日志》		
	11. 听取汇报后回答“好”。向行车调度员报点。注销占线簿和股道车次	6. 立岗监视列车出车辆基地并报告“××车出车辆基地”	
五、开通区间		7. 将道岔解锁	
	12. 听取接车站列车到达通知，复诵“××次×分到”		
	13. 填写《行车日志》		

说明：准备进路人员由信号楼值班员2担任。如应急台能使用时则在应急台上排列进路，准备进路人员现场确认进路。

（三）特殊情况下接发列车有关规定

1. 引导接车有关规定

（1）当进段信号机发生故障停用时，可开放引导信号接车。遇引导信号故障时，车辆基地调度员命令引导员在进段信号机外方右侧显示引导手信号接车。

（2）排列进路时，进路中的道岔故障按人工办理。

（3）发车进路未准备妥当不准填写路票，接车进路未准备妥当，不准布置引导员接车。

2. 场内牵引供电中断时接发列车有关规定

（1）当车辆基地内的接触网线路停电并接地时，不得向该线接入电客列车或电力机车，并在该操纵台上揭挂“停电”表示牌。

（2）当相邻正线有电而站内停电必须发车时，应在车辆基地调度员指挥下以内燃机车（调机）牵引电客列车，将列车发往正线。

3. 遇微机联锁主备机均故障时接发列车有关规定

遇微机联锁主备机均故障时，应现地手摇道岔准备进路。

（四）取消接车和取消闭塞的方法

（1）取消接车。因故不能接车，对已开放进站信号的列车，在距离接车不足 4min（规定开放信号时间）或在使用电话闭塞已承认邻站闭塞时，除危及行车和人身安全，禁止关闭进站信号、变更接车进路。

（2）危及行车和人身安全时，除关闭进站信号外，立即派出防护人员至现场进站信号机前拦阻列车。

（3）取消闭塞。信号楼调度员在开放出站信号后，需要取消发车时，应先通知列车驾驶员，并得到回示后，方可关闭出站信号，取消发车进路，然后按《行车组织规则》有关内容办理。

学习任务2　调 车 作 业 组 织

教学目标

了解调车作业基本作用和调车工作的领导与指挥。

掌握调车作业分类和一般要求。

理解调车作业的定义和特殊情况调车作业的规定。

熟知调车作业计划的布置、传达及变更的有关规定。

能正确识别、显示调车手信号。

能严格按规定办理车站折返作业和车辆基地调车作业。

建议学时

建议学时为 6 学时。

一、调车作业概述

（一）调车作业的定义

除列车在正线上的运行以外，凡因列车折返、转线、解体、编组和车辆摘挂、取送等作业需要，列车或车辆在线路上进行有目的的调动，都属于调车。

城市轨道交通的调车作业主要是在车辆基地和折返站内进行，调车作业的动力是内燃机车或动车。车辆基地调车作业的特点是作业量大和作业复杂，除列车折返调车外，其他各种类型的调车都有。

（二）调车作业的意义

调车作业是城市轨道交通行车工作的组成部分，也是车辆基地行车工作的重要内容。在行车安全上，调车作业安全同样是重点，因为调车工作是确保地铁运行的重要环节之一，它对提高地铁运行的效率，做好列车后勤保障，对电动列车的维修、检查保养等修程的顺利实现有着十分突出的作用。同时列车能否按列车运行图正点出发、到达与运行，线路通过能力能否充分利用，也在很大程度上取决于调车作业的组织和效率。

（三）调车作业分类

调车作业按目的不同可以分为列车折返、转线、编组、解体和车辆摘挂、取送等调车作业类型。

（四）调车作业的一般要求

1. 调车作业基本要求

（1）调车作业必须按照调车作业计划及调车信号机或调车信号的显示要求进行，没有信号不准动车，信号不清立即停车。

（2）特殊情况使用无线电对讲机联络进行调车作业时，列车驾驶员与调车人员必须保持联络畅通，联络中断时应及时采取停车措施，停止调车作业。

（3）调车作业时，调车人员必须正确及时地显示信号，列车驾驶员要认真确认信号并且鸣笛回示。

2. 调车作业配合协作要求

调车作业是参加调车作业的相关人员如列车驾驶员、调车人员、信号楼信号员等之间的相互配合、相互协作的过程。因此无论是车辆的动车、信号确认、进路确认及注意事项都必须在作业前明确。信号楼信号员必须按规定正确、及时安排调车进路，并且监视运转情况。调车人员必须看清计划，确认安全状态后，才准显示信号，不得盲目指挥、盲目显示信号；列车驾驶员必须要确认信号，了解四周情况后才能启动机车。

3. 调车作业确认的基本内容

调车作业中应该看清与确认的情况是：

（1）线路情况、停留车位置情况。

（2）道岔开通情况、信号显示情况。

（3）车下障碍物与异物情况。

（4）检修线以及所进入线路作业情况及进出库房大门情况。

（5）连挂的车辆情况。

（6）走行速度情况、道口四周情况。

（7）参加调车作业的人员情况等。

4. 调车作业终止的条件

（1）在调车作业中，调车人员显示的信号得不到列车驾驶员回示或认为速度过快，以及其他异常情况必须立即显示停车信号。

（2）列车驾驶员在无法瞭望信号、信号中断、联络中断或者认为有异常情况时必须立刻停车。

（3）信号楼信号员发现调车作业人员或作业过程有违反安全规定时，应立即采取措施，命令调车作业终止。

（4）车辆基地或车站人员发现有危及调车作业安全、设备安全、人身安全的情况时，应立刻通知有关人员停止调车作业。

（五）调车工作的领导与指挥

调车工作是一项多工种联合行动的复杂工作，为了安全、准确、迅速、协调地进行工作，及时完成调车作业任务，必须实行统一领导和单一指挥的原则。

1. 统一领导

统一领导，就是在同一车辆基地或车站内，在同一时间只能由车辆基地调度员或车站行车值班员统一领导车辆基地或车站有关的调车工作。

2. 单一指挥

单一指挥，就是在同一时间内，城市轨道交通系统的调车作业计划的执行、作业方法的拟订和布置，以及调车机车的行动，只能由调车组的调车长负责指挥。在无调车组的情况下进行手信号调车时，可由调车领导人指定在业务知识和指挥技能方面能够胜任的人员负责调车作业指挥。

（1）所有在车站进行的调车作业，应以确保正线正常运营为基础条件，合理安排调车作业程序、时机，不得以任何理由影响和干扰正线运营。

（2）车辆基地接发列车前必须停止干扰列车到达和出发的调车作业。车辆基地在列车运行图规定的接发列车以外时间，车辆基地调度员可以确定基地内的调车作业；但与行车调度员布置的临时接发列车命令有抵触时，以接发列车作业为主。必须先进行调车作业时，应得到行车调度员的批准。

调车作业时因特殊需要必须越出站界、车辆基地界调车时，应事先报告行车调度员，得到批准后，由行车调度员发给调车作业有关人员调度命令，该命令是越出站界、车辆基地界进行调车的凭证，调车人员应严格按命令要求执行。

（六）调车作业计划

对调车作业而言，调车作业计划是进行车调车作业的凭证与根据。

调车作业计划是指调车工作的有关领导人（车辆基地调度员或行车值班员）向调车作业人员以书面形式下达或口头布置方式的调车作业通知，内容包括起止时间，担当列车（机车）、作业顺序，股道号、摘挂辆数（编组车号或车位），安全注意事项等。

1. 调车作业计划的编制

（1）由于调车作业地点比较分散，涉及作业部门较多，钩数不易记忆，环境因素对作业影响较大，所以一般规定调车作业钩数在三钩以上时应由行车管理的有关部门制订调车作业计划。

（2）调车作业计划的制订或编制应由车辆基地调度员或车站行车值班员根据生产部门提出的要求，以及运行实际状况正确、合理、及时地制定。

（3）制订调车作业计划时应充分考虑各方面的因素与条件，力求在确保行车安全的前提下，提高调车作业效率，以最少的作业钩数，最短的调车行程，完成相应的调车工作任务。

小链接

某地铁《车辆基地运作手册》中规定，编制调车作业计划资料来源：

（1）车辆部检修调度提供的车辆检修计划及签认的临时维修计划。

（2）工程车开行计划。

（3）材料总库车辆装卸情况。

（4）物资设施部生产调度提报的设备检修配合计划。

（5）物资设施部、承建商、未交付使用的机车车辆厂家的动车计划。

（6）车辆部扣修计划和工程车故障报修单。

（7）需要动车的其他情况。

2. 调车作业计划的布置与交接

为保证在调车作业中正确执行作业计划，使调车指挥人能彻底了解计划的要求，调车领导人与调车指挥人必须亲自布置与交接计划，并且交接时使用调车作业通知单。因设备及劳动组织等原因，调车领导人与调车指挥人不能亲自交接计划时，由主管部门制订交接办法。

3. 调车作业计划的传达

（1）为了正确、及时地完成调车作业任务和要求，调车指挥人（调车长）在向参加作业的其他人员传达调车计划时，应预想作业安全事项，进行具体作业方法、注意事项等情况的布置，并与调车人员核对复诵计划。在调车作业开始之前，必须使参加调车作业的人员都做到心中有数，避免误听、误传而引起作业重复，以及其他不良后果。

（2）当一批作业（指一张调车作业通知单）不超过 3 钩时，允许以口头方式布置（包括使用调车无线电话传达）。由于口头布置没有书面依据，为确保作业人员之间协调一致，有关人员必须复诵，核对正确无误后执行。

4. 调车作业计划的变更

变更作业计划主要是指变更作业股道、摘挂辆数与车辆号、作业方法及取送作业或转线的区域或线路。

（1）调车作业中必须严格按照调车作业计划所规定的内容与要求进行，不准擅自改变作业计划。

（2）如因运行状况以及生产实际需要必须变更调车作业计划时，应该停止进行中的作业。

（3）由车辆基地调度员或行车值班员将变更后的计划向调车指挥人重新布置，调车指挥人向所有参与人员传达清楚，并且进行核对和复诵，确认无误后，方可继续作业。

（4）变更计划不超过三钩时，可以以口头方式布置与传达。超过三钩时应重新编制书面调车作业计划，原计划取消执行。

（5）为了贯彻集中领导、统一指挥的原则，调车指挥人在作业过程中认为必须变更原计划时，应及时向有关调车领导人反映，由调车领导人重新编制书面计划后执行。

（6）所谓调车作业中的“一钩”作业，一般是指机车（动车）完成连挂、摘解或转线等调车工作的基本单位。所挂车辆的运行由线路的一股道到另一股道并且改变运行的方向。

（七）调车信号

城市轨道交通的调车信号分为视觉信号和听觉信号，视觉信号又分为信号机显示的信号和调车手信号。

1. 调车手信号

手信号是行车有关人员在作业中，进行指挥、联系等工作广泛采用的视觉信号。根据行车工作的需要，可以机动灵活地指挥列车运行和调车作业，也可联系和传达有关行车事项。正确使用调车手信号，对保证调车作业安全，提高调车作业效率起着重要作用。为确保手信号的显示正确和防止误认，行车有关人员显示手信号时，必须严肃认真，要位置适当，正确及时，横平竖直，灯正圈圆，角度准确，段落清晰。

手信号分为徒手信号、信号旗（昼间用手信号）及信号灯（夜间用手信号）。在昼间遇降大雾、暴风雨雪及其他情况而导致视野不明朗时，由行车调度员指示，使用夜间信号。

国内城市轨道交通企业规定的调车手信号的种类及显示方式。

（1）信号旗及信号灯显示手信号的方式。信号旗及信号灯显示手信号的方式见表 4-9。

表 4-9　信号旗及信号灯显示手信号的方式表

序号	调车手信号类别	显示方式	
		昼间	夜间
1	停车信号	展开的红色信号旗，无红色信号旗时，两臂高举头上，向两侧急剧摇动	红色灯光，无红色灯光时，用白色灯光上、下急剧摇动
2	减速信号	展开的绿色信号旗下压数次	绿色灯光下压数次
3	指挥列车或车辆向显示人方向来的信号	展开的绿色信号旗在下方左右摇动	绿色灯光在下方左右摇动
4	指挥列车或车辆向显示人反方向去的信号	展开的绿色信号旗上、下摇动	绿色灯光上、下摇动
5	指挥列车或车辆向显示人方向稍行移动的信号（包括连挂）	左手拢起红色信号旗直立平举，右手展开的绿色信号旗在下方左右小摆动	绿色灯光下压数次后，再左右小动
6	指挥列车或车辆向显示人反方向稍行移动的信号（包括连挂）	左手拢起红色信号旗直立平举，右手展开的绿色信号旗在下方上、下小动	绿色灯光平举上、下小动
7	三、二、一车距离信号：表示推进车辆的前端距被连挂车辆的距离	右手展开的绿色信号旗下压三、二、一次，分别表示距停留车三车（约 60m）、二车（约 40m）、一车（约 20m）	绿色灯光平举下压三、二、一次
8	连挂作业	两臂高举头上，拢起的手信号旗杆成水平末端相接	红、绿色灯光（无绿色灯用白色灯光代替）交互显示数次
9	试拉信号（连挂好后试拉）	按本表第 5 或第 6 项的信号显示，当列车启动后立即显示停车信号	
10	取消信号：通知前发信号取消	拢起的手信号旗，两臂于前下方交叉后，左右摇动数次	红色灯光作圆形转动后，上下摇动
11	停留车位置信号：表示车辆停留地点	拢起的手信号旗，单臂于前下方左右小摇动	白色灯光左右小摇动
12	道岔开通信号：表示进路道岔准备妥当	拢起的黄色信号旗高举头上左右摇动	白色灯光高举头上左右小动

(2) 徒手信号显示方式。调车长或管理人员及行车有关人员检查工作或遇列车救援、发生紧急情况，没有携带信号灯或信号旗时，可徒手显示信号。徒手信号显示方式见表 4-10。

表 4-10 徒手信号显示方式表

序号	徒手信号类别	显示方式
1	紧急停车信号（含停车信号）	两手臂高举头上，向两侧急剧摇动
2	三、二、一车信号	单臂平伸后，小臂竖直向外压直，反复三次为三车、二次为二车、一次为一车
3	连挂信号	紧握两拳头高举头上，拳心向里，两拳相碰数次
4	试拉信号	如本表第 5 或第 6 项，当列车刚起动马上给停车信号（第 1 项）
5	向显示人方向稍行移动	左手高举直伸，右手平伸小臂左右摇动
6	向显示人反方向稍行移动	左手高举直伸，右手向下斜伸，小臂上下摇动
7	好了信号	单臂向列车运行方向上弧圈做圆形转动

2. 口笛鸣示方式

口笛鸣示方式为行车作业中采用的音响信号，长声为 3s，短声为 1s，间隔为 1s。重复鸣示时，需间隔 5s 以上。口笛鸣示方式见表 4-11。

表 4-11 口笛鸣示方式表

序号	工作项目	鸣示方式	
1	发车、指示机车向显示人反方向移动	一长声	——
2	指示机车向显示人方向移动	一短一长声	·——
3	指示发车	一长一短声	——·
4	制动机减压	一短声	·
5	制动机缓解	二短声	··
6	取消	二长一短声	—— ——·
7	再显示	二长二短声	—— ——··
8	列车接近通报信号 上行 下行	 二长声 一长声	 —— —— ——
9	停车信号	连续短声	·······

二、列车折返作业组织

（一）列车折返作业的领导与指挥

根据控制方式和设备类型的不同，列车折返作业的领导与指挥人不同。在调度集中控制时，行车调度员是列车折返调车的领导人和指挥人；在车站控制时，行车调度员是列车折返调车的领导人，行车值班员是列车折返调车的指挥人；在现场控制时，行车值班员是列车折返作业的领导人，由行车值班员指派合格的工作人员担当调车作业的指挥人。

（二）列车折返进路办理模式

1. 调度集中控制时的折返进路

列车折返的调车作业进路由行车调度员人工或中央 ATS 自动排列。

2. 车站控制时的折返进路

列车的调车进路由车站行车值班员人工排列。原则上，行车值班员应优先采用列车折返模式排列进路。如需变更列车进路折返模式，必须得到行车调度员的同意。

（三）车站无联锁折返作业

(1) 在车站折返线联锁失效时，车站行车值班员向行车调度员报告，并报告值班站长安排双人上岗把关。

(2) 办理车站控制权的转交，确定车站级控制列车。

(3) 行车调度员确认列车到达前方车站时，命令车站行车值班员准备进路。站务员人工摇道岔，严格执行要道还道制度，并加钩锁器锁闭，必须做到双人顺着轨密贴一边确认道岔位置正确后向车站行车值班员汇报。车站行车值班员应逐个认真核对进路上所有道岔位置正确，进路正确开通。

(4) 列车到达后，完成客运作业后，由车站行车值班员通知列车驾驶员，明确调车进路的确认由列车驾驶员负责。并由车站调车工作人员向列车驾驶员送调车作业通知（单）。

(5) 列车驾驶员凭调车指挥人的手信号动车，以人工驾驶方式限速驶进折返线。

(6) 列车驾驶员进入折返线进行列车驾驶员室换向作业后，列车驾驶员用无线电话进行联系，列车进路办理好后，调车指挥人显示手信号指示列车动车。

(7) 列车驶出折返线，驶往线路停车牌处定点停车。

（四）临时变更折返作业

全线各有岔车站，在办理列车折返调车作业中，如果需临时变更进路，根据不同的控制方式采用不同的模式。

(1) 在调度集中控制时，如折返列车尚未启动，由行车调度员通知列车驾驶员后重新办理折返进路。

(2) 在车站控制时，若非设备故障，一般不进行列车折返进路的临时变更。必须变更时，由操作进路人员征得行车调度员的同意，在获得同意后，通知有关调车列车驾驶员“现在变更进路，禁止列车动车”，得到列车驾驶员确认后，方可取消原进路，再办理变更进路。待变更进路完毕，立刻通知该列车驾驶员“变更进路完毕，可恢复调车作业”。

(3) 列车启动后，不得变更折返进路。

三、车辆基地调车作业组织

车辆基地调车作业的特点是工作量大和作业复杂，各种类型的调车都有。

车辆基地调度员为车辆基地的调车领导人，负责组织车辆基地内的各种调车作业。车辆基地调车组的调车长为调车行动的指挥人。车辆基地信号楼值班员负责办理调车作业进路并监护调车作业的安全进行。车辆基地调度员编制调车作业计划后，以书面形式下达给信号楼值班员和调车指挥人。调车长必须在作业前将调车作业计划和有关注意事项向调车列车驾驶员及其他调车作业人员传达清楚。

在办理调车进路前，信号楼值班员应做到三确认，即确认不存在与调车作业有干扰的接发列车和检修施工作业；确认调车线路空闲；确认调车组做好作业准备。如因故需要取消调车进路，应在调机及车辆未起动前，并在通知调车长和调机列车驾驶员后，再关闭调车信号、取消调车进路。

在调车作业过程中，信号楼值班员应掌握列车运行图规定的列车出入段时刻，防止因调车作业影响出入段列车的运行。如调车作业影响列车出入段运行，必须得到行车调度员的批准。

调车组由调车长、调机列车驾驶员和调车人员组成。在调车作业前，调车长除布置清楚调车作业计划和有关注意事项外，还应督促和带领调车人员做好作业前准备工作；调车组人员应穿戴好防护用品，准备好信号旗或信号灯，确认对讲机等无线通信设备性能良好。

在调车作业中，调车长应正确及时地显示信号，指挥调车作业进行，组织调车人员按计划、安全地完成调车任务。

调车作业必须按照防护信号机或调车手信号的显示要求进行。没有信号，调机列车驾驶员不准动车进行调车作业；在调车作业中，调机列车驾驶员要时刻注意确认信号，不间断地进行瞭望，认真执行呼唤应答制，按信号显示要求进行作业；如遇信号显示不清，调机列车驾驶员应立即停止调车，严禁臆测作业。

1. 调车进路确认

在调车作业中经常会遇到牵引车辆运行和推进车辆运行的情况。由于调车进路变化较多，车辆存放处所不同，连挂与牵出的地点各异，所以这两种情况在调车作业中常常交替进行，为了分清调车作业中对进路以及周围情况确认的责任，更安全有效地展开调车作业，通常对牵引与推进运行的瞭望以及确认要求作以下规定：

(1) 列车正向运行、单机运行或牵引车辆运行时，前方进路的确认由列车驾驶员负责。列车驾驶员在运行时要不中断瞭望，对发生的异常情况，如线路限界情况、信号显示状态、人员行走、道口安全、调车进路是否正确等要果断采取处置措施。

(2) 推进车辆运行时，前方进路的确认由调车长负责，调车长应不中断瞭望，及时正确地与列车驾驶员联系或显示信号。如调车指挥人所在位置确认前方进路有困难，可指派参加调车作业的其他人员确认、瞭望，并将情况正确、规范地传达给调车指挥人，由调车指挥人与列车驾驶员联络。在一般情况下调车指挥人应站立在易于瞭望进路，又能使列车驾驶员看清其信号显示的位置。

(3) 在调车作业中，调车作业人员必须按调车信号的显示要求进行。如果运行中遇调车信号机灯光显示不明或熄灭，手信号灯光忽明忽暗或中断，无线电对讲机联系中断，信号没有得到回示等，都应视为停车信号而采取措施，使机车（列车）停止作业。

(4) 如果车辆基地信号机故障，应由调车人员立刻通知信号楼值班员，必要时应通知车辆基地调度员组织检修。调车人员必须等信号机恢复显示，或由有关行车人员到场通知列车驾驶员或显示允许通过该信号机的信号后，方可按照有关规定和制度越过该架信号机。

2. 调车作业进路的变更与终止

在实际调车作业中，由于线路情况变化以及实际工作的需要，必须取消调车作业进路时，相关人员必须遵守以下规则：

(1) 确认列车或车辆尚未启动，通知列车驾驶员与调车长，并得到回复后。

(2) 如果列车、车辆已经开始运行，必须立即通知列车驾驶员和调车长，并且确认列车或车辆已经停止运行。

（3）如果必须使列车或车辆运行时，确认列车或车辆已经按规定进入规定位置停车。

在执行以上三点基本规则之一后，相关人员才能够关闭信进号机，取消原先调车进路。

进行变更进路的排列，开放变更后的调车作业信号时，参加调车作业的列车驾驶员和调车长在得到信号楼或有关信号操纵人员的通知后，应立即遵照执行，不得盲目动车或强行启动进入信号机内方，防止产生由于进路变更而使列车或车辆冒进红灯或者由于道岔转换而造成挤岔或脱轨事故。

3. 调车作业中“连挂”与“摘钩”

（1）车辆连挂规定：

1）连挂作业前，推进车辆进行时，调车长必须向列车驾驶员显示“三车、二车、一车”距离信号，如果没有调车长显示“三车、二车、一车”的距离信号，不准进行连挂，调车长显示的信号没有得到列车驾驶员的回示，应立刻显示停车信号。没有停留车位置的距离信号，列车驾驶员应拒绝挂车。

2）单机或牵引车辆挂车时，由于列车驾驶员的瞭望视线不受影响，调车长可以不显示“三车、二车、一车”距离信号，但是为了确保连挂作业的安全，调车长应在与被连挂车辆即停留车位置接近三车距离时，显示连接信号，列车驾驶员在瞭望后确认鸣笛回示。

3）“三车、二车、一车”距离信号除了表示距离的含义外，通常还包含以下意思。“三车”时列车驾驶员应掌握运行速度 8km/h；“二车”时列车驾驶员应掌握运行速度 5km/h；“一车”时列车驾驶员应掌握运行速度 3km/h；为了不使列车驾驶员对信号显示产生误解，在显示距离信号后，一般不再显示减速信号。

4）连挂车辆时，遇有气候不良，如暴风雨、浓雾，使调车环境情况复杂，弯道曲线影响瞭望、照明情况不良，坡道较陡等状况，调车长确认前方停留位置有困难，无论牵引运行还是推进运行都应派出人员在停留车连挂一端显示停留车位置信号，并指示列车驾驶员减速，加强瞭望，防止意外发生，显示停留车位置信号的地点为距连接端前 5m。

5）连挂车辆前在距停留车一车距离时，列车驾驶员必须一度停车，检查确认被连挂列车、车辆状况，包括确认被连挂车辆、列车前无禁动红牌，被连挂车辆、列车上或限界内无作业人员正在作业，被连挂车辆周围情况无异物侵入限界和影响安全的因素存在。

6）连挂后的列车、车辆必须根据规定进行试拉，确认连接妥当后，列车可起动，试拉时不得越出呈关闭状态的信号机。

（2）车辆“摘钩”规定：

1）摘钩后的列车、车辆要按规定位置放置止轮器或采取制动措施，防止溜车，造成人员伤亡和设备损坏。

2）调车作业中的解钩拆车必须在车辆停稳的状况下进行。

3）调车长在摘钩作业时，列车驾驶员必须注意瞭望，按调车长的信号显示进行。没有调车长的移动信号，列车驾驶员不准动车。

4. 调车速度的限制

调车速度控制是安全、迅速、准确完成调车作业的关键，是调车安全的重点环节。调车速度一般要求较低，这主要是因为：

（1）调车作业中，被调动车辆自动制动机可能没有全部加入整列制动系统中，造成制动力较小。

（2）调车作业中，运行方向正向、逆向交互进行，有时瞭望不便。

（3）调车线路一般情况下其标准、等级以及道岔型号都低于运营正线，存在设备结构限制。

（4）当推进运行时，需中转信号，在时间上有延误或需增加中转时间。

（5）调车作业时，线路周围情况相对较复杂等。

小链接

某地铁《车辆基地运作手册》中规定调车作业中要严格控制运行速度，不得违反以下规定：

（1）在空线上运行时应严格按照线路、道岔的允许速度运行，最高速度不得超过 30km/h。

（2）调车作业中因工作需要进出厂房、车库时不得超过 5km/h。

（3）接近被连挂车辆与列车时不得超过 3km/h。

（4）瞭望条件不良时应适当降低速度。

（5）电动列车出入车辆基地无码区时按慢速前行方式限速 20km/h 进行。

（6）正线车站内，调车按相关规定的速度运行。

（7）尽头线调车时速度不得超过 3km/h。

调车作业中，调车司机必须严格按照有关规程限制速度，按调车指挥人的信号显示要求操纵机车，在任何情况下，不准超速作业。

调车指挥人除注意观速、观距，正确及时地显示信号外，还要准确掌握速度，不准超过规定。当发现司机超速危及安全时，必须立即显示停车信号。

四、特殊情况调车作业规定

（一）尽头线调车规定

（1）在尽头线上进行调车作业时，距离线路终端应有不少于 10m 的安全距离。

（2）若距离线路终端必须近于 10m 时，要严格控制调车速度，以随时能停车的速度（3km/h 以下）运行。

（3）如果需摘挂车辆，应报告有关行车管理人员，并采取预防措施。

（4）天气或环境恶劣，瞭望距离较短时，通常不允许在距尽头线末端不足 10m 处摘挂车辆。

（二）手推调车规定

以人力推移车辆的调车称为手推调车，通常是在短距离移动车辆时采用。正常情况下，原则上不使用手推调车。如确有必要采用手推调车，应得到车辆基地调度员或安全主管部门批准，并有可靠的安全措施。

一般情况下手推调车只在车辆基地内车辆检修作业中使用，必须遵守下列安全规定：

（1）与被移动车辆相关的作业要停止，防止发生人身伤亡事故。

（2）要严格掌握调车速度，必须有相应的安全措施确保制动良好并指定专门人员负责。

（3）手推调车速度不得超过 3km/h，每批手推调车不得超过一辆重车或二辆空车，防止失控，造成不良后果。

（4）车辆走行时必须有专人进行指挥，并得到有关行车管理人员的同意。

（5）手推调车指挥人应与运转值班室及信号控制部门联系，安排作业计划，开通调车进路，开放调车信号。

（6）禁止手推调车的情况：

1）暴风雨雪天气，影响线路及周围瞭望。

2）夜间无照明设备的线路。

3）线路坡度大于 2.5‰。

4）制动措施不能保证随时能停车。

5）能进入接发列车进路的线路上而无脱轨器或无隔开设备。

6）装载有易燃、易爆物品的车辆。

7）同一线路上两组车同时手推调车。

（7）手推调车时，必须有胜任人员把关，采取好各项安全措施后，才能进行，确保手推调车过程的安全。

（三）越出站界调车

占用区间正线进行调车称为越出站界调车。为保证列车运行和调车作业安全，越出站界调车按照下列作业办法进行。

1. 双线区间正方向越出站界调车

如区间为自动闭塞，只要确认第一闭塞分区空闲；如区间为非自动闭塞，要确认区间空闲，车站行车值班员即可办理调车进路、口头通知调机列车驾驶员，准许越出站界调车。

2. 双线区间反方向越出站界调车

在收到停止实行基本闭塞法的调度命令后，车站行车值班员与邻站办理闭塞手续，并将调度命令发给调机列车驾驶员作为占用区间的凭证，调机列车驾驶员凭手信号进入区间调车。调车作业结束后，行车值班员应及时向行车调度员报告并通知邻站。

（四）试车作业组织

1. 试车线试车

由车辆检修部门向运转值班室提出试车申请，车辆基地调度员通知信号楼值班员布置进路，列车按调车信号驶入试车线进行调试。

2. 股道试车

股道试车是指车辆在库内线路上进行小范围的动态调试。车辆检修部门向运转值班室提出试车申请，车辆基地调度员派出列车驾驶员配合试车。

在进行股道试车时，如需要越过线路前方的防护信号机，车辆基地调度员在同意试车前应通知信号楼值班员办理进路。车辆头部越过信号机后，未得到信号楼值班员准许，列车驾驶员不准擅自退行。股道试车前应确认无关人员已撤离、止轮器已撤除、线路上无障碍物和股道上接触网已送电。股道试车时，车辆运行限速是 5km/h。

3. 非进路试车

非进路试车是指车辆在车辆基地线路上进行大范围的动态调试。车辆检修部门向运转值班室提出试车申请，车辆基地调度员派出列车驾驶员配合试车。

在进行非进路试车时，建立的非进路只能由库内线路通往车辆基地牵出线，并且该非进路必须封闭。试车列车驾驶员凭车辆基地调度员填发的《非进路试车许可证》进入封闭进路试车。

列车驾驶员在调试车辆进入封闭进路前应确认信号显示，进入封闭进路后，车辆可在指定范围内、按规定速度往返运行，进路上的信号机红色灯光显示均可越过。非进路试车完毕后，车辆应停于指定的股道内，由车辆基地调度员收回《非进路试车许可证》并注销，然后通知信号楼值班员非进路试车结束。

信号楼值班员接到车辆基地调度员的非进路试车通知后，在确认试车时间内无计划的接发列车作业、办妥试车进路后，方可同意进行非进路试车。遇有行车调度员临时下达的接发列车作业命令，信号楼值班员应立即停止非进路试车并指示调试车辆停于牵出线待命。

非进路试车前应确认无关人员已撤离、止轮器已撤除、线路上无障碍物和股道上接触网已送电，以确保试车安全。

学习任务3 施工作业组织

教学目标

了解施工作业的特点和管理模式。

掌握施工计划的分类、施工作业中相关人员的职责。

掌握施工计划编制要求。

能按施工请点及销点基本规定办理施工。

能按规定填写车站和车辆基地施工作业台账。

建议学时

建议学时为2学时。

城市轨道交通采用了大量的自动化先进设备，白天运营期间行车密度大，无法进行设施、设备的施工维修，因此施工作业通常是在夜间停止运营期间进行。由于城市轨道交通施工作业牵涉面广，参与作业的人员较多，对次日的行车作业有可能产生影响，所以必须加强施工组织与管理。

一、施工作业组织概述

（一）施工作业的特点

（1）基本在夜间停运时间开展、施工时间短。

（2）轨行区有带高压电的接触网/轨。

（3）开行工程列车、调试列车，由于隧道空间有限，根本无避防。

（二）施工作业分类

城市轨道交通系统施工按施工作业地点和性质的不同，可分为影响正线、辅助线行车的施工，在车辆基地内的施工和在车站内不影响行车的施工三种。

影响正线、辅助线行车的施工又可分为开行工程列车的施工、不开行工程列车的施工和车站范围内影响行车设备设施的施工。

在车辆基地的施工可分为开行电客车、工程列车的施工（不含车辆部内部），不开行工程列车但在车辆基地线路限界及影响接触网停电的施工和不开行工程列车也不在车辆基地线路限界的施工。

在车站内不影响行车的施工可分为车站内大面积影响客运及需动火的施工以及其他局部影响客运，但经采取措施影响不大且动用简单设备设施的施工。

二、施工作业计划

施工作业必须先由实施部门提报施工需求计划，计划管理部门根据各部门施工需求编制总的施工作业计划，并召开施工作业计划协调会，调整冲突的计划项，均衡安排每日的施工作业量，经充分讨论协调后，形成完善的施工作业计划，审批后方可实施。

（一）施工作业计划的申报与审批

1. 集中审批

各单位按照层级申报，逐层审核，最终召开施工协调会，统一审批及确定施工作业计划安排或集中编制后，按照专业审核。

2. 重点审批及分散审批结合

安全性高及资源紧张的计划实行集中审批；其余计划按照属地管理分散审批。

（二）施工作业计划的编制原则

（1）核心计划优先安排，即对其他计划影响大且安全上重点控制的计划和一些重点施工作业计划。

（2）确保施工中人员及设备安全，结合作业条件，按照资源是否共享原则安排。

（3）合理利用各项资源，避免资源浪费。

（4）在安全前提下，均衡安排，避免集中作业。

（5）严格按照施工组织规定，以及其他的行车组织要求、时间要求及设备要求编制。

（三）施工作业计划的分类

施工计划按时间分为周计划、日变更计划和临时抢修计划。

1. 周计划

属于正常修程范围内的设备设施维修一般以周或双周为周期提报计划，称为周计划。这种周计划的作业项目，基本上以固定周期的检修、维护为主。

下列情况中属正常修程内的，应提报周计划：

（1）需乘务室派出列车驾驶员协助的车辆、列车调试作业（不含临修的调试）。

（2）需开行工程列车（含轨道车）的检查、维修、施工、运输作业。

（3）影响或可能影响行车的设备检查、维修、施工作业（如在设备房或传输通道进行的通信、信号、接触网供电、洗车机等设备的检查、维修、施工作业，影响或可能影响设备使用时）。

（4）需要进入正线及辅助线的检查、维修、清洗、消杀、施工作业。

（5）屏蔽门的检查、维修、清洁、保养、施工作业。

（6）需停止接触网供电的检查、维修、施工作业。

（7）影响或可能影响运营服务设施使用、运营服务水平以及其他部门生产办公的检查、维修、施工作业（如停止低压供电影响或可能影响运营服务设施使用时）。

（8）不进入线路，但需其他部门配合的作业。

（9）不进入线路，但需进入车站各设备房的检查、维修作业。

（10）需要进入车辆基地行车线路（含设备限界内）、车辆基地变电所的检查、维修、施工作业。

2. 日变更计划

对于周计划内已批准的日作业计划项目，如因特殊原因需变更的，就以日变更计划的形式提报。

3. 临时抢修计划

临时抢修计划分为运营期间的抢修计划和非运营期间的抢修计划，主要针对运营时间内发生的设备设施故障，以提报临时抢修计划的形式进行。根据故障情况，选择在运营时间或非运营时间进行抢修安排。

三、施工作业流程

周计划是由各车间主管工程师根据工作需要提出下周的施工计划，提交部门进行审批，部门对车间主管工程师提交的施工作业计划进行修订，对已经修订好的作业提交给计划管理部门进行审批。

计划管理部门对各部门提交上来的作业进行协调、修订，对已经修改并审批的作业返回给提交部门生成施工作业令（如是危险作业，还需通过安全部门的审核）。部门对已经审批的作业签发施工作业令并自动生成作业令号。

车站控制室（车辆基地信号楼）根据实际情况办理施工负责人对某一个作业令或者多个作业令的预请点（外单位的施工人员必须在施工登记簿上签名确认），提交给行车调度员进行批准。行车调度员对车站（车辆基地）提交的预请点作业进行审批，对已经批准的作业令自动生成一个施工承认号。

对于已经生成施工承认号的作业令，车站值班员（车辆基地信号楼值班员）和施工负责人共同确认行车调度员批准后，方可进行作业，作业完成后进行销点，并且提交给行车调度员进行核销点。

行车调度员对全部销点的作业进行核销点后，该项作业结束。

周计划、非运营期间临时抢修计划、运营期间抢修计划流程分别如图 4－2～图 4－4 所示。

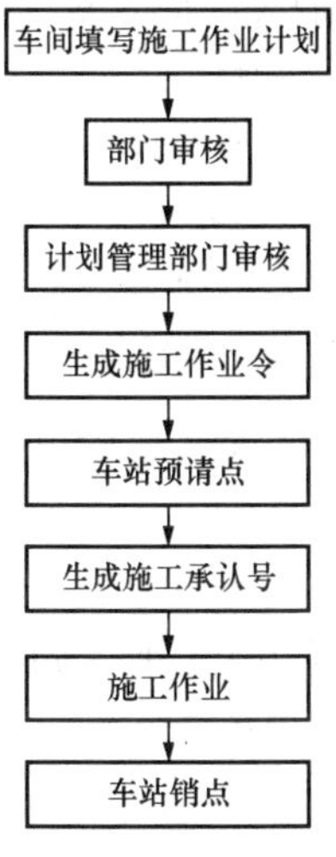

图 4－2　周计划流程图

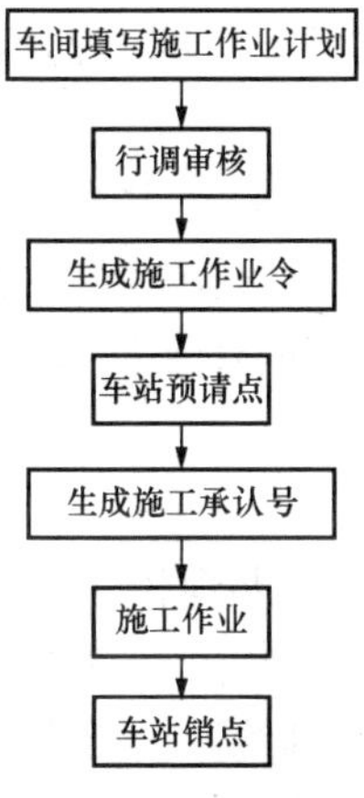

图 4－3　非运营期间临时抢修计划流程图

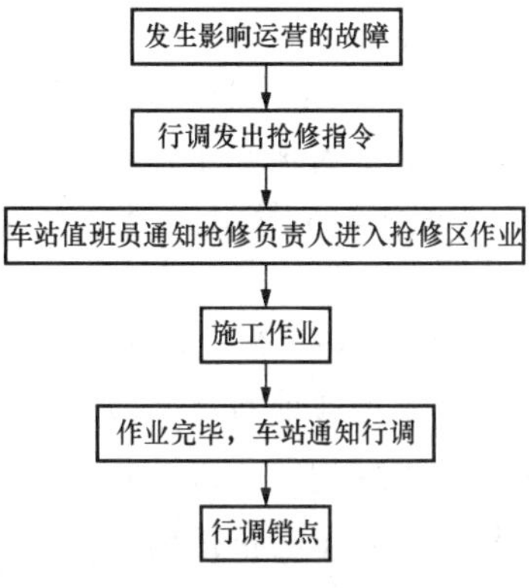

图 4－4　运营期间临时抢修计划流程图

四、施工作业有关规定

（一）施工负责人的有关规定

城市轨道交通运营单位为了对施工作业过程进行有效的监督和控制，每项施工作业必须设一名施工负责人。如果一项施工作业有几个不同的作业地点，那么必须设立多名施工负责人，使每一个地点的施工过程都有人监督负责。施工负责人经统一组织培训合格后方可上岗。

施工负责人的职责有：

（1）负责办理该组作业请/销点手续。

（2）负责该组作业人员/设备的安全管理。

（3）负责作业过程的组织指挥。

（4）负责及时与车站（车辆基地）联系作业有关事项。

（5）组织设置、撤销作业安全防护设施。

（6）负责恢复施工所涉及设备的正常状态，并出清作业区域。

（二）施工人员管理

承包商施工人员进入车站管理区域施工的，要办理施工人员的出入证。施工期间，施工人员凭出入证和身份证明文件进出车站。施工作业须临时用火、用电时，需经运营单位安全主管部门审批并办理临时动火、用电许可相关手续。

（1）运营期间，施工作业人员需进入付费区作业的，必须遵守相关规定，如内部员工凭员工卡从闸机进出，外单位人员在员工通道处验证通过等。

（2）运营结束后，运营单位内部施工作业人员凭工作卡或员工卡进出车站或轨行区，外单位施工作业人员凭运营单位签发的施工作业证进出车站或轨行区。

（3）进出车站屏蔽门端门和各设备房，所有施工人员必须出示员工卡或施工作业证，车站确认进入人数及证件与本人相符后方可放行。

（4）在轨行区相邻线没有隔离的线路上施工作业时，施工人员须注意邻线列车动态，作业人员、工器具等不得侵入邻线车辆限界。

（5）施工人员、工程列车在同一区域作业（仅限于开行工程列车配合的同一施工作业）时，由施工负责人与车长根据现场情况进行协调。

1）按施工前进方向，列车在前，人员在后，原则上不得颠倒。严禁在运行的工程列车前后均进行作业。

2）非随车施工人员与列车应有 50m 以上的安全间隔距离，原则上不得后退。如需要动车时，施工负责人须和车长协商后，在确保人身安全的情况下才能动车。

3）若该作业为接触网检修作业，则作业期间作业区域的接地线的位置及数量由施工负责人负责。

（三）轨行区的施工防护

根据施工作业地点和作业性质，施工前必须办理相应批准手续才能动工。所有施工作业必须按施工管理规定，以及各专业的检修规程的规定设置安全防护，施工负责人负责检查落实施工作业的安全防护措施，确保防护到位，杜绝安全隐患。

施工作业防护遵循谁设置谁撤除的原则，实行“自控、互控、他控”。凡进入线路的施工作业人员必须按要求穿荧光衣，并根据作业性质及作业要求使用其他安全防护用品。

车站轨行区线路分为站内线路和站间线路。站内线路是指车站站台两端墙内方的线路，站间线路则是指相邻两站间的区间线路（按两站相邻侧端墙处计算）。在轨行区施工时，需设置红闪灯防护，防止人、车闯入施工区域造成事故。

1. 站内线路施工

在站内线路施工时，由施工负责人负责设置防护红闪灯（图 4-5），设置位置在该车站两端墙外方轨道线路中央的道床上。

图 4-5　设置红闪灯防护图

2. 站间线路施工

在站间线路施工时，由于涉及两端的两个车站，需由两个车站共同实施防护。由施工负责人在该作业区域外的两端轨道中央道床上设置红闪灯防护，两端车站各自检查是否需要车站设置红闪灯防护；如两端车站在靠近作业区域一侧的端墙看不清红闪灯时，站务人员在靠近作业区域一侧的端墙处站台上设置红闪灯防护。

施工销点后，销点车站通知另一端车站施工结束，两端车站各自撤除本站设置的红闪灯。

需异地销点的车站施工作业，施工负责人应在"车站施工登记本"备注栏中注明异地销点的地点、人数，办理施工请点的车站要及时通知异地销点车站的车站值班员，并告知相应的施工承认号，销点时由异地销点站车站行车值班员将作业代码和施工承认号报行车调度员销点，并各自做好销点记录。如请点时网络正常，作业完毕销点不正常，相关车站应听从行车调度员的指令到相邻区间检查线路出清情况，行车调度员确认线路出清后开通线路并做好运营准备。

网络严重中断时，对于重点作业，由各部门生产调度提出，行车调度员予以优先安排。

（四）施工请点及销点作业

施工作业必须向行车调度员（或车辆基地调度员）请点生效后方可开始动工，所有作业都必须按计划规定的时间之前完成并销点，运营期间的抢修计划在作业完成并线路出清后应及时通知行车调度员（车辆基地调度员）销点。

1. 车站请点与销点

(1) 请点。施工负责人须持"施工作业令"原件（表 4-12）到车站控制室或车辆基地信号楼填写"施工登记表"（表 4-13）请点（非作业请点站登记可用施工作业令复印件或传真件），由车站报行车调度员备案，当线路出清后行车调度员通知车站，车站值班员传达允许施工的命令，请点生效，可以施工。需由多个车站进入施工的作业项目，施工负责人除到主站（施工负责人持作业令到某个车站登记请点施工的车站）办理外，还需核实辅站（同一线路同一施工项目多站进行时，施工联络人到其作业区域包含除主站外的登记请点的车站）情况。辅站施工联络人在作业令规定施工开始时间前到达辅站办理登记手续，辅站值班员向主站值班员核实施工事项并请点。主站接到行车调度员允许施工的命令后，传达给施工负责人及辅站，辅站值班员允许施工联络人开始该作业点的施工。

表 4-12　　施工作业令表

<table>
<tr><td>作业代码</td><td colspan="3"></td><td colspan="2">作业令号</td><td colspan="4">［　　］运营字第（　　）号</td></tr>
<tr><td>作业单位</td><td colspan="5"></td><td colspan="2">主　站</td><td colspan="2"></td></tr>
<tr><td>作业时间</td><td colspan="5"></td><td colspan="2">负责人</td><td colspan="2"></td></tr>
<tr><td>作业地点</td><td colspan="5"></td><td colspan="2">联系电话</td><td colspan="2"></td></tr>
<tr><td>作业内容</td><td colspan="5"></td><td colspan="2">作业人数</td><td colspan="2"></td></tr>
<tr><td>安全防护措施以及工程车作业要求</td><td colspan="9"></td></tr>
<tr><td>封锁区间</td><td colspan="9"></td></tr>
<tr><td>停电区间</td><td colspan="9"></td></tr>
<tr><td>协作及其他</td><td colspan="9"></td></tr>
<tr><td>发令人</td><td colspan="9"></td></tr>
<tr><td>辅站及联络人</td><td colspan="9"></td></tr>
<tr><td>完成情况</td><td colspan="9"></td></tr>
<tr><td rowspan="2">请点</td><td>时间</td><td></td><td rowspan="2">销点</td><td>时间</td><td></td><td rowspan="2">销令</td><td>时间</td><td colspan="2"></td></tr>
<tr><td>批准人</td><td></td><td>批准人</td><td></td><td>批准人</td><td colspan="2"></td></tr>
</table>

表 4-13　　施工登记表

年　　月　　日

<table>
<tr><td rowspan="7">请点登记栏</td><td>作业项目</td><td colspan="3"></td><td>作业区域</td><td colspan="2"></td></tr>
<tr><td>作业代码</td><td></td><td>作业单位</td><td colspan="2"></td><td colspan="2">共　人进场</td></tr>
<tr><td>施工负责人</td><td></td><td>证件号码</td><td></td><td>计划作业时间</td><td colspan="2">时　分起
时　分讫</td></tr>
<tr><td>安全措施</td><td colspan="6"></td></tr>
<tr><td colspan="3">辅　站</td><td colspan="4">主　站</td></tr>
<tr><td colspan="3">接　　站值班员通知本项作业已获行车调度员批准，于　时　分至　时　分在所申报作业区域内进行，施工承认号码　。
车站值班员签署：　　施工联络人签署：</td><td colspan="4">本项作业已由本站报 OCC 行车调度员备案，并获行车调度员　　批准，于　时　分至　时　分在所申报作业区域内进行，施工承认号码　　，并已知会辅站　。
车站值班员签署：　　施工负责人签署：</td></tr>
</table>

续表

	辅　站	主　站
销点登记栏	本作业点的作业已结束，并于　时　分出清作业区域（本作业点所有有关人员已撤离、有关设备已恢复正常、工器具、物料已撤走）。 施工联络人签署：　　　车站值班员签署：	本项作业已结束，并于　时　分出清作业区域（所有本项作业各作业点有关人员已撤离、有关设备已恢复正常、工器具、物料已撤走）。 施工负责人签署：
		接施工负责人/　站值班员通知本项作业已结束并出清作业区域，由本人于　时　分报告行车调度员销点。 车站值班员签署：
备注		

（2）销点。销点与请点的过程相反。施工负责人负责施工区域的出清后销点。当多站销点时，辅站施工联络人负责本段线路出清并报施工负责人后，在辅站销点；辅站值班员向主站值班员销点；施工负责人负责该项作业区域全部出清后，方可报主站值班员销点，主站值班员向行车调度员销点。

特别值得提出的是，需异地销点时，施工负责人（责任人）应在“车站施工登记表”备注栏中注明异地销点的地点和人数。登记进入施工的车站要及时通知异地销点的车站值班员。当施工作业结束后，施工负责人向登记的销点站登记销点，销点站经与施工负责人核对销点的施工内容、施工人数、地点，并向请点站核对无误后，准予销点。请点站负责向行车调度员报告销点。

（3）进、出站及请销点作业程序。进、出站及请销点作业程序，见表 4 - 14。

表 4 - 14　　进、出站及请销点作业程序表

序号	作　业　程　序	备注
1	施工负责人及施工人员凭施工作业令及证件进车站；需关站后进入时，应事先联系	
2	施工负责人向值班人员填报人数，办理施工登记手续；多站请点时，主站施工负责人及辅站施工联络人向主站或辅站值班人员填报人数，办理施工登记手续，辅站值班员要向主站汇报，由主站统一负责请点	
3	车站行车值班员据施工负责人提出的施工申请及所报人数，办理施工登记手续，并按有关规定办理请点	
4	行车调度员根据车站请点要求审核，批准	
5	车站值班员通知本站员工及相关车站设置防护	
6	车站员工（站务员）根据值班员的指示及要求设置防护	
7	施工负责人根据施工要求设置防护	
8	开始施工	
9	施工结束后，施工负责人清点人数，出清线路，撤除防护措施，到车控室办理销点手续；多站销点时，主站施工负责人及辅站施工联络人清点人数，出清线路，撤除防护措施，辅站施工联络人向主站施工负责人报线路出清，主站施工负责人向在主站登记的销点站车控室统一办理销点，同时施工负责人应在销点站进行书面登记	
10	车站值班员按有关规定办理销点	
11	行车调度员根据车站销点要求审核，批准	
12	车站行车值班员销点后通知保安人员：开出入口门送施工人员出站	

2. 车辆基地请点与销点

(1) 请点。车辆基地请点作业程序，见表4-15。

表4-15　车辆基地请点作业程序表

步骤	负责人员	措施
1	调度员 施工负责人	商定以下安排： (1) 行车； (2) 作业地点、时间； (3) 安全注意事项及防护措施； (4) 接触网断电范围、时间
2	施工负责人	填写“车辆基地施工作业登记簿”，记录内容： (1) 作业区域范围，作业起止时间、申请时间； (2) 工程内容、影响行车程度、作业要求； (3) 保护措施的详情及注意事项； (4) 负责人、联系方式、计划批准号码、部门、填写日期等； (5) 在“车辆基地施工作业登记簿”上签上申请人姓名（即填表人姓名）
3	调度员	(1) 批准作业区域前应确保作业区域区段无任何工作在进行； (2) 核对检修作业计划、内容； (3) 确认无误后承认作业； (4) 安排施工负责人设置防护措施，由接触网负责人向调度员和电调申请； (5) 如需接触网停电时，签认接触网断电申请和使用接地线，确认接触网已停电和防护措施已正确设置完毕； (6) 通知施工负责人允许作业，信号楼值班员作业情况，做好记录，并在控制台上设置防护措施； (7) 在“施工作业令”和“车辆基地施工作业登记簿”上签认
4	信号楼值班员	接到调度员通知，在“记事本”上做记录，并指示操作信号楼值班员执行下列工作： (1) 将作业区域两端道岔锁定在开通邻线位置； (2) 在控制屏上将有关道岔及信号机封锁； (3) 在线路模拟屏上揭挂占用表示牌

(2) 销点。车辆基地销点作业程序，见表4-16。

表4-16　车辆基地销点作业程序表

步骤	负责人员	措施
1	施工负责人	(1) 施工作业完毕，确认现场作业人员、工器具已撤除股道，执行了线路出清程序； (2) 向调度员申请注销施工作业，填写“车辆基地施工作业登记簿”
2	调度员	(1) 确认施工完毕，施工负责人已执行线路出清程序； (2) 通知信号楼值班员测试作业区域内所有道岔、信号
3	信号楼值班员	(1) 测试作业区域内所有道岔、信号； (2) 确认设备正常使用后向调度员汇报

续表

步骤	负责人员	措　　施
4	调度员	(1) 听取信号楼值班员测试完毕、设备良好后，确认施工负责人撤除防护措施； (2) 在“车辆基地施工作业登记簿”，上签名，注销施工作业； (3) 通知信号楼值班员施工注销，撤除线路模拟屏表示牌； (4) 如接触网停电则通知配合部门接触网送电
5	信号楼值班员	(1) 接到调度员注销通知，在控制屏上撤除防护措施； (2) 在“记事本”上做记录注销

3. 请点、销点程序用语

请点、销点程序用语，见表 4 - 17。

表 4 - 17　　请点、销点程序用语

请点程序用语	销点程序用语
车站行车值班员（或值班员）	
(1) ××站请点 (2) 作业代码 (3) 作业单位 (4) 申请作业时间（起、止） (5) 申请作业地点 (6) 作业内容 (7) 作业要求	(1) ××站销点 (2) 作业承认号×× (3) 复述作业代码及作业单位 (4) 报告线路出清或设备恢复正常 (5) 复诵销点时间及行车调度员代码

4. 施工过程中网络不通或临时故障时的应急请销点办法

遇网络不通或临时故障时，周计划、日变更计划和临时抢修计划需要统一使用施工计划申报表按作业上报流程向相关人员申报。

发生网络不通或故障时根据“施工行车通告”批准施工作业；对于日变更计划及临时抢修计划，则由行车调度员根据现场情况批准施工作业，施工负责人到车站控制室（车辆基地信号楼）请点，并填写“施工登记本”。

作业完毕后施工负责人必须到车站控制室销点，由车站行车值班员（车辆基地信号楼值班员）报行车调度员施工结束，并各自做好销点记录。

五、施工作业组织

（一）施工组织原则

施工作业严格按批准的施工计划安排组织进行，在车站控制室（车辆基地信号楼）处办理请销点手续，原则上车站（车辆基地）施工接受控制中心行车调度员（车辆基地调度员）的指挥。

施工作业须遵循以下原则：

(1) 在运营时间内，原则上不准进行影响行车、影响运营服务质量的设备设施检修施工作业。

(2) 对处于进路锁闭状态的联锁设备，严禁进行检修作业。

(3) 正在检修中的设备设施需要使用时，须经检修人员同意。

(二) 日常行车方面施工管理

(1) 车站每日要核实当日的作业计划，掌握当日作业项目及内容。车站在办理施工作业预请点前，行车值班员须认真核对施工负责人证件。如不能出示有效施工负责人证，车站应拒绝施工申请。

(2) 外单位的施工作业如没有合格的施工负责人，必须由运营单位派出合格人员担任施工负责人。施工人员应服从施工负责人的监护，按规定的作业时间到位办理相关手续及进行作业，迟到 30min 的，视为该项作业取消，施工负责人有权拒绝进行配合。

(3) 采用施工作业自动化网络系统的，车站在办理施工预请点过程中，当行车调度员批准施工作业，且系统自动生成施工承认号后，行车值班员和施工负责人须共同确认行车调度员批准时间及施工承认号，并通知站台保安核实施工人数、作业单位、作业区域、作业内容，以及施工负责人的员工卡或施工作业证，发现与行车值班员通知不符时，要及时报车站控制室。

(4) 施工作业需车站设置红闪灯防护时，行车值班员须检查确认红闪灯是否按规定摆放。施工作业过程中，站台保安须检查本站设置的红闪灯状态是否良好，向车站控制室汇报施工作业和安全防护措施执行情况。

(5) 施工作业开始后，车站应不定期检查施工作业区域及施工作业内容是否与施工计划相符，发现有超范围施工或超出作业区域的，要及时制止并上报行车调度员。

(6) 对工程车开行区域的施工请销点，实行行车调度员、行车值班员双确认制度。

(三) 运营时间轨行区的设备抢修

1. 运营时间内短时间的抢修组织

利用运营间隔时间以及利用运营列车运送人员进入区间，对一些暂不影响运营但存在较大安全隐患或降级运营的故障进行抢修。

抢修的审批直接申请，不再需要进行施工计划的申请。

2. 运营时间内长时间的抢修组织

由行车调度员授权故障区域给现场指挥或事故处理主任。行车调度员按照事故主任的要求做好配合。

设置现场处理主任，负责抢修时各专业人员的统一指挥，确保抢修顺利、快速进行。

3. 运营时间轨行区的设备抢修组织

(1) 车站行车值班员接到影响行车的抢修作业通知后，须安排一名员工在最靠近现场的屏蔽门（或安全门）端门处等待，负责确认抢修人员进入正确的线路，并张贴突发事件告示栏。

突发事件公告栏张贴在端墙墙壁上面（不要贴在屏蔽门上）。其中“突发事件公告栏 1”由车站填写，车站人员应根据车控室信息通报及时更新；“突发事件公告栏 2”属抢险及有关人员填写，抢险人员到场后，车站应督促有关人员正确填写公告栏事项。

(2) 进入线路的各批抢修、救援人员均按专业指定一名临时负责人，在屏蔽门（或安全门）端门处向行车调度员口头请点，得到允许后，由行车调度员通知车站开门放行。车站接到行车调度员准许抢修人员进入抢修区域的指令后，记录进入的人数，通知端门等待人员在突发事件告示栏填写到达的救援队负责人或临时负责人姓名、联系方式、人数、时间等信息。抢修人员到达位置后，由临时负责人向行车调度员、本部门救援队报告并落实好相关防护措施。

（3）抢修作业结束后，抢修负责人须确认人员、工器具已出清，抢修设备的状态恢复正常后，向行车调度员销点，并到车站控制室补办请、销点登记手续。

（四）非运营时间的轨行区设备检修施工

（1）在两站间正线线路因作业需要开行工程列车时，由行车调度员指定的车站行车值班员负责掌握施工情况，监督施工安全。

（2）在正线及辅助线施工开始前，施工负责人应在车站控制室办理请点手续，经行车调度员批准，方可进行作业。有开行工程车配合的施工需发布封锁命令。站务人员须检查施工负责人或其指派的维修人员是否按要求设置防护信号。对由承包商单独实施的施工作业，站台保安要监督和确认作业人员进入的上下行线是否正确。

（3）在正线线路需要开行工程列车时，工程列车途经车站之间要相互报点并填写《行车日志》。装载长、大、集重货物的工程列车经过车站时，车站应安排专人在站台监视列车运行，发现危及行车及设备安全时，立即显示紧急停车信号并及时上报。

（4）施工结束后，由施工负责人负责施工人员的撤离及线路出清，施工负责人检查确认所涉及的设备恢复正常状态及撤除防护后，到车控室办理销点手续，并经行车调度员核销点（封锁线路的还应由行车调度员取消前发封锁命令）。

（5）正线的作业由施工负责人到作业区域内的车站或两端站车站控制室请点。

1）车站行车值班员核对施工负责人员工卡或施工作业证与请点人无误后，登录施工作业管理系统，办理预请点。

2）车站行车值班员和施工负责人必须共同核对作业令各项内容，确认正确无误后，报行车调度员批准。

3）行车调度员确认具备施工条件后批准施工，系统自动生成施工承认号，车站值班员和施工负责人共同确认行车调度员批准施工后，方可进入作业区域。

（6）在站间线路施工时，施工负责人在主负责车站办理请点手续，由请点车站通知作业区域的另一端车站行车值班员施工线路占用情况。在施工完成后，考虑减少施工人员的走行距离，从而节省施工时间，可选择两站中的任一站办理销点手续。

复　习　思　考

1. 单项选择题

（1）作业人员必须得到（　　）许可，方可进入轨行区作业。

A. 行车值班员　　B. 行车调度员

C. 值班站长　　D. 站务员

（2）在车站控制模式中，（　　）负责道岔的管理并在 LOW 上对道岔进行操作。

A. 行车值班员　　B. 行车调度员

C. 值班站长　　D. 站务员

（3）车站接发列车线路的使用由（　　）决定。

A. 行车值班员　　B. 行车调度员

C. 站长　　D. 客调

（4）（　　）不属于城市轨道交通基本闭塞法接发列车作业的步骤。

A. 办理闭塞　　B. 开闭信号

C. 填写路票　　D. 开通区间

（5）采用电话闭塞法时，发车站接到接车站承认闭塞的电话记录号码或电话通知后，以（　　）作为列车占用区间的行车凭证，向列车显示手信号发车。

A. 调度命令　　B. 路票

C. 通行证　　D. 站长的命令

（6）采用电话闭塞法时，列车发出后，向接车站行车值班员和行车调度员报点，填写（　　）。

A.《行车日志》　　B. 路票

C.《调度命令登记簿》　　D. 通行证

（7）路票须在查明闭塞区间空闲，并取得接车站承认后方可填写，路票由（　　）填记，复查无误后方可递交列车驾驶员。

A. 客运值班员　　B. 行车值班员

C. 行车调度员　　D. 值班站长

（8）列车到达车站后，（　　）应及时收回路票，并划"×"以示注销，整理保存。

A. 客运值班员　　B. 行车值班员

C. 值班站长　　D. 行车调度员

（9）采用电话闭塞法时，列车整列到达并发出或进入折返线，以及接车进路准备妥当后，接车站通知发车站前次列车闭塞解除，并向（　　）报点填写《行车日志》。

A. 客运值班员　　B. 行车值班员

C. 值班站长　　D. 行车调度员

（10）因故不能接车，对已开放进站信号的列车，在距离接车不足（　　），禁止关闭进站信号、变更接车进路。

A. 1min　　B. 2min

C. 4min　　D. 5min

（11）在车辆基地进行调车作业时，（　　）为调车领导人，调车长为调车指挥人。

A. 派班员　　B. 车辆基地调度员

C. 信号楼值班员　　D. 调车员

（12）单一指挥，就是在同一时间内，轨道交通系统的调车作业计划的执行、作业方法的拟订和布置，以及调车机车的行动，只能由（　　）负责指挥。

A. 行车值班员　　B. 车辆基地调度员

C. 信号楼值班员　　D. 调车长

（13）调车领导人布置调车作业计划，应使用调车作业通知单。当一批作业（指一张调车作业通知单）不超过（　　）时，允许以口头方式布置。

A. 2 钩　　B. 3 钩

C. 4 钩　　D. 5 钩

(14) 指挥列车或车辆向显示人方向来的旗信号是（　）。

A. 左手拢起红色信号旗直立平举，右手展开的绿色信号旗在下方左右小摆动

B. 左手拢起红色信号旗直立平举，右手展开的绿色信号旗在下方上、下小动

C. 展开的绿色信号旗上、下摇动

D. 展开的绿色信号旗在下方左右摇动

(15) 在正线施工作业必须向（　）请点生效后方可开始动工。

A. 行车值班员　　B. 行车调度员

C. 车辆基地调度员　　D. 值班站长

2. 判断题

(1) 人工准备进路必须从距列车最近的道岔开始，从近到远依次排列。（　）

(2) 路票填写如有增添字句及涂改，均应作废，须重新填写。（　）

(3) 路票填写的日期以发车站发出时间为准。（　）

(4) 采用电话闭塞法时，零点前办理的闭塞，列车驾驶员如在零点后收到路票，仍视为有效。（　）

(5) 采用电话闭塞法时，闭塞办妥后，因故不能接车或发车时，立即发出停车手信号进行防护，由提出一方发出电话记录号码作为闭塞取消的依据。（　）

(6) 当进段信号机发生故障停用时，可开放引导信号接车，遇引导信号故障时，信号楼调度员命令引导员在进段信号机外方左侧显示引导手信号接车。（　）

(7) 除列车在正线上的运行以外，凡因列车折返、转线、解体、编组和车辆摘挂、取送等作业需要，列车或车辆在线路上进行有目的的移动，都属于调车。（　）

(8) 城市轨道交通的调车信号分为信号机显示的信号、调车手信号、视觉信号和听觉信号。（　）

(9) 停车的调车手信号表示为展开的红色信号旗下压数次。（　）

(10) 手信号分为徒手信号、信号旗（昼间用手型号）及信号灯（夜间用手信号）。（　）

(11) 变更计划主要是指变更股道、辆数、作业方法及取送作业的区域或线路。（　）

(12) 取消信号的徒手信号表示为紧握两拳高举头上，拳心向里，两拳相碰数次。（　）

(13) 紧急停车的徒手信号表示为两手臂高举头上，向两侧急剧摇动。（　）

(14) 列车折返的调车作业进路由行车调度员人工或中央 ATS 自动排列。（　）

(15) 施工完毕后线路出清必须向行车调度员（或车辆基地调度员）销点。（　）

(16) 正线施工请点时，由施工负责人须持调度命令原件到车站控制室请点。（　）

(17) 需由多个车站进入施工的作业项目，施工负责人除到主站办理外，还需核实辅站情况。（　）

(18) 需异地销点时，施工负责人（责任人）应在“车站施工登记表”备注栏中注明异地销点的地点和人数。（　）

3. 简答题

(1) 人工排列进路的作业程序是什么？

（2）简述路票使用的有关规定。

（3）车辆基地接发车作业的模式有哪几种？

（4）城市轨道交通调车工作有哪些要求？

（5）调车作业计划的变更有哪些要求？

（6）调车作业终止的条件是什么？

（7）施工负责人的职责有哪些？

（8）简述施工作业异地销点的有关规定。

实 训 演 练

演练 1

当地铁信号系统出现故障时，只能依靠人工模式组织列车运行，即采用电话闭塞法行车。模拟 H 联锁区信号联锁故障时，A、B、C、D 站间执行电话闭塞法接发列车。

（1）场景模拟：H 联锁区包括 A、B、C、D 四个站，信号故障发生后，行车调度已经向各车站确定了 H 联锁区内各次列车的位置（如图 4-6 所示：101 次在 A 站下行站台、102 次在 B 站上行站台、103 次在 C 站下行站台、104 次在 D 站上行站台），并发布了执行电话闭塞法命令的命令。

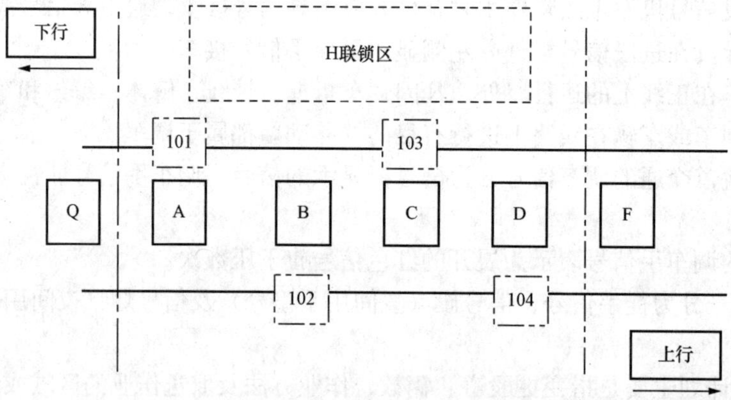

图 4-6　H 联锁区内各次列车的位置

（2）人员安排：行车调度员 1 名、每站行车值班员 1 名、每列车列车驾驶员 1 名、每站站务员 1 名。

（3）演练要求：按照车站电话闭塞法组织行车的作业要求，由学生分别担当不同的岗位工作人员，按电话闭塞法组织接发列车。

提示：因 H 联锁区涵盖 A、B、C、D 四个站，则 A～Q 站下行、D～F 站上行也要使用电话闭塞法。

演练 2

在信号系统正常时，车站和车辆基地的列车均需要按照地面信号显示运行，但特殊时候如信号故障、发现异常、设备故障等情况时，需要人工进行信号显示。根据不同的场景，模拟特殊情况下，列车运行时车站、车辆基地人员显示的相关手信号。

（1）人员安排：根据不同场景，安排显示地面信号的人员若干名。

（2）道具准备：绿色、黄色、红色信号旗，绿色、黄色、红色、白色信号灯。

（3）演练要求：由老师告知学生现在模拟的场景，由学生判断并进行相关手信号的显示，如101次列车由A站凭人工引导手信号动车、102次进B站时发现线路中间有异物侵入限界、白天两列工程车连挂作业等。

学习模块五

运输能力的计算与加强

案例引入

当一条地铁准备开通前，地铁运营部门需要反复计算和预测地铁开通后的客流量、需要上线服务的列车数目、每日的运输能力等，综合考虑需要开行多少列车才能满足乘客出行的需要，分析早晚高峰是否需要增加运能运力等；而随着轨道交通运营工作的开展，地铁承担的城市公共交通比重越来越多，城市轨道交通的客流压力也越来越大，此时则需要计算线路的列车通过能力和运输能力能否满足客流需求。

以西安地铁为例，某年的元旦客流及运能分析如下：

(1) 结合往年元旦客流经验并参考近期客流特点，预计1月1日客流为元旦期间最高日；1月2日、3日客流略约高于周六日客流水平；12月31日下午下班客流与外出客流叠加，但由于本次元旦假期与前一个周六日仅隔一天，因此瞬时客流高峰极有可能提前至12月28日下午。

(2) 元旦期间峰期特点与周六日相近，全天一个高峰期，高峰期结束时间较周六日会有所延长，约9：30起峰，21：30峰期结束。

(3) 客流量预测。

地铁二号线元旦期间预测客流量见表5-1。

表5-1　　二号线元旦期间预测客运量表　　单位：万人次

预 测 值			合计
1月1日	1月2日	1月3日	
24.9	21.7	20.6	67.2

(4) 预计上行最大小时断面1.0万～1.1万人次，下行最大小时断面值为1.1万～1.2万人次。

(5) 运能分析：根据非工作日执行的时刻表，全日最大运能为36.11万人次，高峰期小时运能11 805人次。如果元旦客运量按照24.9万人次预估，则全日运能满足预测运量需求，但晚高峰时段下行方向部分区段运能稍显紧张，预计届时安远门—北大街站、北大街—钟楼站车厢较为拥挤，预计车厢最大满载率约为90%～100%。

上述案例可以看出，目前在元旦当日所提供的运输能力是能够满足城市旅客出行需求的，即运能与运输需求相符。但是它的运输能力究竟是怎么计算出来的呢，通过下面的学习，我们来了解地铁运输能力计算的相关内容。

模块导学

模块概述

为了实现运输生产过程，完成旅客运输任务，轨道交通系统必须具备一定的运输能力。运输能力是通过能力和输送能力的总称。随着社会经济的发展，客流量产生不断的变化，运输能力必须满足社会发展的需要。为了达到这个目标，轨道交通系统必须对运输能力给予很好的掌握，定期对运输能力进行分析评价，掌握现有运输能力和需要运输能力的差距，为城市轨道交通运输管理决策提供一定的依据。运输能力的计算与加强主要包括通过能力计算、输送能力计算、运输能力加强等主要内容。

技能点

会计算线路通过能力、折返设备通过能力，会确定最终通过能力；
会计算输送能力；
会计算需要通过能力，确定应进行运输能力加强的时机；
能根据运营实际状况选取正确的运输能力加强的途径；
能合理运用能力加强的措施。

知识点

通过能力的概念及影响因素，通过能力的计算原理，通过能力的计算方法；
输送能力的意义和计算方法；
运输能力加强的意义，运能—运量适应分析方法，运输能力加强的途径和措施。

学习任务

学习任务1　通过能力的确定

教学目标

理解通过能力的概念。
掌握通过能力的计算方法。
能分析影响通过能力的主要因素。
会计算通过能力。

建议学时

建议学时为2学时。

在轨道交通系统的新线规划设计、日常运输能力安排，以及既有线改造过程中，通过能力的确定都是一个重要的问题，它为日常运营运力安排提供参考数据，为线路设计和改造提供依据。

一、通过能力的概念及计算原理

（一）通过能力的概念

通过能力是指在采用一定的车辆类型、信号设备和行车组织方法条件下，轨道交通系统的各项固定设备在单位时间内（地铁、轻轨通常是高峰小时，市郊铁路通常是一昼夜）所能通过的最多列车数（列数或对数）。

在实际工作中，通常把通过能力分为三个不同的概念，即设计通过能力、现有通过能力和需要通过能力。设计通过能力是线路固定设备在预计新线修建以后或现有线路技术改造以后所能达到的能力；现有通过能力是指在现有固定设备、现行的行车组织方法和现有的运输组织水平的条件下可能达到的能力；需要通过能力是线路在一定时期内，为了适应国家建设和人民生活的需要所应具备的包括后备能力在内的通过能力。

（二）通过能力的影响因素

1. 地铁、轻轨的通过能力主要受下列固定设备影响，并根据其进行计算

（1）线路。通过能力主要取决于信号系统的构成、列车运行控制方式、车辆的技术性能、进出站线路的平纵断面情况、列车停站时间标准和行车组织方法等因素。

（2）列车折返设备。通过能力主要取决于车站折返线的布置方式、信号和联锁设备的种类、列车在折返站停站时间标准，以及列车在折返站内运行速度等因素。

（3）车辆基地设备。通过能力主要取决于车辆的检修台位、车辆停留线等设备的数量和容量等因素。

（4）供电设备。通过能力主要取决于牵引变电所的座数和容量等因素。

2. 市郊铁路的通过能力主要按照下列固定设备进行计算

（1）区间。通过能力主要取决于区间正线数、区间长度、线路的平面和纵断面设计情况、信号系统的构成和机车类型等因素。

（2）车站。通过能力主要取决于车站到发线数目、咽喉道岔的布置等因素。

（3）机务段设备和整备设备。通过能力主要取决于电路和内燃机车的定修台位、段内整备线等设备的数量和容量等因素。

（4）牵引供电设备。通过能力主要取决于牵引变电所和接触网等因素。

根据以上设备计算出来的通过能力可以是各不相同的，其中能力最小的设备限制了整个线路的通过能力，该项设备的能力即为线路的最终通过能力。由此可见，通过能力实质上取决于固定设备的综合能力，因此，各项固定设备的能力应力求相互协调与配合，避免造成某些设备的能力闲置。

（三）通过能力的计算原理

根据通过能力的概念，可以得出计算通过能力的一般公式。

在列车追踪运行的情况下，计算线路通过能力的一般公式为

$$N=3600/I$$

式中　N——通过能力，列；

　　I——追踪（折返）列车间隔时间，s。

这样，通过能力的大小就取决于追踪列车间隔时间的大小，确定好该项参数对于通过能力计算的准确度起着关键作用。

二、通过能力的最终确定

在各项固定设备中，由于车辆基地设备和牵引供电设备便于供应，一般情况下能力充足，限制通过能力的固定设备通常是线路和列车折返设备。所以，在车辆基地设备和牵引供电设备能力足够的前提下，仅考虑行车组织工作对于通过能力的影响时，就应分别对线路通过能力和折返设备通过能力进行计算。

（一）地铁通过能力的计算

1. 线路通过能力的计算

地铁通常采用双线，列车在区间实行追踪运行，并在每一个车站停车供乘客乘降。而为了降低车站的造价，一般不设置车站配线，列车是在车站正线上办理客运作业。根据行车及客运作业和车站线路设备的这种特点，列车停站时间成为影响线路通过能力的重要因素之一。因此，在计算固定设备的通过能力时，没有必要再去分别计算区间通过能力和车站通过能力，而应把区间和车站看成是一个整体予以综合分析，计算线路的通过能力。

线路通过能力的关键是追踪列车间隔时间的计算。在行车组织方法一定的条件下，列车追踪运行时，续行列车的运行位置及速度决定于前行列车的运行位置和速度，因此，追踪列车间隔时间的计算应从分析追踪运行列车间的最小空间间隔开始。由于列车是以排队方式进站停车办理作业，在把区间和车站作为一个整体进行研究时，计算追踪列车间隔时间的最小空间间隔应如图 5 - 1 所示，当前行列车出清了车站闭塞分区，在确保行车安全的条件下，续行列车以运行图定的速度恰好位于某一通过信号机或闭塞分区分界点的前方。按追踪运行列车先后经过车站必须保持的最小空间间隔计算得到的间隔时间，即为追踪列车间隔时间。

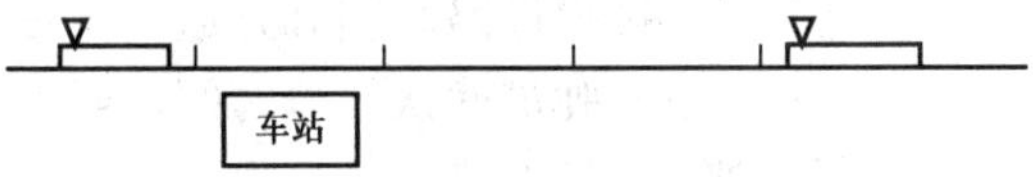

图 5 - 1　追踪列车先后经过车站时的运行位置

由图 5 - 1 可知，续行列车从初始位置至前行列车所处位置，须经历进站运行、制动停车、列车停站和加速出站 4 项作业过程，即追踪列车间隔时间应由 4 个单项作业时间组成，计算公式为

$$I=t_{运}+t_{制}+t_{站}+t_{加}$$

式中　$t_{运}$——列车从经过某一通过信号机或闭塞分区分界点时起至开始制动时止的运行时间，s；

$t_{制}$——列车从开始制动时起至在站内停车时止的常用制动时间，s；

$t_{站}$——列车运行图规定的列车停站时间，s；

$t_{加}$——列车从在车站起动加速时起至出清车站闭塞分区时止的时间，s。

所以线路通过能力为

$$N_{max}=3600/I=3600/(t_{运}+t_{制}+t_{站}+t_{加})$$

2. 折返设备通过能力的计算

（1）折返设备通过能力计算的一般公式。

$$N_{折返}=3600/I_{发}$$

式中　$N_{折返}$——折返设备通过能力，即折返设备在一小时内能够折返的最大列车数，列；

$I_{发}$——折返列车在终点站的最小出发间隔时间，s。

（2）最小出发间隔时间计算。折返列车在终点站最小出发间隔时间是决定折返设备通过能力大小的基本参数，也是影响轨道交通系统通过能力的主要因素之一。

1）利用站后尽端折返线进行折返。列车在终点站的折返作业过程如图 5-2 所示：上行到达列车进站，停靠车站站台 A，在规定的列车停站时间内乘客下车完毕，列车由车站正线进入尽端折返线 B，调车进路可以预办；列车在折返线停留至规定时间后，能够进入下行车站正线、停靠车站站台 C 的前提条件是前一列下行列车出发并已经驶离车站闭塞分区、道岔开通下行车站正线、调车信号开放。显然，在采用站后折返方式时，当上行到达列车在折返线规定的停留时间结束后，即能进入下行车站正线，此时有最小的折返列车出发间隔时间。

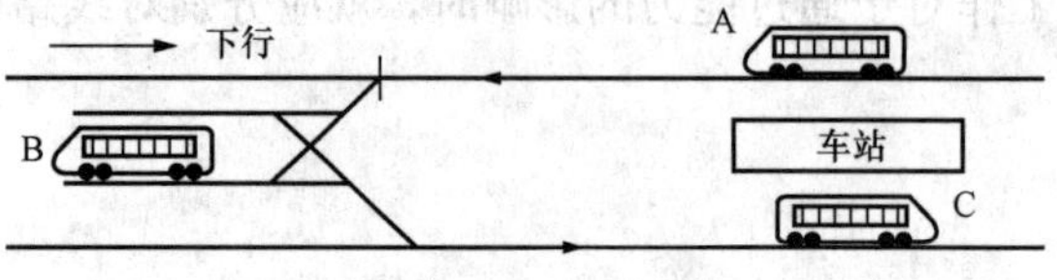

图 5-2　站后折返时列车折返作业过程

可以证明在采用站后折返方式时，折返列车在终点站的最小出发间隔时间在数值上等于前、后两列折返列车由折返线进入车站出发正线的时间间隔，如图 5-3 所示，即

$$I_{发}=t_{站}+t_{离去}+t_{作业}+t_{确认}+t_{出线}$$

式中 $t_{站}$——终点站列车停站时间，s；

$t_{离去}$——出发列车驶离车站闭塞分区的时间，s；

$t_{作业}$——车站为折返线停留列车办理调车进路的时间，包括道岔区段进路解锁延迟时间、排列进路时间和开放调车信号时间，s；

$t_{确认}$——列车驾驶员确认信号时间，s；

$t_{出线}$——列车从折返线至车站出发正线的走行时间，s。

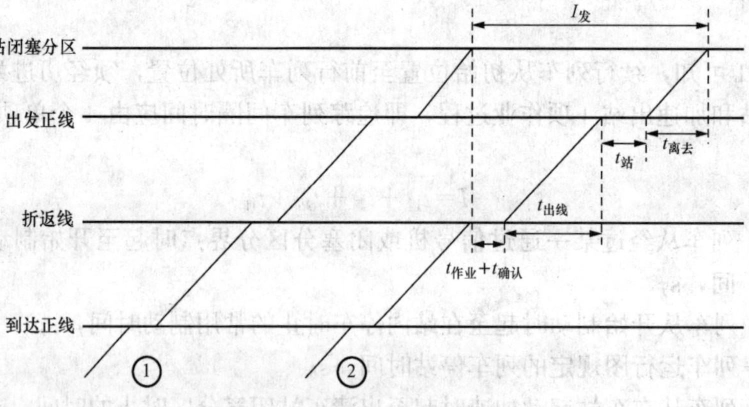

图 5-3　站后折返时列车出发间隔时间

2）利用站前双渡线进行折返。列车在终点站的折返进路可以有侧向到达、直向出发和直向到达、侧向出发两种情形。但从列车进站应减速、出站需加速考虑，侧向到达、直向出发是采用站前双渡线折返时较为合理的列车进出站运行组织办法。此时，列车在终点站的折返作业过程如图 5-4 所示，上行到达列车由进站信号机处 A 侧向进站，停靠下行车站正线 B，在规定的列车停站时间内乘客上下车完毕；然后由车站出发驶离车站闭塞分区 C，并为下一列进站折返列车办妥接车进路。

由图 5-4 可知，在采用站前双渡线进行折返时，当进站列车位于进站信号机外方确认信号距离处时，即能进入下行车站正线，这时有最小的折返列车出发间隔时间，如图 5-5 所示，即

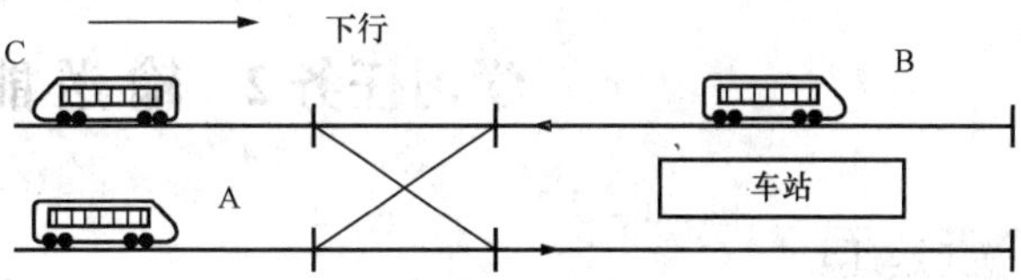

图 5-4　站前折返时列车折返作业过程

$$I_{发}=t_{确认}+t_{进站}+t_{站}+t_{离去}+t_{作业}$$

式中　$t_{进站}$——列车从进站信号机处至车站正线的走行时间，s；

$t_{作业}$——车站为进站列车办理接车进路的时间，包括道岔区段进路解锁延迟时间、排列进路时间和开放进站信号时间，s。

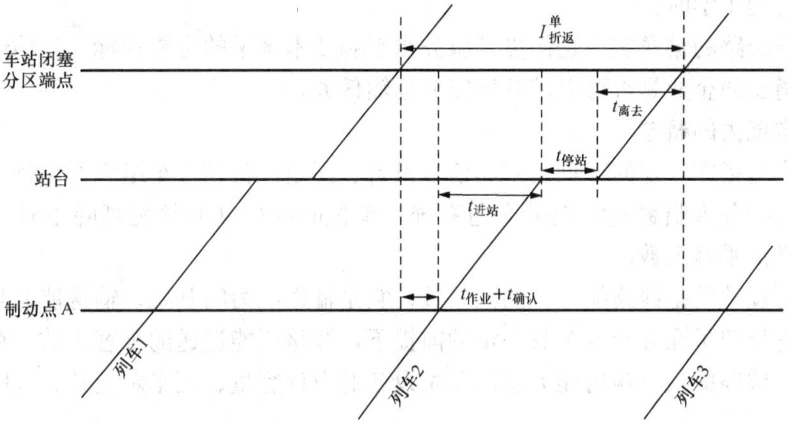

图 5-5　站前折返时列车折返出发间隔时间

（二）市郊铁路通过能力的计算

市郊铁路区间通过能力主要取决于线路的正线数和行车闭塞设备类型。其计算方法与铁路通过能力的计算方法相同。

（三）通过能力的最终确定

在计算完所有固定设备的通过能力后，其中能力最薄弱的环节限制了整个系统的通过能力，即为最终的通过能力。在车辆基地设备和牵引供电设备能力足够的前提下，线路通过能力或折返设备通过能力是地铁通过能力的限制因素时，地铁最终通过能力可以表达为

$$N^{最终}_{\max}=\frac{3600}{\max\{I,I_{发}\}}$$

其意义如图 5-6 所示。

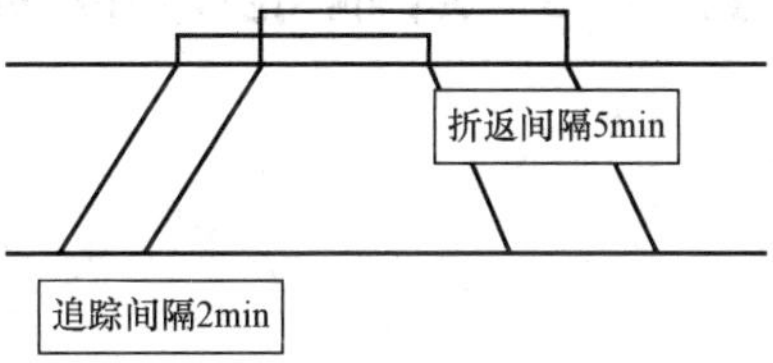

图 5-6　通过能力最终确定图

学习任务2 输送能力的计算

教学目标

理解输送能力的概念和意义。

会分析输送能力的主要影响因素。

掌握输送能力的计算方法。

建议学时

建议学时为1学时。

轨道交通线路的输送能力是衡量其服务水平和技术水平的重要指标。其输送能力的大小直接决定轨道交通企业是否可以较好地完成运输任务。

一、输送能力的概念

输送能力是指在一定的车辆类型、信号设备、固定设备和行车组织方法条件下，按照现有活动设备和乘务人员数量，轨道交通系统在单位时间内（通常是高峰小时、一昼夜或一年）所能运送的乘客人数。

通过能力反映的是线路能开行的列车数，它是输送能力的基础。输送能力是运输能力的最终体现，它反映了在开行列车数一定的前提下，线路所能运送的乘客人数。在通过能力一定的条件下，线路的最终输送能力还与车站设备的设计容量、列车定员数、线路服务水平存在密切关系。

在线路通过能力一定的条件下，输送能力的大小主要决定于列车编组辆数和车辆定员数。

二、输送能力的计算

准确的计算出输送能力，有利于轨道交通企业对车辆类型、编组辆数、列车开行数量、车站设备配置及服务方法的确定，也为车站对客流采取吸引或分流措施提供一定的依据。输送能力计算公式如下

$$P=N_{\max}p_{列}$$

式中 P——线路在小时内最大输送能力，人；

m——列车编成辆数；

$p_{列}$——车辆定员数，人。

学习任务3 运输能力的加强

教学目标

理解运输能力加强的意义。

会确定运输能力加强的时机。

能分析各种运输能力加强措施的效果。

会根据实际情况选择适当的运输能力加强措施。

建议学时

建议学时为 4 学时。

一、运输能力加强的意义

在既有轨道交通系统运营过程中，线路能力通常是相对固定的。但随着城市经济的不断发展，以及市民出行需求的不断增加，客流则往往呈逐年增长的态势，这样线路能力不足的问题就会逐渐凸现出来。线路能力的不足意味着增加开行列车受到限制，列车过分超载，又难免降低轨道交通系统的客运服务质量，而车站上下车乘客的拥挤，又常常会使列车在车站上延长停站时间，打乱列车运行秩序，使已经非常紧张的线路能力不能得到有效利用。因此，为了适应客流的增长，轨道交通系统应及时和有计划地采取加强运输能力的措施，不断提高运输能力。

应该指出，虽然人们通常总是在线路运输能力接近饱和时来研究加强运输能力的措施，但在有些情况下，尽管线路运输能力还有一定的后备，通过采用新的技术设备或加强现有的技术设备，可以达到提高服务水平、降低运输成本、提高劳动生产率、改善劳动条件和加强行车安全的目的，因而这些措施的采用也是必要和合理的。

二、运输能力加强的时机

运输能力加强时机的确定，就是通过定性和定量分析，找出运量与运能的平衡点，为是否需要进行运输能力的加强提供判断依据。

（一）运能—运量适应分析

在运输能力紧张的情况下，是否需要采取加强运输能力的措施，应通过运能—运量适应性分析来确定，即根据轨道交通线路的高峰小时现有运输能力能否适应一定规划年度高峰小时需要运输能力来确定。关于高峰小时现有运输能力的计算确定，已在前面进行了阐述。至于高峰小时需要运输能力，可以根据预测的一定规划年度高峰小时最大断面客流量进行计算确定。高峰小时需要运输能力的计算公式如下

$$P_{需}=P_{规划}(1+\gamma_{备})$$

式中　$P_{需}$——规划年度高峰小时需要的运输能力，人；

$P_{规划}$——规划年度线路单向高峰小时最大断面客流量，人；

$\gamma_{备}$——考虑预测客流数波动的能力后备系数，一般可取 0.10。

假设需要运输能力在运营初始年为 25 000 人，以后平均每年增加 2500 人。现有运输能力和采用各种能力加强措施后所能实现的运输能力见表 5-2。

表 5-2　　**绘制运量适应图资料**

能力级别	I（s）	m（辆）	$p_{车}$（人）	P（人）
①	180	6	250	30 000
②	180	8	250	40 000
③	120	8	300	72 000

图5-7是根据现有运输能力和需要运输能力资料绘制的运量适应图。从运量适应图上可以清楚地看出运量—运能适应分析的结果，现有运输能力能否满足需要运输能力的逐年增长，采用某种能力加强措施并投产形成能力的最后期限，采用某种能力加强措施后可以适应的运营年限，以及采用不同能力加强措施后的运量—运能适应情况比较等。

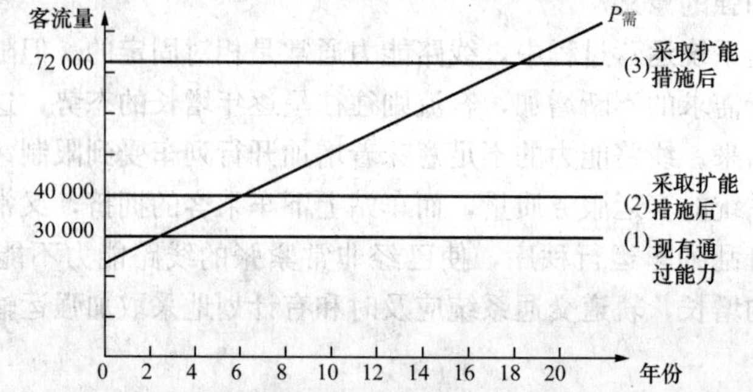

图5-7 运量适应图

（二）列车满载率分析

运营数据显示，当线路列车平均满载率≥70%时，说明线路运输能力已经饱和，此时应考虑加强输送能力。

$$线路列车平均满载率=\frac{线路客运量\times线路平均运距}{线路客运列车开行列数\times线路列车定员\times线路运营长度}\times100\%$$

（三）列车饱和度分析

列车饱和度即现有一昼夜所开行的列车数占线路通过能力的百分比。

根据轨道运营经验，一般认为如果全天所开行的列车数达到线路通过能力的80%以上时，说明现有通过能力已经接近饱和，需要考虑加强运输能力。

三、运输能力加强的途径

运输能力加强的途径主要有以下几种。

（一）修建新线

修建新线既包括投入运营线路的增加，也包括既有线的延伸，单线成为双线或多线等情况。新线修建使运输能力有较大的提高，满足城市公共客运交通的需求，提高轨道交通系统的服务水平。

（二）增加行车密度

由于修建新线会遇到资金、土地及环保等一系列的困难或限制，并且修建新线也不是在任何客流条件下都是合理经济的。因此，增加既有线行车密度是提高既有线运输能力的基本途径。增加行车密度的通过能力提高值可由下式表示

$$\Delta N=3600(1/I''-1/I')$$

式中 ΔN——增加行车密度后的小时通过能力提高值，列或对；

I''——增加行车密度后的追踪列车间隔时间，s；

I'——增加行车密度前的追踪列车间隔时间，s。

（三）增加列车定员

通过增加列车编组辆数、采用大型车辆或优化车辆内部布置来增加列车定员，是提高既

有线运输能力的又一途径。但地铁列车的扩大编组往往受到站台长度的限制；而在街面运行的轻轨列车的编组辆数太多，则会在平交道口产生影响其他交通的问题。增加列车定员的输送能力提高值可由下式表示

$$\Delta P=(p''_{列}-p'_{列})n$$

式中　ΔP——增加列车定员后的小时输送能力提高值，人；

$p''_{列}$——增加列车定员后的列车定员数，人；

$p'_{列}$——增加列车定员前的列车定员数，人。

根据各国轨道交通系统的运营实践，在扩能的途径方面，加强既有线运输能力通常是增加行车密度和增加列车定员二者并举，并以增加行车密度为主。

四、运输能力加强的措施

根据运输能力加强的途径，这里提出各种具体可实施的措施。

（一）提高线路通过能力的措施

运输能力是通过能力与输送能力的总称，而通过能力又主要由线路通过能力和列车折返能力二者中的能力较小者所决定。加强运输能力的措施有多种多样，各种加强运输能力措施解决问题的内涵也不一样，但尽管如此，加强运输能力的措施大体上还是可以分为运输组织措施和设备改造措施两大类。

1. 运输组织措施

运输组织措施是指运用比较完善的行车组织方法，更好和更有效地使用既有技术设备，无需大量投资就能使运输能力达到需要的能力提高措施。如优化列车运行图、扩大列车编组、合理规定列车停站时间、科学组织列车折返作业过程、改善列车乘务制度和采用各种在短时期内能提高通过能力的措施等。

（1）采用先进的列车运行控制系统。对三显示带防护区段自动闭塞信号、调度集中控制的线路，该措施能较大幅度提高线路通过能力。

（2）改用移动闭塞。用移动闭塞取代固定闭塞，能缩短追踪列车间隔时间，提高线路的通过能力。

（3）分割车站区域轨道电路。通过分割车站区域轨道电路，增加了一个前行列车离去速度监督等级，缩短组成追踪列车间隔时间的列车进站运行时间。

（4）采用跨站停车的列车运行组织方式。该措施减少了列车停站次数，能提高线路通过能力，同时也压缩了旅行时间。但由于去 A 或 B 类车站的乘客需在 C 站换乘，乘客会感到不太方便。

（5）加强站台乘车组织。乘客为了到站后能减少出站走行距离和避免出站验票人多时带来的时间延误，往往喜欢在靠近出站口的位置候车，而列车内乘客分布的不均匀又造成列车在车站的停站时间延长。采用该措施就是通过站务员的组织，使列车内的乘客尽可能分布均匀，以减少列车停站时间、提高线路通过能力。

2. 设备改造措施

设备改造措施是指需要大量投资来加强技术设备的措施。随着科学技术的进步，必须不断地以先进的技术设备来装备轨道交通系统，以加强轨道交通运输的物质技术基础，提高运输能力。这些措施包括进一步修建线路、改造既有线路与车辆基地、采用先进的信号和列车运行控制系统以及购买新型车辆等。

根据各国轨道交通系统的运营实践，在扩能的措施方面，加强既有线运输能力通常是运输组织措施和设备改造措施二者并用，但在线路行车密度已经很大的情况下，要较大幅度地提高运输能力，往往需要通过采用设备改造措施来实现。

（1）在既有单线或双线基础上建成双线或四线。采用该措施能大幅度提高线路通过能力，但修建四线的情况在国外也不多见。

（2）改造线路平、纵断面。采用该措施能提高行车速度，进而提高线路通过能力。但改造线路平、纵断面受到经济性、施工困难、影响日常行车等因素的制约。因此该措施在旧式有轨电车线路改造为轻轨线路时多见采用，而在既有轻轨或地铁线路情况下，则更倾向于采取用新型车辆来适应线路条件的做法。

（3）客流量较大中间站修建侧线。采用该措施使侧式站台变成岛式站台，单向运行列车能在站台两侧轮流停靠，这样可以缩短构成追踪列车间隔时间的列车停站时间部分，较大幅度提高线路通过能力。该措施一般适用于地面线路情况。

（4）客流量较大中间站增建站台。该措施通常是在岛式站台情况下采用，使停站列车的两侧均有站台，乘客能从两侧上下车或上下车分开，缩短列车停站时间，提高线路通过能力。此外，在增建站台时也可根据客流需求同步修建侧线，并且该措施一般也适用于地面线路情况。

（5）使用新型车辆。新型车辆的含义包括车辆运行性能改善和安装车载控制设备等。车辆运行性能主要包括车辆构造速度、车辆起动平均加速度和制动平均减速度等运行参数，车载控制设备主要有车载制动控制和车载道岔自动转换设备等，车辆运行性能改善和安装车载控制设备能提高列车运行速度，缩短追踪列车间隔时间。

（6）改进车辆设计。车辆上的新设计通常是针对缩短列车停站时间、增加车辆定员和提高乘车舒适程度等进行的。就缩短列车停站时间、提高线路通过能力而言，国外已设计制造出6车门车辆，以缩短乘客上下车总时间。

（二）加强折返通过能力的措施

在行车密度比较高的情况下，线路终点站的折返能力往往会成为限制通过能力的薄弱环节。在站后折返情况下影响折返能力的因素主要有图定终点站列车停站时间、出发列车驶离车站闭塞分区时间、车站为折返线列车办理调车进路时间、列车从折返线至出发站线的走行时间等；在站前折返情况下影响折返能力的因素主要有列车从进站信号机至到达站线的走行时间、图定终点站列车停站时间、出发列车驶离车站闭塞分区时间、车站为进站列车办理接车进路时间等。针对上述各种影响因素，加强列车折返能力的措施主要有：

（1）在终点站修建环形折返线。图5-8是地面轨道交通线路修建环形折返线的图解。这种折返车站和车辆基地配置能缩短乘客上下车总时间、消除列车在折返线等待前行列车腾空站线的时间，提高终点站的列车折返能力。

（2）增建侧式站台。采用该措施形成一岛一侧式出发站台组合，如图5-9所示，可以缩短乘客上车总时间，加速列车的折返周转。该措施一般适用于地面线路情况。由于土建工程量较大，是否必须采用应在与其他扩能方案的技术经济比较后确定。

（3）优化折返站的道岔与轨道电路设计。如将渡线按两个单动道岔进行设计和将站内轨道电路进行分割等，采用这些措施后，能减少等待进路空闲情况，缩短列车折返时间。

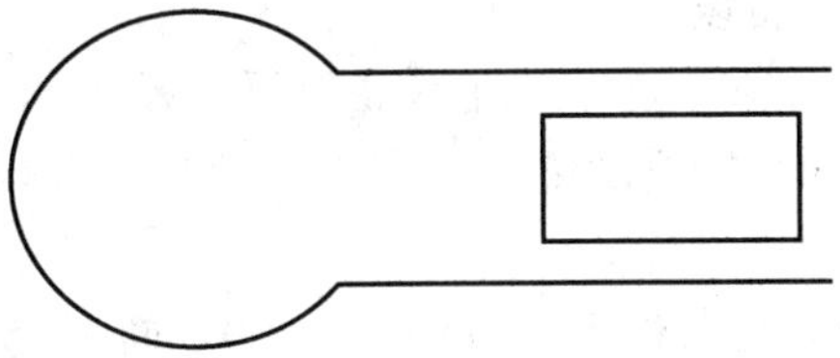

图 5-8　环形折返线

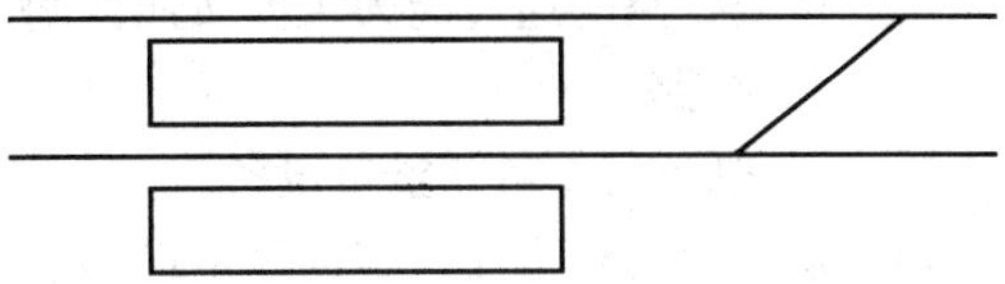

图 5-9　一岛一侧式出发站台组合

（4）折返站采用自动信号设备。采用该措施后，道岔转换、排列进路、信号开放及进路解锁等能根据列车折返运行情况自动进行。这样列车在折返作业过程中，能减少办理调车或接车进路时间，从而达到加速列车折返的目的。

（5）在折返线上预置一列车周转。在前行列车已经腾空出发站线，而续行列车还未进入折返线或在折返线停留过程中，此时采用该措施能提高列车折返能力。

（6）改变折返方式。通过采用不同的折返方式来缩短折返列车在终点站的出发间隔时间。

（7）调整列车乘务组劳动组织。该措施通过列车驾驶员与车长的职责互换，消除列车驾驶员在折返线的更换驾驶室走行时间消耗，缩短列车在折返线的作业停留时间，这样可以避免前行列车已经腾空出发站线，而续行列车还在折返线停留过程中，提高列车折返能力。

（三）加强输送能力的措施

在通过能力一定的条件下，决定输送能力的因素是列车编组辆数和车辆载客人数。因此，加强输送能力的措施主要有：

（1）增加列车编组辆数。采用该措施能较大幅度提高输送能力，但列车扩大编组受到站台长度、运营经济性等因素制约。

（2）采用大型车辆。由于大型车辆定员多，大型车辆是目前新建客流较大的轨道交通线路，尤其是地铁线路的优选车型。

（3）优化车辆内部布置。该措施的基本出发点是在车辆尺寸一定的条件下，通过将双座椅改为单座椅或将纵向的固定座椅改为折叠座椅，来增加车辆载客人数，达到增加列车定员的目的。改为折叠座椅后，在高峰运输期间可翻起座椅，增加车内站立人数，同时也提高了平均乘车舒适程度。

复　习　思　考

1. 单项选择题

（1）通过能力是指在采用一定的车辆类型、信号设备和（　　）条件下，轨道交通系统线路的各项固定设备在单位时间内（通常是高峰小时）所能通过的列车数。

A. 一定的列车定员数　　　　B. 线路区间

C. 行车组织方法　　　　　　D. 供电方法

（2）地铁、轻轨的通过能力主要受线路、（　　），车辆基地设备、供电设备的影响。

A. 折返设备　　　　B. 区间
C. 车站　　　　D. 整备设备

(3) 市郊铁路的通过能力主要按照区间、车站（　　）、牵引供电设备进行计算。

A. 线路　　　　B. 列车折返设备
C. 机务段设备和整备设备　　　　D. 整修设备

(4) 输送能力是指在一定的固定设备和行车组织方法条件下，按照（　　），轨道交通系统在单位时间内（通常是高峰小时、一昼夜或一年）所能运送的乘客人数。

A. 现有活动设备　　　　B. 运输工作人员数量
C. 现有活动设备和乘务人员数量　　　　D. 乘务人员数量

(5) 输送能力在线路通过能力一定的条件下，其大小主要决定于（　　）和车辆定员数。

A. 车辆宽度　　　　B. 列车编组辆数
C. 车辆载重　　　　D. 列车牵引力

(6) 列车编组辆数确定的主要依据是预测的规划年度的（　　）。

A. 全日客流量　　　　B. 高峰小时客流量
C. 早高峰小时最大断面客流量　　　　D. 任意小时断面客流量

(7) 在确定列车编组辆数时，还应考虑的制约因素有：对线路通过能力的影响、经济合理性以及（　　）。

A. 站台长度的限制　　　　B. 列车长度
C. 追踪列车间隔时间　　　　D. 车辆类型

(8) 通过定性和定量分析，找出（　　）与运能的平衡点，可以为是否需要进行运输能力的加强提供依据。

A. 运力　　　　B. 客流
C. 运量　　　　D. 通过能力

(9) 根据各国轨道交通系统的运营实践，在扩能的途径方面，加强既有线运输能力通常是（　　）和增加列车定员二者并举。

A. 增加行车密度　　　　B. 增加列车定员
C. 加强站台组织　　　　D. 进行改扩建

(10) 在线路行车密度已经很大的情况下，要较大幅度地提高通过能力，往往需要通过采用（　　）措施来实现。

A. 增加列车定员　　　　B. 使用新型车辆
C. 设备改造　　　　D. 加强行车组织

(11) 加强输送能力的措施主要有：增加列车编组辆数、采用大型车辆和（　　）。

A. 加强行车组织　　　　B. 进行线路改造
C. 增加车辆满载率　　　　D. 优化车辆内部结构

2. 判断题

(1) 需要通过能力是线路固定设备在新线修建以后或现有线路技术改造以后所能达到的能力。（　　）

(2) 现有通过能力是指在现有固定设备、现行的行车组织方法和现有的运输组织水平的

条件下可能达到的能力。（　　）

（3）通过能力反映的是线路最多能开行的列车数。而输送能力反映的是在开行列车数一定的条件下所能运送的乘客人数。（　　）

（4）输送能力在线路通过能力一定的条件下，其大小主要决定于列车编组辆数和车辆承重力。（　　）

（5）在通过能力一定的条件下，线路的最终输送能力还与车站设备的设计容量、列车定员数、线路服务水平存在密切关系。（　　）

（6）当列车长度接近站台长度时，要求列车在车站指定位置准确停车，通常要增加停车附加时间。这对线路通过能力不会造成影响。（　　）

（7）准确的计算出输送能力，有利于轨道交通企业对车辆类型、编组辆数、列车开行数量、车站设备配置及服务方法的确定。（　　）

（8）线路能力的不足意味着增加开行列车受到限制，列车过分超载，又难免降低轨道交通系统的客运服务质量。（　　）

（9）运输组织措施是指运用比较完善的行车组织方法，更好和更有效地使用既有技术设备，无需大量投资就能使运输能力达到需求的提高能力措施。（　　）

（10）在客流量较大中间站修建侧线，是提高输送能力的措施之一。（　　）

3. 简答题

（1）什么是通过能力？影响通过能力的因素有哪些？如何计算？

（2）什么是输送能力？影响输送能力的因素有哪些？如何计算？

（3）加强通过能力的途径有哪些？

（4）如何确定运输能力加强的合理时机？

4. 实作题

（1）某城市轨道交通1号线部分运营资料如下：1号线为双线，利用固定闭塞法行车列车平均区间运行时间 $t_{运}$ 为120s；列车从开始制动时起至在站内停车时止的常用制动时间 $t_{制}$ 为10s；列车运行图规定的列车停站时间 $t_{站}$ 为30s；列车从在车站起动加速时起至出清车站闭塞分区时止的时间 $t_{加}$ 为10s；且列车采用尽端式折返，折返列车出发间隔时间 $I_{发}$ 为4min。车辆基地设备和供电设备对其能力不造成限制，试求其通过能力？

（2）某轨道交通3号线运营数据得出，其通过能力为每小时30对；其使用车型为B型车，6辆编组；头车座席36个、中间车座席46个，全列座席 $36\times2+46\times4=256$。有效站立面积头车 $32.3m^2$、中间车 $34m^2$。计算其输送能力。

（3）某轨道交通3号线运营数据得出，其通过能力为每小时30对；现有通过能力为每小时23对，其车辆编组为6辆编组，车辆定员为56人，据调查高峰小时最大断面客流量以每年1000人的速度增加，试确定其通过能力的加强时机和加强措施？

实 训 演 练

（1）根据表5-3给出的相关数据，计算某地铁线路高峰期每小时的运输能力以及全天的运输能力。

表 5-3　　　　数　据　表

行车间隔	高峰期	4min
峰期	平峰期	6：30～7：30； 9：30～17：00； 20：00～22：30
	高峰期	7：30～9：30； 17：00～20：00
全日开行列车数	258 列次，含空载 10 列次	
B 型车每列车的定员载客量	1468 人/列	

(2) 查找相关地铁资料，计算广州、北京、上海等城市某条线路的每小时运输能力并估算全天的运输能力。

参　考　文　献

[1] 薛亮，刘小玲．城市轨道交通调度指挥．北京：人民交通出版社，2013.
[2] 耿幸福．城市轨道交通行车组织．北京：人民交通出版社，2012.
[3] 永秀．城市轨道交通行车组织．北京：机械工业出版社，2010.
[4] 牛凯兰，牛红霞．城市轨道交通行车组织．北京：中央广播电视大学出版社，2009.
[5] 周同谊．城市轨道交通行车组织．成都：西南交通大学出版社，2011.
[6] 张国宝．城市轨道交通运营组织．上海：上海科学技术出版社，2009.
[7] 谭复兴．城市轨道交通概论．北京：中国铁道出版社，2013.
[8] 费安萍．城市轨道交通行车组织．北京：人民交通出版社，2011.